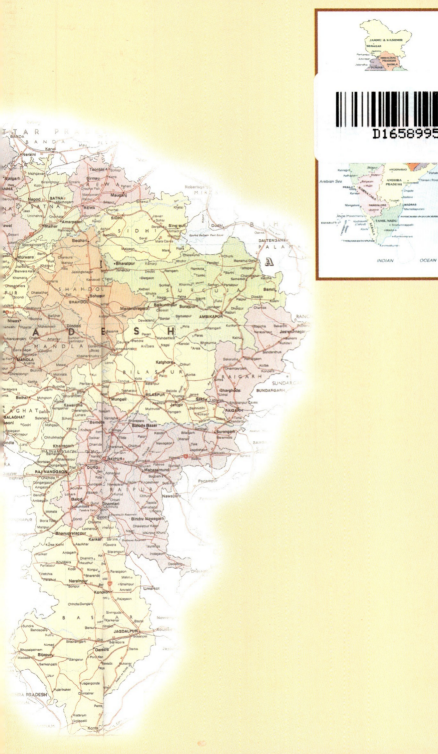

Büffelmilch und Fladenbrot

Gabriel Anwander

Jänner 98

Liebe Ludwina,

Ich wünsche Dir alles Gute, besonders Gesundheit und Freude.

Alles Liebe
Siegi und die mit Familie

Impressum:
© Gabriel Anwander, CH-3072 Ostermundigen, Grubenstrasse 7
Umschlaggestaltung: Bruno Giordano, St.Gallen
Auszüge und Nachdrucke nur mit Genehmigung des Autors
Herstellung: Hecht Druck, A-6971 Hard
ISBN 3-85298-042-9

Gabriel Anwander

Büffelmilch und Fladenbrot

**Gritli Schmied erzählt von ihren Erlebnissen
mit den Ärmsten in Indien**

Vorwort

Um es vorwegzunehmen: Gritli Schmied ist meine Mutter. Ihre Kindheit wurde geprägt durch die Wirtschaftskrise der dreissiger Jahre und durch den unsinnigen Krieg mit seinen erdrückenden Auswirkungen auf die Schweiz. Im Alter von siebenundzwanzig Jahren kehrte sie ihrer Heimat den Rücken, um an der Seite ihres Mannes in Brasilien das Glück zu suchen. Viereinhalb Jahre später stand sie – ohne Ehemann, dafür an jeder Hand einen Sohn – desillusioniert und um sämtliche Güter beraubt wieder in St. Gallen. Kurze Zeit danach brachte sie mich zur Welt.

Sie liess sich scheiden, heiratete zum zweiten Mal (daher der Unterschied bei unseren Namen) und schenkte fünf weiteren Kindern das Leben. Sie ist eine gute und ausserordentlich gerechte Mutter: Jedes von uns war (und ist) ihr liebstes Kind!

Wenn Sie meine Mutter fragen würden, ob wir gute Kinder waren, würde sie Ihnen vielleicht erzählen, wie lebhaft und unbändig, aber auch wie verschieden wir waren. Ich gebe zu, wir verhielten uns damals oft flegelhaft und machten es ihr nicht leicht ...

Vielleicht würde sie Ihnen aber gar nicht aus jener Zeit erzählen, nicht weil es nichts zu erzählen gibt, sondern, weil sie viel lieber über ihre Erlebnisse mit den Ärmsten in Indien redet. *Büffelmilch und Fladenbrot* ist der Versuch, einige ihrer zahllosen und eindrücklichen Erlebnisse chronologisch aufzulisten und gleichzeitig das Entstehen und Wachsen der Indienhilfe festzuhalten. Sollten Sie einmal Gelegenheit haben meiner Mutter zuzuhören, werden Sie bald feststellen, dass es bei dem Versuch geblieben ist: Sie hat in Indien ein Vielfaches von dem erlebt, als schliesslich zwischen diesen zwei Buchdeckeln Platz gefunden hat.

Meine Mutter hat mir vertrauensvoll ihre Tagebücher und Tonbandaufzeichnungen überlassen, hat sich meine bohrenden Fra-

gen mit Engelsgeduld angehört und ausführlich beantwortet und sie hat jede Fassung dieses Buches gelesen und berichtigt. Dafür danke ich ihr von ganzem Herzen!
Wenn es mir gelungen ist, ein lesenswertes Buch zu schreiben, dann verdanke ich das aber auch Inge Zach-Pfründer, Dora Steiner, Alice Dubacher, Astrid Schmid und Regine Kunisch!
– Inge hat auf den Stil geachtet und mich bei der Wortwahl zur Vorsicht gemahnt. Dadurch hat es ein gutes Stück an Nähe gewonnen.
– Dora hat jede Ungereimtheit aufgedeckt und mich gelegentlich angehalten, ausführlicher zu erklären. Dadurch ist es verständlicher geworden.
– Alice hat mich stets ermuntert bildhaft zu schreiben und treffender zu formulieren. Dadurch ist es spannender geworden.
– Astrid hat mich laufend angespornt und mich erfolgreich dazu gebracht, den Zeitplan einzuhalten. Dank ihr habe ich es zügig geschrieben und hoffe, es liest sich auch so!
– Regine hat schliesslich den Text als belesene Buchhändlerin unter die Lupe genommen, korrigiert und mit zahlreichen Verbesserungen seine Lesefreundlichkeit erhöht.

Darüberhinaus haben die fünf Frauen sorgfältig darauf geachtet, dass die Ansichten und Erlebnisse einer Frau durch meinen „männlichen" Blickwinkel und durch meine Schreibgewohnheiten nicht verfälscht wurden.
Euch allen: Ein herzliches Dankeschön!

Gabriel Anwander

Gritli Schmied und der Leitsatz, den sie auf der Innenseite Ihres Schlafzimmerschaftes anbrachte und der sie immer wieder dazu brachte, nach Indien zu reisen.

Mach uns würdig, Herr, unseren Mitmenschen zu dienen, die irgendwo in der Welt Hunger leiden und in Armut leben und sterben. Gib ihnen durch unsere Hände ihr tägliches Brot und durch unser Mitgefühl Liebe, Frieden und Freude.

Make us worthy, Lord, to serve our fellow men throughout the world who live and die in poverty and hunger. Give them, through our hands, this day their daily bread; and, by our understanding love, give peace and joy.

I

Es ist Nacht in Kalkutta. In einer unbeleuchteten, düsteren Ecke säubern drei verwahrloste Kinder den Asphalt auf einer Fläche von etwa einem Quadratmeter flüchtig mit den Füssen. Danach breiten sie hastig einige Fetzen Papier auf dem Boden aus und sogleich legen sich die zwei kleineren darauf. Während sie nah zueinander rücken, werden sie vom dritten Kind, ein hagerer, vielleicht zehn oder zwölf Jahre alter Junge, etwas unbeholfen aber nicht ohne Zärtlichkeit mit alten Zeitungen zugedeckt. Schliesslich legt er sich selber schützend vor die beiden.

Dieses Bild der drei Kinder, die so auf der Strasse von Kalkutta übernachteten, erschütterte mich!
Das war gegen Ende der sechziger Jahre. Ich hatte in einem Preisausschreiben einer grösseren schweizerischen Illustrierten eine traumhafte Weltreise für zwei Personen gewonnen. Eine gewaltige Überraschung und ich freute mich riesig auf die vier Wochen.
Im Mai fuhren mein Mann und ich erwartungsvoll und mit neuen Pässen in der Tasche nach Zürich. Von dort wurden wir über vier Kontinente von einer sehenswerten Metropole zur nächsten geleitet. Es war eine eindrucksvolle, eine imposante Rundreise und wir haben in den dreissig Tagen viel gesehen.
Dabei haben besonders die Eindrücke aus Indien mein Leben nachhaltig verändert.
Dieses riesige Land stand in der ersten Woche auf dem Programm. Zuerst besuchten wir die Hauptstadt Delhi und anschliessend Kalkutta. Bis zum Jahre 1911 war Kalkutta die Hauptstadt des riesigen Landes, aber ständige Unruhen und das feuchtheisse Klima veranlassten die Engländer, Neu Delhi zur Hauptstadt zu ernennen. Kalkutta ist jedoch die grösste und bevölkerungsreichste Stadt Indiens geblieben. Sie liegt am lin-

ken Ufer des Hoogly[1], ist heute die Hauptstadt des Unionsstaats West Bengal und hat einen internationalen Flughafen, drei Universitäten, mehrere Forschungsinstitute, diverse Museen, botanische Gärten, einen Zoo und mehrere Filmstudios. Sie galt in jener Zeit im Kreis der Reiseveranstalter, dank der zahlreichen und beeindruckenden kulturhistorischen Bauten durchaus als sehenswerter Ort.

Heute wird wohl kaum ein Reisebüro diese nach wie vor sehenswerte, faszinierende aber zugleich schreckliche Stadt freiwillig in ein Reiseprogramm aufnehmen. Bereits damals legte sich ein breiter Gürtel von Slumssiedlungen um den vom Wasser abgewandten Teil der Stadt. Heute müssen diese Elendsviertel zu einem riesigen, unübersichtlichen Meer angewachsen sein.

Drei Tage verbrachten wir an diesem Ort und besichtigten einige Tempel, ein Museum, den Zoo und den Hafen. Beeindruckt haben mich jedoch vor allem die Leute; diese unglaubliche Masse von Menschen auf den Strassen, in den Bussen, den Läden und den Parkanlagen. Überall herrschte ein emsiges Treiben, ein Kommen und Gehen, allerdings nicht mit derselben Hektik wie bei uns. „Das ist Überbevölkerung!" dachte ich.

Am ersten Abend verliessen wir nach dem Nachtessen das Hotel. Wir wollten einwenig ins Nachtleben eintauchen und sehen, wann diese Emsigkeit der Menschen auf der Strasse, der pulsierende Verkehr und der Lärm nachlässt und der nächtlichen Ruhe Platz macht. Kaum hatten wir das Hotel verlassen, sah ich, wenige Schritte vom Eingang entfernt, wie sich diese drei Kinder auf die Strasse betteten. Als wir Stunden später auf dem selben Weg heimkehrten, fand ich sie schlafend. Sie lagen mit dem Rücken zur Hausmauer und hielten ihre Köpf-

---

[1] Hoogly ist ein Mündungsarm des Ganges und fliesst in den Bengalischen Golf. Der Hoogly ist vom Meer her auch für grosse Handelsschiffebefahrbar, deshalb entwickelte sich Kalkutta bereits im vorigen Jahrhundert zu einem grossen Industrie- und Handelszentrum.

chen mit dem struppigen und verfilzten Haar in der eigenen Armbeuge. Die nackten, schmutzigen Füsschen guckten unter dem dünnen Papier – ihre Decke gegen die kalte Nacht – hervor. Und es war kalt in jener Nacht: Ich trug einen Baumwollpullover und darüber eine wollene Strickjacke, aber ich fror erbärmlich und drängte zurück ins Hotel.

In jener Nacht habe ich kaum geschlafen im warmen und weichen Hotelbett. Die bittere Armut dieser Kinder, ihre aussichtslose Lage, liess mir keine Ruhe. Ständig musste ich an sie denken, und daran, wie sie nur wenige Meter von mir entfernt die Nacht auf dem kalten Boden verbrachten.

Während den Ausflügen am Tag hatte ich Familien gesehen, die auf der Strasse lebten. Oft war ihr zu Hause ein zwei mal zwei Meter grosses, graues Tuch. Ihre ganze Habe – ein paar Blechteller, ein Messer und ein paar weitere, für den Alltag nützliche Gebrauchsgegenstände – hätten in einer Obstkiste Platz gehabt. Daneben besassen sie einen kleinen Herd auf dem sie mit getrocknetem Kuhdung Reis oder Tee kochten. Diese Menschen lebten vom Betteln, deshalb lagerten sie vorwiegend an stark frequentierten Strassen, am Rande eines Marktes oder in der Nähe des Bahnhofs.

Oft war das Gedränge auf dem Gehsteig so gross, dass etliche Passanten achtlos über ihr Tuch liefen und kaum realisierten, dass hier Menschen am Boden sassen, die auf eine Münze oder eine Schale Reis hofften. Der Anblick dieser unzähligen mittellosen Menschen in dieser riesigen und stark bevölkerten Stadt bedrückte mich zutiefst. Doch das Bild von den Kindern, die zusammengerollt auf der Strasse schliefen, hat mich nie mehr losgelassen.

Ich hatte damals meine eigenen sieben Kinder für die Zeit der Weltreise in gute Obhut gegeben. Mit sieben Kindern und dem relativ geringen Einkommen meines Mannes führten wir ein bescheidenes Leben. Und doch schliefen meine Kinder in einem warmen Bett, hatten ein solides Dach über dem Kopf und täglich genug zu essen.

Wie reich waren wir im Vergleich mit diesen Menschen!
Ich freute mich auf die Heimkehr in die Schweiz und bin nach wie vor dankbar, hier leben zu dürfen. Es war mir klar, dass ich gegen diese Armut, gegen dieses unermessliche Elend in dieser riesigen Stadt so gut wie nichts ausrichten konnte. Trotzdem, in jener Nacht habe ich geschworen wiederzukommen! Ich nahm mir vor, sieben auf sich allein gestellte Kinder von der Strasse aufzunehmen und ihnen einen Platz in einem Waisenhaus zu suchen. Ich wollte sieben Kindern Geborgenheit und Sicherheit bieten, eine Schulbildung und dadurch eine Chance auf eine bessere Zukunft in ihrer Stadt, in ihrer vertrauten Umgebung, ermöglichen.

Bis zu unserer Abreise aus Kalkutta wusste ich nicht, wie ich vorgehen sollte. An wen konnte ich mich wenden? Wer würde mich verstehen und mir die Möglichkeiten aufzeigen? Als wir im Taxi auf der Fahrt vom Hotel zum Flughafen sassen, fasste ich mir ein Herz, nutzte die allerletzte Gelegenheit und fragte den mir auf Anhieb als ehrlich und aufrichtig scheinenden Fahrer nach seiner Adresse.
Zurück in der Schweiz begann ich vom ersten Tag an für mein Vorhaben Geld zur Seite zu legen. Zudem belegte ich einen Englisch-Sprachkurs, kaufte ein Wörterbuch und schrieb dem Taxifahrer, er hiess Roy, schon bald in einfachem Englisch einen Brief. Meine Schwester half mir dabei. In den Umschlag legte ich etwas Geld, amerikanische Dollar, und wartete gespannt, ob er zurückschreiben würde. Er antwortete überraschend schnell, dankte herzlich für das Geld und schrieb, wofür er es verwenden werde.
Ein Jahr später brachte ich unser achtes Kind, Annette, zur Welt. Mit einem Kind mehr wurde der finanzielle Spielraum im Haushalt noch kleiner. Zwei, drei Jahre lang war es mir trotz einem kleinen Nebeneinkommen – ich reinigte abends die Büros einer Speditionsfirma in St. Gallen – nicht möglich, regelmässig einen Betrag für die Strassenkinder beiseite zu

legen. Deswegen gab ich mein Vorhaben jedoch nicht auf, im Gegenteil: Ich beschloss, statt für sieben, nun für acht Kinder einen Platz in einem Heim zu suchen.

* * *

Fünf Jahre nach dem Aufenthalt in Kalkutta, war es endlich soweit: Mit einem ansehnlichen Betrag in der Tasche, einem erneuerten Pass und ziemlich aufgeregt trat ich die Reise nach Kalkutta an. Diesmal allein.
Die Swissair brachte mich von Zürich nach Bombay, von dort reiste ich mit der Air India weiter nach Kalkutta. Beim Umsteigen in Bombay wurde es mir mit einem Mal bewusst: Ich bin auf dem Weg mein Versprechen einzulösen! Das Reisefieber liess etwas nach, dafür stiegen starke Zweifel in mir auf. War es richtig, hierher zu kommen? Wie sinnvoll war mein Vorhaben? Liess es sich überhaupt realisieren? Würde mir jemand helfen oder würde ich gar beraubt? Hatte ich ein Recht als Mutter von acht, zum Teil noch vorschulpflichtigen Kindern, mich einem solchen, unberechenbaren Risiko auszusetzen?
Über Kalkutta zog die Maschine eine lange Schleife, sank kontrolliert ab, donnerte wenige Meter über den flachen Dächern hinweg und hielt auf die Landebahn zu. Fasziniert und zugleich besorgt schaute ich aus dem Flugzeugfenster. Was für eine riesige Stadt! Sechseinhalb Millionen Einwohner! Und ich hatte lediglich die Adresse von einem Mann, den ich überdies kaum kannte, in der Tasche.
Regelmässig hatte ich ihm geschrieben, jedesmal etwas Geld in den Umschlag gesteckt und im letzten Brief mein Kommen angekündigt. Nun gesellte sich zu den Zweifeln noch eine beklemmende Angst: Angenommen, er erscheint nicht, wohin sollte ich gehen? Angenommen, er erscheint wirklich, würde ich ihm trauen können?
Und schliesslich mischte sich zu der Angst auch noch ein mächtiges Heimweh: Ich sehnte mich nach meinen Kindern. So

sehr mich die „Rasselbande", wie ich sie oft nannte, auch strapazierte, so sehr vermisste ich sie in diesem Moment.
Widerstrebend verliess ich den künstlich gekühlten Passagierraum und trat auf die herangefahrene Treppe hinaus. Augenblicklich war der ganze Körper von der tropischen Wärme eingehüllt und umschmeichelt.
Über der Stadt lag ein schwacher, gräulicher Dunst und liess die am Zenit stehende Sonne blassgelb erscheinen. Die Glut über der Betonpiste brachte die Luft zum flimmern, zudem stank es nach Diesel und nach Teer. Zusammen mit den wenigen Passagieren die das Flugzeug verlassen hatten eilte ich dem Flughafengebäude zu, um möglichst rasch in den Schatten zu gelangen.
Nach den Einreiseformalitäten überliess ich meine Tasche und die beiden Koffer einem Träger und steuerte müde dem Ausgang zu. Und wirklich, da stand Herr Roy! In den fünf Jahren hatte er sich kaum verändert. Gross, schlank, ein vertrauensvolles Lächeln im offenen Gesicht, ein langes, ockergelbes Hemd, das weit über die hellen Baumwollhosen hinunter reichte und die nackten Füsse in alten und staubigen Ledersandalen; so stand er da und winkte mir zu. Er hatte mich auch wiedererkannt.
Nachdem er mich herzlich begrüsst und mich in Kalkutta willkommen geheissen hatte, verstaute er mein Gepäck im Kofferraum „seines" Taxis, öffnete mir die linke Vordertür und bat mich auf dem Beifahrersitz Platz zu nehmen[2]. Ich bezahlte zuerst den Träger für seine Arbeit und setzte mich dann auf den zerschlissenen dunkelblauen Kunststoffsitz. Bevor er den Motor startete, wollte er von mir wissen, ob ich wieder im selben Hotel wohnen werde. Da fragte ich ihn, ob er verheiratet sei. Lachend erklärte er mir, dass er eine Frau und zwei Kinder habe. Dies hatte er bereits in einem der ersten Briefe geschrieben, aber ich wollte einfach sicher sein ... Nun, dachte ich, bei

---

[2] in Indien wird links gefahren, wie in England

einer Familie wird mir kaum etwas geschehen, und fragte ihn, ob ich die neunzehn Tage bei ihm – gegen ein angemessenes Entgelt – wohnen könnte. „Selbstverständlich", gab er zur Antwort, aber zuerst müsse er ein Bett kaufen und deshalb werde er mich für die erste Nacht in ein bekanntes Hotel in der Innenstadt bringen.

Wie versprochen holte er mich am nächsten Morgen ab und brachte mich zu seiner Familie. Sie bewohnten zwei Zimmer und eine kleine Küche im Erdgeschoss eines Mehrfamilienhauses.

Das Haus lag in einem dichtbevölkerten Quartier, unweit einer stark befahreren Strasse, die vom Stadtzentrum in den Norden führte. Seine Frau und seine beiden Kinder begrüssten mich ebenso herzlich und gemeinsam trugen wir das Gepäck in das für mich hergerichtete Zimmer.

Das neu gekaufte Bett war eigentlich eine einfache, schmale Holzbank mit einer dünnen Bastmatte als Matratze. Ich war jeden Abend sehr müde und schlief die Nacht meistens durch, aber jeden Morgen schmerzten meine Knochen und Gelenke fürchterlich von der ungewohnt harten Unterlage.

Das Bett hatte umgerechnet achtzehn Schweizerfranken gekostet und stand längs der Wand, daneben befand sich ein hölzerner Stuhl und an der gegenüberliegenden Wand hing ein kleiner, grün eingefasster Spiegel.

Die Familie zog sich für die Zeit meines Aufenthaltes in das zweite Zimmer zurück. Die Nächte verbrachten die beiden Kinder allerdings schlafend in meinem Zimmer, auf einer dünnen Bastmatte auf dem Zementboden.

Wir assen immer zu zweit in der Küche, nicht an einem Tisch, sondern auf einem kleinen Teppich am Boden. Die Frau und die Kinder speisten nie mit uns, denn es ist in Indien Tradition, dass die Frau den Gast und den Ehemann bedient und erst anschliessend zusammen mit den Kindern isst. Ich hatte mehrmals vergeblich versucht, die Familie dazu zu bringen, gemeinsam zu essen – wie wenig wusste ich damals von der indischen Kultur!

* * *

Ich war also wieder in Kalkutta, diesmal bei einer Familie einquartiert, hatte ein eigenes Zimmer und einen Mann zur Seite, der die englische Sprache beherrschte und sich in der Stadt gut auskannte. Er arbeitete bekanntlich als Taxifahrer und, da er Hindi, Englisch sowie Französisch sprach, zugleich nebenamtlich als Übersetzer beim Gericht.
Ich hatte vor, nach neunzehn Tagen wieder in die Schweiz zurückzureisen und wollte deshalb keine Zeit verlieren. Zunächst musste ich ein Waisenhaus finden, das bereit war, gegen Bezahlung acht Strassenkinder aufzunehmen, aufzuziehen und auszubilden.
Wie würde man in der Schweiz ein Waisenhaus suchen? Man könnte im Telefonbuch nachsehen. Die Familie besass kein Telefon und somit auch kein Telefonbuch. „Auf dem Polizeiposten befindet sich das nächste Telefonbuch." sagte Herr Roy. Worauf wir die Wohnung verliessen und erneut auf die belebte Strasse hinaus traten. Dort ging er zügig voran und bahnte mir geschickt einen Weg durch die vielen Menschen. Wir eilten an etlichen kleinen Läden und bunten Verkaufsständen vorbei, überquerten zwei grosse Kreuzungen an denen zahlreiche Rikschafahrer auf Passagiere warteten und erreichten schliesslich einen breiten Marktplatz.
Hier betraten wir einen hellen, aber spärlich möblierten Polizeiposten. Die drei diensttuenden Polizisten schauten interessiert auf und legten auf Herrn Roys Bitte ein schweres Telefonbuch auf den Tisch. Wir beugten uns über das arg zerlesene Buch und schlugen es beim Buchstaben S auf. Ich suchte nach Eintragungen unter dem Wort Social-, und fand tatsächlich einige Angaben.
„Hier", sagte ich zu Herr Roy, und hielt den Finger unter eine

Adresse: „Kannst du mir sagen wo die Mansatala Row ist? An der Mansatala Row Nummer 7 gibt es ein Haus, das von einem Pater Andrew geführt wird."
„Komm", sagte er, „wir müssen wieder zurück. Die Strasse, die du suchst, liegt in der Nähe unserer Wohnung." Wir dankten den Polizisten und traten wieder auf den Platz hinaus.
Zielsicher führte er mich durch einige enge Gassen bis vor ein altes, aber sehr gepflegtes, aus roten Ziegelsteinen gebautes, zweistöckiges Haus. Wir klopften an der schweren, grün gestrichenen Haustür und brauchten nicht lange zu warten: Ein junger Mann öffnete die Tür weit und bat uns mit einem freundlichen Lächeln und einer einladenden Geste einzutreten. Erst als wir im dämmerig und dadurch angenehm kühl gehaltenen Innenraum standen, fragte er uns, weshalb wir hergekommen seien. Ich sagte ihm, dass wir Pater Andrew sprechen möchten.
Er stellte keine weiteren Fragen, sondern führte uns unverzüglich über eine breite Steintreppe hinauf in den ersten Stock, klopfte kurz an eine Tür, öffnete sie und liess uns hinein.
Wir betraten ein helles, längliches Büro. Hinter dem massiven, schweren Schreibtisch erhob sich ein Mann mit einem wunderschönen, schwarzen Bart. Er trat uns entgegen, stellte sich als Pater Andrew vor und fragte uns überaus höflich was uns herführe. Er war der erste Mensch, der mich, nachdem ich mein Vorhaben preisgegeben hatte, nicht ungläubig ansah.
Trotzdem war ich bei ihm an der falschen Adresse. Er erklärte mir, dass in seinem Haus erwachsene Männer für den Sozialdienst in der Organisation der Mutter Theresa ausgebildet werden und meinte bedauernd: „Wir können keine Kinder aufnehmen und beherbergen!"
Während er noch überlegte, klopfte es an der Tür und ein kleiner, hagerer Mann mit einem sorgenvollen Gesicht trat ein. Die beiden begrüssten und umarmten sich und dann stellte Pater Andrew den Besucher vor: „Dies ist Pater Christdas, er ... halt!" rief er plötzlich und zu Pater Christdas gewandt: „Du führst

doch ein Waisenhaus!" Und rasch erklärte er Pater Christdas wer wir waren, woher ich kam und was ich im Sinn hatte.

„Sie schickt der Himmel!" waren die ersten Worte, die ich aus dem Mund von diesem jungen Pater hörte und es fehlte wenig und er hätte mich umarmt... Und dann erklärte er mir, dass er wenige Schritte von hier entfernt ein Waisenhaus führe das ebenfalls der Organisation der Mutter Theresa angeschlossen sei. Er erklärte mir weiter, dass in Indien die Nahrungsmittel knapp seien; ja in einigen Teilen des Landes herrsche Hungersnot. „Die Preise für die Lebensmittel sind drastisch gestiegen, die Spenden leider ebenso drastisch gesunken." meinte er ziemlich nüchtern.

Er hatte kein Geld mehr und wusste nicht, wie er für seine Kinder und die bei ihm arbeitenden Brüder in den nächsten Tagen Essen kaufen sollte. Deshalb war er zu Pater Andrew gekommen und hatte sich von ihm Hilfe erhofft.

Pater Andrew hätte uns gerne noch eine Tasse Tee serviert – nichts eilt in Indien so, dass nicht noch Zeit für eine Tasse Tee wäre – aber ich wollte möglichst rasch das Waisenhaus sehen. Zu dritt liessen wir einen lachenden Pater Andrew an der Mansatala Row zurück und begaben uns auf direktem Weg an die Pipe Road. Obwohl wir keine fünf Minuten unterwegs waren, hatte ich die Orientierung vollends verloren.

Es war kein schöner Anblick, das Waisenhaus an der Pipe Road: Ein alter, zweistöckiger Klotz mit einem flachen Dach, verwitterter Fassade und einer gefährlich schräg abgelaufenen Steintreppe beim Eingang. Das Haus stand einige Meter abseits der Strasse und war von einem trostlosen, staubigen Hof, in dem keine einzige Pflanze wuchs, umgeben. Aber die fröhliche Kinderschar machte den fehlenden Glanz des Hauses wett. Wir wurden sogleich bestürmt, umringt und begutachtet. Die Kleinsten konnten kaum auf ihren Beinchen stehen, die Ältesten mochten 15 Jahre alt gewesen sein. Die Kinder nahmen uns in ihre Mitte, führten uns um und ins Haus und zeigten mir sofort alle Räume. Im oberen Stock befanden sich alle Schlafräume und ein kleiner Raum, der als Kapelle diente; das Büro von Pater Christdas, der Essraum und das Schulzimmer befanden sich im Erdgeschoss.

Im ganzen Haus hatte es kaum Möbel. Die Kinder und die Brüder schliefen auf dünnen Matten, die sie abends in den Schlafräumen auf dem Zementboden auslegten und am Morgen wieder einrollten und den Wänden entlang deponierten.

Das Schulzimmer war leer bis auf ein kleines Pult für den Lehrer. Die Kinder sassen am Boden und hielten die abgegriffenen und zum Teil arg zerfledderten Bücher auf ihrem Schoss. An der Wand hing eine alte, mehr grau als schwarze Schiefertafel.

So erschien das Haus relativ geräumig, obwohl es nicht sehr gross war und Pater Christdas mit sieben Helfern und vierundzwanzig Kindern darin lebte.

Nach der Besichtigung des Hauses führte mich Pater Christdas in sein Büro. Dort übergab ich ihm einen Umschlag mit einem Betrag in amerikanischen Dollars. Er sollte von Anfang an wissen, dass es mir ernst war und dass ich wirklich Geld dabei hatte. Er rechnete kurz im Kopf, wieviel Rupien er dafür kaufen konnte und rief erstaunt: „Damit kann ich ein Jahr lang für die Kinder Essen kaufen!" Dann schloss er den grössten Teil des Geldes in einem kleinen Wandsafe ein, nahm den Rest zu sich und erklärte mir, dass er noch diesen Nachmittag Gemüse und Früchte besorgen werde.

Inzwischen war es Mittag geworden. „Zeit zum Essen!" sagte Pater Christdas und lud uns ein. Ich war jedoch sicher, dass Frau Roy mit dem Essen auf uns wartete und wollte sie nicht enttäuschen. Deshalb lehnte ich freundlich ab und versprach, am Nachmittag wieder zu kommen.

Auf den Pater, seine Helfer und die Kinder wartete bestimmt ein einfaches Mahl, aber sie hätten das Wenige ohne zu zögern mit uns geteilt.

Zusammen mit meinem Begleiter machte ich mich auf den Heimweg und staunte nicht schlecht: Das Waisenhaus war keine hundert Schritte von der Wohnung entfernt. Vorhin hatte ich die Orientierung verloren, jetzt gewann ich sie wieder zurück und mit ihr eine unbändige Zuversicht und eine grosse Freude.

* * *

Frau Roy hatte tatsächlich mit dem Essen auf uns gewartet. Sie servierte uns Reis mit einer dünnen Currysauce und dazu ein gekochtes Ei. Wie ich bereits erwähnt habe, waren die Nahrungsmittel knapp. Gemüse und speziell Früchte waren nur sehr schwer zu bekommen. Aber das Wenige das erhältlich war, hatte die Frau sorgfältig gekocht und liebevoll aufgetragen.
In den meisten warmen Ländern steht über die Mittagszeit das öffentliche Leben nahezu still. So auch in Indien.
Obwohl ich dies ahnte, wollte ich gleich nach dem Essen wieder an die Pipe Road – der Weg war ja weder weit noch kompliziert – aber Herr Roy hielt mich zurück und riet mir, zuerst eine Pause einzulegen und eine Stunde zu schlafen. Erst als er mir erklärte, dass auch die Brüder im Waisenhaus eine Stunde schlafen würden, gab ich nach und legte mich auf die Pritsche. Da ich ziemlich aufgeregt war, dachte ich nicht daran zu schlafen, aber die Müdigkeit von der langen und anstrengenden Reise, die Zeitverschiebung und die drückende Hitze schafften es dennoch – erfrischt und etwas ruhiger wachte ich rund eine Stunde später auf und begab mich unverzüglich an die Pipe Road.
Pater Christdas hatte zwei junge Männer zurückgehalten, die anderen Brüder waren bereits wieder ausgeschwärmt. In seinem Büro erklärte er mir erst einmal, dass das Auflesen von Strassenkindern in Kalkutta nicht einfach ist. Obwohl viele Kinder immer allein auf ihren Streifzügen anzutreffen sind, leben sie nur scheinbar allein. In Wirklichkeit leben sie in einer grossen Familie und liefern den grössten Teil von ihrem „Ertrag" ihren Eltern oder den älteren Geschwister ab. Solche

Kinder sind für die Familie oft eine wertvolle Stütze und würden kaum länger als drei Tage im Heim bleiben. Andere Kinder leben mit einer Schwester oder einem Bruder zusammen und sollten nicht getrennt werden. Ausserdem muss in jedem Fall die Polizei informiert werden. Und das Schwierigste: Die Kinder müssen Vertrauen haben. Sie sind äusserst scheu und gegenüber Erwachsenen verständlicherweise überaus skeptisch.

Ich muss ein trauriges Gesicht gemacht haben, denn in einem tröstlichen Ton fügte er hinzu: „Wenn du willst, kannst du mit diesen beiden Brüdern, Martin und Josef, mitgehen. Es ist ihre Aufgabe, in die Stadt zu gehen und mit den Strassenkindern in Verbindung zu bleiben. Die Kinder vertrauen ihnen, wenn du ihnen auch vertraust, wird es euch zusammen gelingen, acht Kinder zu finden und herzubringen." Mag sein, dass ich auf Pater Christdas den Eindruck machte wie jemand, der sich vorstellt, er gehe jetzt an den Bahnhof, nehme acht kleine Kinder bei der Hand und liefere sie ihm ab.

Ich hatte nie angenommen, dass das Vorhaben einfach sein würde, es war mir immer klar gewesen, dass ich von Anfang an mit einem Waisenhaus zusammenarbeiten musste. Ich hatte gefunden was ich suchte, war froh über seinen Vorschlag und nahm dankend an.

Die beiden Brüder zeigten mir abwechselnd das ihnen zugeteilte Gebiet. Während diesen Rundgängen erzählten mir beide aus ihrem Leben.

Der ältere, Bruder Martin, war im Norden Indiens aufgewachsen. Sein Vater war ein Kleinbauer und hatte kein Geld, um ihm eine Ausbildung zu finanzieren. Da er überzeugter Christ war, trat er der Organisation der Mutter Theresa bei. Hier konnte er die Lücken seiner Schulbildung schliessen und anschliessend eine Ausbildung zum Sozialarbeiter absolvieren. Nach der Ausbildung musste er sich allerdings für einige Jahre aktiven Dienst in der Organisation verpflichten.

Er war freundlich, offen und trotz der schweren Aufgabe immer zu einem Spässchen aufgelegt.

Ich bewunderte diese Brüder: Es waren gebildete, oft gut aussehende junge Männer mit angenehmen Umgangsformen, die während mehreren Jahren praktisch ohne Gehalt auf jegliches Privatleben verzichteten. Dabei lebten sie nicht abgeschirmt in einem Kloster, sondern mitten in der Stadt, und hatten täglich Umgang mit Menschen aus allen Schichten.

Der jüngere, Bruder Josef, stammte aus dem tiefen Süden Indiens, aus Madras. Er erzählte wenig über seine Herkunft, vielleicht weil er, ebenfalls ein überzeugter Christ, mit der ablehnenden Haltung seiner Familie gegenüber seinem Glauben Mühe hatte. Er hatte eine dunkle Hautfarbe, war ruhig, oft geradezu verschlossen, aber im Umgang mit den Kindern nicht zu übertreffen. Er zeigte mir die entlegensten und trostlosesten Plätze in dieser grossen Stadt. Er kannte unzählige Strassenkinder und wusste wo, wie und wann sie anzutreffen waren. Indem er ihnen hin und wieder Esswaren, ein Stück Seife oder Kleider brachte, hatte er langsam aber sicher ihr Vertrauen gewonnen. Oft suchten sie ihn, wenn ein Kind eine Verletzung hatte, oder ein Kamerad von der Polizei wegen einem kleinen Delikt inhaftiert worden war. Auch die Polizei vertraute ihm, deshalb gelang es ihm oft, die Kinder wieder frei zubekommen.

Die Strassenkinder waren ständig in Bewegung, tauchten aus dem Nichts auf und verschwanden so schnell, wie sie gekommen waren.

Einmal sah ich einen vornehmen, mit Anzug und Krawatte gekleideten Geschäftsmann auf den Bus warten. Er kaufte sich von einem fliegenden Händler einen mundgerecht hergerichteten Schnitz einer Wassermelone. Wie bereits erwähnt, waren die Früchte rar und entsprechend teuer. Er klemmte die feine Ledertasche unter den Arm, beugte sich leicht nach vorn und ass das saftig-süsse, rote Fruchtfleisch ruhig und mit Genuss. Danach drehte er sich um und warf die Rinde an den Strassenrand. Das Stück landete nicht auf dem Boden sondern in der blitzschnell vorgestreckten Hand eines Kindes. Es trug schmutzige, zerrissene Kleider und hatte vollständig verfilztes Haar. Ich hätte nicht sagen können, ob es ein Junge oder ein Mädchen war. Flink hatte es zugegriffen und raffelte nun mit seinen schneeweissen Zähnen hastig und ständig wachsam umherblickend das vom Geschäftsmann übriggelassene bittere, grünlich-weisse Fruchtfleisch ab, bis nur noch eine dünne, dunkelgrüne und zähe Haut übrig war. Diese landete auf der Strasse und wurde schliesslich einige Zeit später von einer Kuh gefressen. So überraschend das Kind aufgetaucht war, so leichtfüssig war es wieder weg.

Es war ergreifend und zugleich faszinierend zu sehen, wie Bruder Josef mit zwei, drei Worten, mit einem vertrauensvollen Lächeln und einer Handbewegung solche Kinder dazu brachte, nicht wegzulaufen. Gehetzt und unruhig standen sie da, diese kleinen Geschöpfe mit ihren ernsten Gesichtern und lauschten Josefs Stimme. In ihren Augen spiegelte sich in erster Linie ihre Angst, aber da waren auch noch tiefe Verachtung, Neid und sogar Hass zu sehen.

Viele konnten sich nicht an ihre Herkunft, ja kaum an ihren richtigen Namen erinnern. Es dauerte oft mehrere Tage, bis Josef ein Kind dazu brachte, mit uns zu kommen.

Im Heim wurde es zuerst gründlich untersucht, mit einem Mittel gegen Läuse und andere Ungeziefer gebadet – alle hatten Läuse, manchmal steckten sogar kleine blutsaugende Insekten in der Haut – und danach frisch eingekleidet. Zudem wurde allen eine Wurmkur verabreicht.

Während den ersten drei Tagen waren die Kinder richtig zu bedauern: Bleich und geschwächt schleppten sie sich durchs Haus. Nicht alle fanden sich in der neuen Umgebung auf Anhieb zurecht. Ein Kind versteckte Esswaren in seiner Schlafmatte, ein anderes nahm alles zu sich, das nicht niet und nagelfest war. Ein Junge flüchtete in der zweiten Nacht, doch Bruder Josef spürte ihn wieder auf und brachte ihn zurück. Danach blieb er.

Bruder Martin führte mich immer wieder zu der riesigen Bahnstation, wo sich unzählige Bettler und Strassenkinder aufhielten und auf ein mitfühlendes Herz von einem der vielen Reisenden hofften. Hier stiessen wir auf einen Jungen, der allein und völlig apathisch in graue Lumpen gehüllt in einer düsteren Ecke lag – zwischen etlichem übel riechendem Unrat. Sie gaben ihm später den Namen Martin, weil er es war, der ihn gefunden hatte. Seinen richtigen Namen haben wir nie erfahren.
Bruder Martin musste ihn tragen, denn der Junge war bis auf die Knochen abgemagert und wog, obwohl sechs Jahre alt, nur noch 9 Kilogramm!

Pater Christdas und seine Helfer begegneten den Eigenarten der Kinder mit sehr viel Geduld, Gelassenheit, Verständnis und meistens mit einer tüchtigen Portion Humor. Ich habe seither kein Haus mehr angetroffen, in dem so viel und so oft gelacht wurde. Trotzdem achteten alle auf die relativ strenge Hausordnung und die Aufnahme von den neuen Kindern brachte den geregelten Tagesablauf nur wenig durcheinander.
Nach einer Woche waren die Kinder kaum wiederzuerkennen. Sie hatten sich nicht nur äusserlich verändert – die sauberen Kleider und die glänzenden und geschnittenen Haare gaben ihnen ein anderes Aussehen – sie erwachten auch innerlich zu neuem Leben. Wie ihre Augen strahlten! Übermut, kindliche Neugier und sogar Spass spiegelten sich in ihren Augen. Die Angst war noch da, aber von Verachtung und Hass war nichts mehr zu sehen. Sie verloren ihre Scheu, waren an allem interessiert und halfen bei den täglichen Arbeiten im Haus: Gemüse putzen, Abwaschen, Putzen, Wäsche waschen usw. Sie waren auch sehr fürsorglich zu den kleineren Kindern, hüteten sie oder halfen ihnen beim Essen oder bei der täglichen Körperpflege.
Nicht alle Kinder tauten gleichschnell auf, nicht alle zeigten ihre Freude oder Dankbarkeit auf dieselbe Art. Einmal gab es beim Mittagessen für jedes Kind zum Reis und zu den Linsen

statt einer Frucht eine Tomate. Ein Junge wickelte sie vorsichtig in sein Leibchen, kam nach dem Essen zu mir und schenkte sie mir ...
Pater Christdas meinte, dass aus diesem Junge einmal ein guter Sozialarbeiter werde. Er behielt recht: Paul trat später in die Organisation der Mutter Theresa ein, der Kontakt zu ihm ist nie abgebrochen.

Jeden Morgen begab ich mich an die Pipe Road – die Kinder warteten meistens vor dem Haus auf mich und begrüssten mich stürmisch – verbrachte den ganzen Tag entweder im Haus oder auf einem Rundgang durch die Stadt und kehrte abends wieder zur Familie Roy zurück.
Einmal stand ein Junge am frühen Morgen vor dem geschlossenen Tor. Als ich kam, sah es aus, als wollte er hinaus. Ich hielt ihn zurück und führte ihn zu Pater Christdas, auf dem Weg dorthin fiel mir auf, dass der Junge etwas unter seinem T-Shirt verborgen hielt. Zusammen forderten wir ihn auf, uns zu zeigen, was er hinaus schmuggeln wollte: Zwiebelschalen, Knoblauchschalen und drei harte Strunkstücke von einem Kohl.
Der Junge dachte, er müsse wieder zurück auf die Strasse und hätte sich mit diesen Küchenabfällen eine Suppe gekocht ...

Am zweiten Sonntag nahm mich Pater Christdas mit zu Mutter Theresa an die Circular Road, hier hatte sie ihre Arbeit begonnen, hier war sie zu Hause. Diese grosse Frau hatte allein durch ihre Überzeugungskraft und durch ihre bedingungslose Liebe zu den Ärmsten ein grossartiges und beispielloses Hilfswerk aufgebaut. Sie war oft unterwegs und unermüdlich mit dem weiteren Ausbau ihres Werkes beschäftigt, aber an diesem Sonntag war sie da und nahm sich über eine halbe Stunde Zeit für mich. Sie setzte sich mir gegenüber in einen Stuhl und fragte mich, weshalb ich hergekommen sei. Als ich ihr den Grund nannte und ihr erzählte, was ich bisher erlebt hatte, meinte sie erstaunt: „That's a story!" (Das ist eine Geschichte!)

Danach besuchten wir zusammen die Andacht, die in einem bescheidenen Rahmen im Haus abgehalten wurde.

Mutter Theresa ist eine ungewöhnliche Frau mit einer starken Ausstrahlung. Wer einmal mit ihr gesprochen hat, wird die Begegnung nie mehr vergessen!

Bis zu meiner Abreise gelang es uns tatsächlich, acht Kinder ins Waisenhaus aufzunehmen. An einem der letzten Tage liess ich die wenigen Dollar die ich noch hatte in einer Bank in Rupien wechseln, kaufte für meine eigenen Kinder ein paar kleine Andenken, bezahlte meine Gastgeberfamilie für die Hilfe, das Essen und die Unterkunft und übergab den Rest meines Geldes Pater Christdas für die Kinder. Er versprach mir, zu schreiben und mich über den Werdegang der Kinder auf dem Laufenden zu halten und ich versprach ihm, weiterhin Geld zu senden.

Am letzten Tag veranstalteten sie eine kleine Feier. Die Kinder sangen einige, für meine Ohren fremd klingende Lieder, beschenkten mich mit Blumen und der Koch kochte mir zu Ehren sogar Fleisch. Zuletzt umarmten mich die Kinder, der Abschied war schwer.

Als ich im Flugzeug sass, war ich unsagbar glücklich, dankbar und irgendwie erleichtert und ich konnte es kaum erwarten, meine Liebsten wiederzusehen. Müde, zufrieden und gesund kehrte ich damals zurück und war froh meine Kinder ebenfalls gesund anzutreffen.

* * *

Mein Aufenthalt war nur durch ein kleines, unerfreuliches Erlebnis getrübt worden: Im Haus meiner Gastgeber war mir der wenige Schmuck, den ich mitgenommen hatte, entwendet worden (ein Ring und einige Ohrklipse). Wobei mich nicht der Diebstahl an sich enttäuschte, sondern die Tatsache, dass mich mein Gastgeber eindringlich bat, nicht die Polizei zu rufen. Er fürchtete sie. Weshalb? Ich fand es nie heraus.

II

Pater Christdas schrieb mir regelmässig vom Waisenhaus, seiner Arbeit und von den Kindern. Ich schrieb genauso regelmässig zurück und überwies ihm das versprochene Geld per Postanweisung.
Zum Glück hatte ich ihm nicht zuviel versprochen, denn in jenen Tagen verliess mich mein Mann und das Geld für meine Kinder und mich wurde so knapp, dass sich die Fürsorge der Gemeinde einschaltete. Eine Zeit lang fürchtete ich, sie würden mir meine eigenen Kinder wegnehmen und sie in verschiedenen Heimen unterbringen. Doch meine Schwester Inge stand mir bei, half uns grosszügig über die schwierige Zeit hinweg und so schafften wir es und konnten zusammenbleiben.
Mit den älteren Kindern sprach ich oft über die „Verpflichtung" die ich eingegangen war. Vielleicht schilderte ich ihnen die Situation der Kinder in Indien etwas zu anschaulich, jedenfalls verzichteten sie immer auf fast alles, mit dem Wissen, dass das Geld einem Kind, das es noch nötiger hatte, zugute kommt. „Wir werden überleben", sagte einmal ein Sohn zu mir, „aber vielleicht überlebt in Indien ein Kind ohne diese Hilfe nicht!"
Nach zwei Jahren schrieb Pater Christdas, dass die Leitung des Waisenhauses einem anderen Pater anvertraut werde. Er schrieb, er werde später im Norden der Stadt die Leitung einer neu gegründeten Leprastation übernehmen und müsse vorher noch eine spezielle medizinische Ausbildung absolvieren und eine Prüfung ablegen. Die Organisation der Mutter Theresa werde den Kurs finanzieren und ihm während der zweijährigen Ausbildungszeit ein Taschengeld bezahlen. Später schrieb er, wie gross sein Taschengeld war. Meiner Ansicht nach war es für einen Pater nicht angemessen, und da es uns wieder etwas besser ging, überwies ich ihm monatlich eine kleine Ergänzung. Er freute sich sehr darüber und lud mich ein, ihn an seiner neuen Stelle zu besuchen. Sollte ich noch einmal nach

Indien reisen? Heimlich hatte ich ja gehofft, er würde mich einladen, doch sollte ich wirklich nochmals gehen?
Nach wie vor reinigte ich an drei Abenden in der Woche die Büros der Handelsfirma in St. Gallen. Manchmal war ich bereits beim Verlassen des Hauses von der Hausarbeit und dem Rummel mit den Kindern todmüde und die Vorstellung, jetzt mit dem Bus in die Stadt fahren zu müssen um dort unzählige Papierkörbe zu leeren, Pulte abzustauben und Spannteppiche zu saugen, machte mich nicht munterer. Auf dem Weg zum Bus und während der Fahrt in die Stadt dachte ich jedoch an Indien, rechnete aus, wieviele Rupien ich für diesen Abend würde wechseln können und wieviel Hilfe damit möglich würde.
Auf diese Weise schöpfte ich Kraft und so flossen die Stunden in den Büros rasch dahin und im Nu fand ich mich zu Hause wieder.

***

Natürlich nahm ich die Einladung von Pater Christdas an und machte mich sechs Jahre nach dem letzten Aufenthalt zum dritten Mal auf den Weg nach Indien. Damals begleitete mich mein Sohn Gabriel.
Ich hatte Pater Christdas geschrieben wann wir in Kalkutta ankommen würden und ihn gebeten uns am Flughafen abzuholen.
Er hatte versprochen da zu sein und mich gebeten einige Packungen Lampren mitzubringen. Es gab damals lediglich dieses Medikament gegen die Lepra. Es vermochte die Patienten zwar nicht vollständig zu heilen, aber der entsetzliche Verlauf, das langsame Absterben der einzelnen Gliedmassen, liess sich damit stoppen. Eine der drei grossen Chemiefirmen in Basel stellte es her und vertrieb es erstaunlicherweise auch in der Schweiz. Ich glaube kaum, dass wir in der Schweiz noch Fälle von Lepra hatten, aber vielleicht war dieses Mittel ja auch

noch gegen andere Krankheiten wirksam. In Indien hingegen, wo Lepra damals wie heute eine weit verbreitete und gefürchtete Krankheit ist, war es schwer und zudem nur zu einem übersetzten Preis aufzutreiben.

Vor dem Abflug in Zürich überfiel mich wieder ein starkes Reisefieber und genau wie vor sechs Jahren, mischten sich beim Umsteigen in Bombay zu dem Reisefieber gewaltige Ängste und Zweifel. Was würde mich diesmal erwarten? Würden wir wieder gesund zurückkehren? Ich litt auch diesmal unter starken Selbstvorwürfen und wäre gern mit dem nächsten Flugzeug zurück geflogen.

Es half nichts, wir landeten flugplanmässig in Kalkutta, verliessen zusammen mit vier oder fünf weiteren Passagieren das Flugzeug, kamen rasch durch die Zollkontrolle und brauchten nicht lange auf unsere Koffer zu warten. Wir heuerten sogleich einen Träger an und begaben uns unverzüglich zum Ausgang.

Als ich Pater Christdas sah – er stand zusammen mit einem Bruder, der bei ihm auf der Station arbeitete, unmittelbar vor dem Ausgang – war ich ganz schön erleichtert! Er war nicht mehr so hager und auf dem Kopf zeigten sich die ersten grauen Haare, aber sonst hatte er sich kaum verändert. Die beiden Männer freuten sich offenbar sehr und begrüssten uns herzlich, ja fast überschwenglich, nahmen uns sofort in ihre Mitte und geleiteten uns durch die am Ausgang herumstehenden Menschen zu einem Taxi.

Während sie mit dem Fahrer recht hartnäckig einen günstigen Fahrpreis aushandelten – der Fahrer verlangte angesichts der beiden Europäer wohl einen etwas übersetzten Preis – verstaute unser Träger das Gepäck im Kofferraum des klapprigen Vehikels.

Als sie sich schliesslich einig wurden, ging die Fahrt los: Über die Schnellstrasse vom Flughafen direkt ins Zentrum der Stadt. Ruhig und mit viel Geschick steuerte der Fahrer seinen Wagen durch den immer dichter werdenden Verkehr, an unzähligen Fahrrädern, „heiligen" Kühen, Rikschas, Motorrädern, Taxis, bunt bemalten und meist überladenen Lastwagen und an oft gefährlich zur Seite geneigten, doppelstöckigen Bussen vorbei. Hatte die Sonne vorhin noch lange Schatten geworfen und uns auf der Wegfahrt vom Flughafen geblendet, war sie jetzt verschwunden und liess die riesige Stadt für eine kurze Zeit in einem diffusen gelb-schimmernden Licht zurück.

Wir tauchten ausgerechnet in das grösste Verkehrsaufkommen des Tages ein: Für den Chauffeur war die Fahrt gewiss nervenaufreibend, für mich war das Treiben auf der Strasse ein faszinierendes Chaos! Erst viel später entdeckte ich, dass über den Mittag und am Abend jeweils auf jeder grösseren Kreuzung ein Verkehrspolizist stand und furchtlos versuchte den lawinenartig heranwälzenden Verkehr zu regeln und in kontrollierte Bahnen zu lenken.

Über zwei Stunden dauerte die unruhige Fahrt vom Flughafen zum Lepra Krankenhaus in Thitagarr. Inzwischen war es Nacht geworden und deshalb hielten wir nicht, wie vorgesehen, um das Krankenhaus zu besichtigen, sondern fuhren ohne eine Pause einzulegen daran vorbei bis zum Haus, in dem Pater Christdas und seine Helfer wohnten. Die Fahrt vom Krankenhaus zum Wohnhaus führte mitten durch eine nicht enden wollende Hüttensiedlung und hier war die Strasse von Fussgängern bevölkert, die scheinbar ziellos umherschlenderten, die Fahrbahn kreuzten und unserem Taxi den Weg ungern und oft erst im letzten Augenblick freigaben. Auch auf dieser Strasse kamen wir nur langsam voran und hatten ausgiebig Zeit, das nächtliche Treiben in dieser für uns völlig fremden Welt vom sicheren Rücksitz aus zu betrachten.

Vor jeder Hütte brannte ein kleines Feuer oder eine Petroleumlampe und warf lange Schatten der davor sitzenden Menschen an die Hauswände. Gabriel sagte, jede dieser Hütten erinnere ihn an den kleinen Bethlehem-Stall, den wir jeweils an Weihnachten zusammen mit den Krippenfiguren und einer brennenden Kerze aufstellen ...

Als wir endlich im Haus in Barrakpur ankamen waren wir

müde und durstig. Die anderen Brüder und der Koch begrüssten uns ebenso herzlich und mit einem siedend heissen Tee. Gabriel schimpfte leise vor sich hin: Er hätte ein kühles Glas Wasser dem dampfenden Tee vorgezogen, doch im Laufe der fünf Wochen fand er heraus, dass eine Tasse Tee, so wie ihn die Inder zubereiten[3], das Durstgefühl besser und anhaltender stillt als ein Glas Wasser.
Wir müssen auch müde ausgesehen haben, denn sie brachten uns schon bald zusammen mit unserem Gepäck auf ein liebevoll hergerichtetes Zimmer im ersten Stock und liessen uns allein.

Als wir am nächsten Morgen aufstanden, hatten die Brüder das Haus bereits verlassen und waren auf dem Weg zu ihrer Arbeit. Pater Christdas war dageblieben und führte uns nach dem Frühstück durch die verschiedenen Räume.
Es war ein altes, zweistöckiges, aus roten Ziegelsteinen gebautes Haus mit einer schweren Holzlaube im oberen Stock und umgeben von einem öden, staubigen Hof. Das flache Dach gab ihm ein klobiges und die dunkel gestrichene, überdeckte Laube ein fernöstliches Aussehen.
Pater Christdas lebte zusammen mit zwölf Brüdern und zehn geistig behinderten Buben, die er von der Strasse aufgelesen oder von der Organisation zugewiesen bekommen hatte, in dem geräumigen Gebäude.
Vier der zehn pflegebedürftigen Jungen waren seit ihrer Geburt behindert, die anderen sechs hatten im zwei Jahre zurückliegenden Krieg zwischen Indien und Bangladesh traumatische Dinge erlebt und buchstäblich den Verstand verloren. Sie mussten unvorstellbare Grausamkeiten gesehen und dabei entsetzlich gelitten haben.

---

[3] Sie würzen den Tee mit Ingwer oder Kardamom.

Ein Junge stolzierte häufig wie ein übereifriger Offizier umher, fuchtelte wild mit den Armen, teilte links und rechts lauthals Befehle aus und brach im nächsten Augenblick schluchzend zusammen. Ein anderer Junge sprang öfters in riesigen Sätzen und mit hassverzerrtem Gesicht umher und schrie: „Kill you, kill you, kill you!" (Ich töte dich!) Es kam vor, dass er sich dabei auf einen anderen Jungen stürzte und blindwütig auf ihn einschlug. In diesem Fall griff der Koch – der einzige, der tagsüber im Haus war und die Aufsicht über die Kinder hatte – sofort ein und trennte die beiden. Es kam vor, dass der rasende Junge nur mit einer Spritze wieder beruhigt werden konnte ...
Wenn ein Junge nachts einen Anfall bekam und mit seinen markerschütternden Schreien das ganze Haus weckte, eilte jedesmal Pater Christdas begleitet von zwei oder drei Brüdern zu ihm und nahm sich seiner an.
Ich habe mich an einigen Tagen um die Jungen gekümmert, mit ihnen gesprochen, sie gewaschen und gebadet, aber die Zeit war viel zu kurz, um eine Veränderung in ihrem Verhalten zu beobachten.

* * *

Die meiste Zeit begleitete ich Pater Christdas zur Leprastation. Meistens verliessen wir das Haus sehr früh, und begaben uns zur Busstation im Zentrum von Barrakpur. Während dem zehn minütigen Fussmarsch erlebte ich das Erwachen der kleinen Stadt jedesmal hautnah. Überall traten die Menschen auf die Strasse, reckten sich, blinzelten der aufgehenden Sonne entgegen, säuberten die Hauseingänge mit den kurzen Besen, rollten die schweren Eisenvorhänge vor den Verkaufsläden zur Seite und öffneten die Türen. Aus den Hinterhöfen und den schlichten, seitlich an den Häusern angebauten Küchen stieg schwacher, hellgrauer Rauch auf, wälzte sich auf die Strasse und machte das Atmen schwer: Die Frauen waren überall daran, auf den kleinen Feuerstellen den ersten Tee zu kochen.

Wir setzten uns in den Linienbus der zwischen Barrakpur und Kalkutta verkehrte und liessen uns für ein paar Rupien nach Thitagarr fahren.
Dort wartete jeden Morgen eine Gruppe von vielleicht vierzig bis manchmal zweihundert Menschen auf Pater Christdas.
Er grüsste die Menge im Vorbeigehen, begab sich zuerst auf einen kleinen Rundgang durch die Station, begrüsste das Personal, wollte wissen ob in der Nacht etwas Aussergewöhnliches vorgefallen war und setzte sich danach in den Untersuchungsraum, um mit seiner eigentlichen Arbeit zu beginnen: Mit dem Untersuchen von Patienten. Längst nicht alle Menschen suchten ihn auf, um ihm verdächtige Hautflecken zu zeigen, viele kamen vorbei, weil sie ganz einfach krank waren und sich von ihm oder der Station Hilfe erhofften. Pater Christdas war zum Lepra-Spezialisten und nicht zum Arzt ausgebildet worden und überwies deshalb alle Menschen, bei denen er nicht zweifelsfrei Lepra diagnostizierte an das staatliche Krankenhaus.

Er erklärte mir die Krankheit so: Lepra ist eine chronische, nach langer Inkubationszeit schleichend beginnende Infektionskrankheit. Es sind also Bakterien, die in erster Linie die Haut und die Nervenfasern angreifen und langsam verändern. Man unterscheidet zwei verschiedene Grundtypen oder Erscheinungsformen: Eine offene oder infektiöse, wie er es nannte, und eine stille oder nicht infektiöse Form.

Die weitaus meisten Leprapatienten leiden an der stillen Form, das heisst, sie haben irgendwo an den Gliedmassen einen oder mehrere, ungewöhnlich helle und nahezu unempfindliche Hautflecken. Die Nervenfasern unter dem Hautfleck sind weitgehend zerstört und leiten die Reize nicht mehr an das Hirn weiter. Ich habe eine ältere Frau gesehen die mit ihren leprakranken Füssen aus versehen auf glühende Kohlen getreten ist. Sie hat die tiefen, hässlichen Brandwunden erst am nächsten Tag entdeckt ...

Die Menschen müssen ihre Lepraflecken zeitlebens im Auge behalten und sorgfältig darauf achten, dass sie sich dort nicht verletzen, denn offene Wunden an diesen Stellen entzünden sich rasch und übermässig und heilen sehr schlecht.

Im Gegensatz zu der infektiösen Form ist die stille Form der Lepra nicht ansteckend. Trotzdem werden die daran erkrankten Menschen von der Gesellschaft und meistens auch von ihren Angehörigen aus Furcht vor einer Ansteckung verstossen.

Ich war dabei, als Pater Christdas ein Mädchen, das an beiden Armen mehrere grössere Flecken vorzeigte, untersuchte und eindeutig Lepra feststellte. Der Vater machte augenblicklich einen Schritt zurück, berührte seine Tochter nicht mehr (vielleicht nie mehr) und wollte sie auf keinen Fall wieder mit nach Hause nehmen. Die Mutter hingegen nahm ihre Tochter weinend in die Arme und konnte sich nicht von ihr trennen.

Auf der Station erlebten wir oft solche dramatische, ja herzzerreissende Szenen und standen hilflos daneben.

Im Gegensatz zu der stillen Lepra arbeitet sich die infektiöse Lepra schleichend im Körper weiter und befällt nach und nach die Schleimhäute, die Knochen, die Eingeweide und die Genitalien. Kann der Prozess nicht gestoppt werden, sterben langsam aber sicher einzelne Körperteile ab und müssen entfernt werden.

Etwas abgesondert, hinter dem Hauptgebäude der Station, stand eine längliche, niedere, palmenbedeckte und fensterlose Lehmbaracke. Hier lagen Frauen und Männer, die den Kampf gegen die Lepra längst verloren hatten, aber vom Tod noch nicht erlöst worden waren. Ich begleitete Pater Christdas jeden Tag auf seinem Rundgang durch die Station und auch zu diesen Menschen. Ich kann nicht beschreiben, was ich in dieser Baracke gesehen und erlebt habe, zu gross war das Leiden und der Schmerz dieser Patienten, zu schrecklich der Anblick dieser entsetzlich verstümmelten Frauen und Männer!

Ich bewunderte die oftmals sehr jungen Brüder und Schwestern, die abwechselnd in dieser düsteren Baracke ihren Dienst versahen und die Kranken aufopfernd und mit grosser Fürsorge pflegten.

Ebenfalls hinter der Station, allerdings in sicherer Distanz zum Sterbehaus, standen zwei lange, hallenartige Holzbaracken. Hier arbeiteten „geheilte" Leprakranke. Einige stellten aus Holz und Leder einfache Prothesen für ihre Leidensgenossen her, andere reparierten Schuhe und Sandalen, wieder andere arbeiteten an einfachen Webstühlen und stellten Bett- und Handtücher für die Station und für die zahlreichen anderen Krankenhäuser der Organisation der Mutter Theresa her. Ich habe Männer gesehen, die keine Hände mehr hatten, aber den Webstuhl während neun Stunden unablässig bearbeiteten und das Schiffchen in einem atemraubenden Tempo hin und her knallten.

Wie bereits erwähnt, werden leprakranke Menschen von der Gesellschaft und sehr oft auch von ihren Familien ausgestossen, selbst „normale" Krankenhäuser schieben diese Patienten ab. Deshalb war der Andrang enorm und der Platz in der Station reichte bei weitem nicht, um alle Patienten aufzunehmen. Ursprünglich bildete eine Bahnlinie die hintere Grenze des Areals, doch Pater Christdas war es mit Mutter Theresas Hilfe gelungen, auf der anderen Seite des Bahndammes ein grosses Stück unüberbautes Land zu erwerben.

Hier waren ebenfalls geheilte Patienten daran, mit einfachsten Werkzeugen und selbst hergestellten Ziegelsteinen ein neues, grösseres Bettenhaus zu bauen. Als uns Pater Christdas am ersten Morgen über den Bauplatz führte, waren sie dabei, die Gräben für das Fundament auszuheben.

Gabriel freundete sich sogleich mit dem Vorarbeiter an und war von nun an nahezu jeden Tag auf der Baustelle zu finden. Er hatte in der Schweiz eine Zeit lang auf dem Bau gearbeitet und diese Arbeit behagte ihm weit mehr, als das Pflegen von leprakranken Menschen.

Pater Christdas begab sich jeden Nachmittag auf einen Rundgang durch die Sterbebaracke, durch die Werkstattbaracken, über die Baustelle und durch das Bettenhaus. Hier ein freundliches Lächeln, dort ein aufmunterndes Wort oder gar ein kurzes Gespräch über die Schmerzen, oder über die Familie – er nahm sich ungemein viel Zeit für „meine Patienten", wie er sie liebevoll nannte.
Auf diese Art erhielten die ausgestossenen Menschen nicht nur eine Aufgabe, sondern sogar das Gefühl in einer Gemeinschaft, in einer grossen Familie zu leben. Der Fleiss der Patienten und ihr Zusammenhalt untereinander beeindruckte mich gewaltig! Sie bildeten eine regelrechte Schicksalsgemeinschaft.

Die Station war ständig überbelegt, die Brüder und Schwestern waren gründlich gefordert und hatten immer alle Hände voll zu tun. Ich half mit, wo die Not am grössten war und zwei Hände dringend gebraucht wurden.
An einigen Tagen begleitete ich jedoch einen Bruder auf seinem Rundgang durch die Slums. Was für eine erschreckende Armut, was für eine deprimierende, abstossende und grausame Welt! Wir besuchten Familien, junge Männer und Frauen mit kleinen Kindern, die in Hütten wohnten, die nicht einmal halb so gross waren wie eins unserer Kinderzimmer. Oft konnte man in diesen, aus einzelnen Brettern und Blechstücken notdürftig gezimmerten Hütten nicht aufrecht stehen. Es fehlte den hageren, ausgemergelten Menschen an allem: Esswaren, Kleider, Medizin, alles war Mangelware. Und wie viele Menschen lebten da auf kleinstem Raum! Abertausende!

Die Slums, das war eine Stadt für sich, eine Stadt in der eigene Gesetze galten, eine Stadt in der es keine Strassen gab, sondern lediglich enge Gassen die für jedes motorisierte Fahrzeug zu schmal waren. Die wenigen Dinge, die in die Slums gelangten, wurden von den Menschen auf kleinen Karren hineingefahren oder auf dem Kopf hinein getragen.

Ich hatte daheim meinen Koffer zur Hälfte mit Kinderkleidern gefüllt – T-Shirts, Unterwäsche, kurze Hosen und so weiter – die Dinge waren bei den jungen Frauen in den Slums sehr willkommen und im Nu verschenkt. Nach jedem Rundgang war ich müde und niedergeschlagen.

Das Elend war aber nicht nur in den Slums anzutreffen, es war in der ganzen Stadt gegenwärtig und konnte nicht übersehen werden. Vielleicht hatte Pater Christdas gesehen, dass ich immer bedrückter wurde und bat seinen Kollegen, Pater Andrew, uns ein Waisenhaus auf dem Land zu zeigen. Am zweiten Wochenende stiegen wir in ein kleines Segelboot um den Hoogly zu überqueren. Der Fährmann setzte das dreieckige Segel, klemmte sich die Ruderstange unter den Arm und steuerte auf das 200 Meter entfernte Ufer zu. Als wir mitten auf dem Fluss waren, kam ein steifer Wind auf, brachte das Wasser zum Kräuseln und unsere sechs Meter lange Nussschale zum Schaukeln. Gabriel fand gefallen an dem Spiel mit den Wellen, lehnte sich zurück und liess eine Hand ins Wasser gleiten. Pater Andrew, dem dieses Schaukeln nicht sonderlich behagte betete halblaut vor sich hin. Als er die Hand im Wasser sah, forderte er Gabriel aufgeregt auf, die Hand zurückzuziehen und warnte ihn: „Es hat Haie im Wasser und die schnappen nach allem, das sich im Wasser bewegt!" Da beugte sich der Fährmann seitlich über den Rand, tauchte den Mittelfinger kurz ins Wasser und führte ihn danach zum Mund. Danach meinte er ruhig aber bestimmt: „Keine Haie, jetzt!"
„Wie könnt ihr das wissen?" fragte ihn Gabriel.
„Wasser kein Salz, jetzt Ebbe, Haie nur kommen mit Flut!"
(Wir überquerten den Hoogly kurz bevor er sich ins Meer ergoss.)
Solche eindrückliche und stimmungsvolle Erlebnisse und der Ausflug zu den Waisenkindern, die an einem fast paradiesischen Ort auf dem Lande aufwachsen konnten, gaben mir wieder Kraft und neuen Mut.

Und als wir zurückkamen, bewunderte ich Pater Christdas mehr denn je: Er hatte tagsüber in der Station eine schwere Aufgabe, am Abend erzählten ihm die Brüder Erlebnisse aus den Slums und nachts beruhigte er die schwer nervenkranken Kinder im Haus. Woher nahm dieser Mann seine scheinbar grenzenlose Kraft?

* * *

Die drei Wochen waren rasch vorbei. Am letzten Tag übergab ich Pater Christdas das restliche Geld und liess mich von ihm und dem selben Bruder, mit dem er uns abgeholt hatte, zum Flughafen geleiten. Gabriel blieb noch für zwei weitere Wochen, ich war jedoch froh, wieder nach Hause zurückkehren zu können und freute mich riesig auf meine Kinder.
Mein Beitrag war innerhalb der grossen Organisation der Mutter Theresa ein kleiner Zustupf, eine kleine Hilfe gewesen. Ich hatte nicht das Gefühl, dass ich gut in diese Strukturen hineinpasste, vielleicht fragte ich deshalb erneut einen Taxifahrer, diesmal beim Umsteigen in Delhi, auf der Fahrt zum Flughafen, nach seiner Adresse.

III

Daheim liessen mir die Kinder und die Hausarbeit tagsüber wenig Zeit die Eindrücke zu ordnen und die Erlebnisse zu verdauen. In den ersten Wochen war ich überzeugt, dass ich den indischen Boden nicht mehr betreten würde, aber während den drei Stunden an den Abenden, an denen ich die erwähnten Büros reinigte, wanderten meine Gedanken immer wieder in dieses prachtvolle Land.
Manchmal erzählte ich im Kreis meiner Verwandten und Bekannten von den Menschen dort und auch dies half mir, die Eindrücke zu verarbeiten.
Und dann geschah etwas wunderbares: Etliche Verwandte und viele Freunde brachten mir gebrauchte Kleider und öfters auch Geld mit dem Hinweis: „Für Indien!"
Der Entschluss, erneut hinzureisen war deshalb bald gefasst und dank dieser Grosszügigkeit kam der nötige Betrag innerhalb eines Jahres zusammen. Im nächsten Frühjahr war es wieder soweit: Ich sass in einem indischen Airbus, diesmal auf dem Flug nach Delhi.
Wieder machte ich die bekannten Gefühlsbäder durch! Und auch diesmal war die Unsicherheit sehr gross, wiederum hoffte ich, der Taxifahrer dessen Adresse ich seit meiner letzten Rückreise besass, würde mich am Flughafen abholen! Wir hatten uns regelmässig geschrieben und er hatte mich zu sich nach Hause, in ein Dorf im Norden Indiens, eingeladen.
Nachdem wir gelandet waren, liess ich mir wie üblich Zeit, verliess den kühlen Passagierraum als letzte und trat auf die herangefahrene Treppe hinaus. Ich genoss den Augenblick bei dem der ganze Körper von der angenehmen Wärme eingehüllt wird. Der Gestank, ein Gemisch von Teer, Diesel und vom Parfüm der mitgereisten Damen, stieg mir in die Nase und raubte mir beinahe den Atem, aber ich wusste, auf der anderen Seite des riesigen Gebäudes würde es nach offenen Feuerstellen,

Autoabgasen und vor allem nach exotischen Gewürzen riechen; ja ich war wieder in Indien und konnte es kaum erwarten, die für Indien typischen Gerüche einzuatmen.

Mit den Einreiseformalitäten war ich inzwischen vertraut, danach hob ich meine Tasche und die beiden Koffer auf einen Wagen und schob ihn zum Ausgang. Ein kurzer Moment höchster Spannung: Würde er da sein? Natürlich, Herr Gurmel war da!

Er stützte sich auf die Abschrankung und hielt Ausschau nach mir. Als er mich sah, hob er seinen rechten Arm und winkte mir zu. Zuerst begrüsste er mich freundlich, hiess mich in Indien willkommen und stellte mir dann seinen Onkel vor: Sadu, ein stattlicher Mann mit einem graumelierten Bart, einem strengen Gesicht und einem kunstvoll gewickelten Turban: Ein Sikh! Sadu verneigte sich elegant, lächelte warmherzig und hiess mich ebenfalls in Indien willkommen.

Für die Fahrt zum Haus des Onkels hatten sie ein kleines Drei-Rad-Taxi organisiert.[4]

Zuerst stopften sie mein Gepäck in den winzigen Kofferraum, danach deuteten sie mir an, auf dem zerrissenen und heissen Ledersitz Platz zu nehmen und schliesslich klemmten sie sich links und rechts neben mir auf die schmale Bank.

Und los ging es mit laut knatterndem und rauchendem Motor, zuerst zügig über gepflegte Strassen weg vom Flughafen, später etwas langsamer auf vernachlässigten Strassen durch ein dicht besiedeltes Aussenquartier und anschliessend nur noch stockend durch das immer von neuem faszinierende, überaus bunte Verkehrschaos im Zentrum.

Zeitweise war der Verkehr in den engen Gassen derart dicht, dass ein Durchkommen unmöglich schien, doch unser Fahrer liess sich von den nah auffahrenden Taxis nicht verunsichern und fand immer wieder neue Lücken. Langsam durchquerten wir das Zentrum, bogen einige Zeit später aus dem Chaos aus

---

[4] Dieses Gefährt ist eine Kombination aus einem Motorrad vorne und einem offenen Kleinwagen hinten.

und verliessen die Innenstadt auf einer etwas weniger belebten Strasse.

Nach einem einstündigen Bad in Lärm und Staub kamen wir bei Sadus Haus an. Er arbeitete schon seit einigen Jahren als Polizist in Delhi, doch seine Familie hatte er im Dorf zurückgelassen. Es war dasselbe Dorf in dem auch Gurmels Familie wohnte.

Im Gegensatz zu Gurmel war Sadu eher wortkarg und atmete beim Reden schwer, als ob er Asthma hätte. Oder war es die schlechte Stadtluft, die ihm bei seiner Arbeit als Verkehrspolizist zu schaffen machte?

Mit einem rostigen Schlüssel schloss er die eiserne Eingangstür auf und liess mich zuerst in den kleinen, sauberen Innenhof treten. Die nächste Tür führte direkt in sein etwa drei mal vier Meter grosses Zimmer. Ein metallenes Bett, ein einfacher Stuhl, eine Holzkiste und zwei alte abgegriffene Koffer bildeten das ganze Mobiliar. Das Geschirr stand auf einem hölzernen Regal, das auf Augenhöhe an der Wand befestigt war: Zwei blecherne Becher und drei blecherne Teller. Unmittelbar neben dem Regal hing die grauviolette Polizeiuniform an einem Nagel und gleich daneben baumelte ein alter Spiegel.

Das Zimmer wies kein Fenster auf, aus diesem Grund wurde die Tür, solange sich Menschen im Raum aufhielten, offen gelassen.

Unsere Ankunft musste bemerkt worden sein, denn nach wenigen Minuten servierte uns ein junger Bursche, begleitet von einigen scheuen und zugleich neugierigen Kindern, in kleinen Tontöpfen heissen Tee.

Die Zeit verstrich rasch und nach der kurzen Dämmerung legte sich die Nacht über die Stadt.

Sadu zündete rechtzeitig eine kleine Öllampe an, und wir unterhielten uns bei sanftem Licht weiter und besprachen den nächsten Tag. Das pulsierende Leben und der dadurch verursachte Lärm auf der Strasse riss nicht ab, im Gegenteil, die Geräusche hallten in der Dunkelheit stärker und bedrohlicher.

Der junge Mann, der uns am Nachmittag Tee serviert hatte, brachte uns auf einem Tablett ein bescheidenes Nachtmahl: Reis, wenig Fisch an einer scharfen Currysauce, Fladenbrot und dazu erneut heissen Tee.

Anschliessend konnte ich mich im finsteren Hof waschen und mich für die Nacht vorbereiten. Die beiden Männer überliessen mir das Bett im Zimmer und legten sich vor der Tür auf eine Bastmatte.

Müde von der langen Reise und den ersten Eindrücken dieser riesigen Stadt lag ich im leicht muffigen Bett, konnte aber keinen Schlaf finden. Kindergeschrei, herzhaftes Lachen, lauthalse Schimpftiraden, knatternde Motoren und das Zittern des ganzen Raumes, wenn ein vollbeladener Bus vorbeibrauste: der ganze Lärm einer lebensfrohen Bevölkerung die nicht an Schlaf denkt, hielt auch mich wach.

Dazu liessen mir die bekannten Bilder von den zahlreichen mittellosen Menschen auf der Strasse, die ich auf der kurzen Fahrt wieder gesehen hatte, keine Ruhe. Was konnte ich diesmal gegen dieses Elend unternehmen? Wem würde ich hier helfen können? Wie sollte ich vorgehen? Wie konnte ich mich selber schützen? Langsam wanderten meine Gedanken nach Hause, zu meinen eigenen Kindern. Wie mochte es ihnen gehen? Einsam, richtig einsam fühlte ich mich, bevor mich der Schlaf von den quälenden Gedanken erlöste.

* * *

Gurmel weckte mich vorsichtig und hielt mir ein Glas Wasser hin. Es war 5 Uhr morgens, noch dunkel und merklich kühler als am Abend. Ich brauchte lange Zeit, an diesem Morgen, um einen klaren Kopf zu bekommen.

Sadu hatte mir im Hof einen Eimer Wasser für die Morgentoilette bereitgestellt. Nach einem kurzen und einfachen Frühstück packte ich meine Sachen wieder zusammen und machte mich reisefertig.

Sie hatten ein Taxi bestellt, diesmal ein richtiges, und zu dritt – Sadu in der Polizeiuniform – liessen wir uns zum Bus-Terminal fahren. Inzwischen wurde es hell und ich konnte die vielen Menschen, die die Nacht auf der Strasse verbracht hatten, sehen. Sie lagen grüppchen- oder familienweise beisammen, zum Schutz vor der Kälte der Nacht hatten sie sich lediglich mit einem Stück Karton oder einer dünnen Zeitung zugedeckt, oder in einige schmutzige Lumpen gehüllt.

War es der Schlafmangel, die kühle Morgenluft oder der Anblick dieser Menschen auf dem kalten und harten Asphalt? Ich fror erbärmlich.

Beim Terminal angekommen verabschiedete sich Sadu: Er hatte Dienst. Gurmel besorgte uns zwei Fahrkarten für die Reise nach Ludhiana,[5] danach blieb uns noch Zeit für einen heissen Tee.

Acht Stunden dauerte die Fahrt auf der harten Holzbank in einem alten, aber prunkvoll verzierten Bus und über zum Teil miserable Strassen. Unzählige Male hielt der Bus und liess Menschen ein- und aussteigen und zweimal steuerte der Chauffeur das schwer beladene Ungetüm von der Strasse herunter auf den Parkplatz vor einem Teeshop und legte eine grössere Pause ein. Es gab uns die Möglichkeit, die Beine zu vertreten, die Toilette aufzusuchen und einen Tee zu trinken.

Am späten Nachmittag trafen wir in Ludhiana ein. Während der Gehilfe des Chauffeurs auf das Dach des Busses kletterte und mein leicht verstaubtes Gepäck herunter reichte, organisierte Gurmel für die restlichen paar Kilometer eine Fahrrad-Rikscha.[6]

* * *

---

[5] Ludhiana liegt im Norden Indiens, im Staat Punjab, über 1.500 km von Kalkutta entfernt.

[6] Eine Fahrrad-Rischka ist ein dreirädriges Fahrrad. Vorne sitzt der Fahrer und tritt kräftig in die Pedale, hinten, auf der schmalen Sitzbank, haben gut zwei erwachsene Personen Platz.

Der Rikschafahrer radelte mit uns zügig aus der Stadt hinaus, zuerst an einfachen, weissgetünchten Häusern, später an niederen, bescheidenen Lehmhütten vorbei und schliesslich über Naturstrassen an grossflächigen Reisfeldern mit zartgrünen Setzlingen und sorgfältig angelegten Bewässerungsgräben entlang.

Hier herrschte keine Hektik, kein einziges Motorfahrzeug kreuzte unseren Weg, statt dessen musste unser Fahrer Kühen, Ziegen, Schafen und auf der Strasse spielenden Kindern ausweichen. Ein Stück abseits der Strasse badeten ein paar junge Burschen zusammen mit einer Herde schwarzer Wasserbüffel in einem von Palmen gesäumten, flachen Fluss.

Die fremde, exotische Landschaft leuchtete in der späten Nachmittagssonne in allen Erdfarben. Eine fremde, eine andere Welt, es sah aus, als ob die Lebensuhr vor langer Zeit stehen geblieben wäre.

Der schweissnasse Rücken des schwer atmenden und hart trampelnden Rikschafahrers, wenig mehr als eine Armlänge vor mir, liess mich jedoch die friedliche Stimmung nicht richtig geniessen. Und Gurmel? Er freute sich auf das Wiedersehen mit seiner Familie, ihn schien das harte Los des Rikschafahrers nicht zu stören.

Schon von weitem sahen wir das Dorf, Gurmels Heimatdorf: Im Zentrum einige solide, mit roten Ziegelsteinen gedeckte Steinhäuser, umsäumt von einfachen, mit Palmenblättern gedeckte Lehmhütten.

Langsam rollten wir den leichten Hang hinunter und in das Dorf hinein. Kaum waren wir an der ersten Hütte vorbei, stürmte uns eine lachende und lärmende Kinderschar entgegen. Der Fahrer radelte behutsam weiter – die Kinder sprangen und hüpften hinter uns her – und bog nach Gurmels Anweisungen drei Strassen weiter in eine schmale Seitengasse ein. Gurmel rief dem über und über schweissnassen Fahrer etwas zu und gab mir zu verstehen, dass wir da waren.

Der Mann stoppte die Rikscha, liess uns aussteigen und deponierte mein Gepäck vor dem Hauseingang. Den Betrag, den er für seine Fahrt verlangte rundete ich auf und bezahlte einen runden Betrag. Oft müssen die Rikschafahrer nach einer anstrengenden Fahrt noch um den Lohn feilschen. Dass seine scheu vorgebrachte Preisforderung nicht nur ohne Widerrede akzeptiert, sondern sogar überboten wurde, war ihm wohl noch nie passiert. Er starrte mich einen Augenblick ungläubig an, bedankte sich überschwenglich, wendete das Gefährt und schwang sich – mit weiss ich woher frisch mobilisierter Kraft – in den Sattel und strampelte heim zu.

Inzwischen waren wir von Kindern, Jugendlichen, Frauen, Männern und älteren Leuten umringt. Bestimmt war das ganze Dorf zusammengekommen, um uns zu begrüssen. Viele redeten auf mich ein, einige umarmten mich, und dann führten mich zwei Frauen durch den kleinen Vorhof in das grosse Haus.

Ursprünglich hatte die Familie in einer Hütte mit zwei Zimmern gelebt, doch nach und nach mehrere Räume angebaut. Als ich sie besuchte, waren sie stolze Besitzer eines stattlichen Sechs-Zimmer-Hauses. Gurmels schwer verdiente und regelmässig überwiesene Geld hatte bestimmt wesentlich zu dieser Entwicklung beigetragen.

Sie führten mich in den hinteren Teil, direkt in einen kleinen, hellen Raum. Auf dem sorgfältig gestampften und mit einem feuchten Tuch kreisförmig abgeriebenen Lehmboden standen ein hölzerner Stuhl und ein einfaches Bett. Auch die Wände waren aus schwefelgelbem Lehm. Gurmel, der die ganze Zeit nicht von meiner Seite gewichen war, deutete an, dass dies für die nächsten Tage mein Zimmer sei. Durchgerüttelt, staubig, hungrig und durstig setzte ich mich auf das Bett und legte die Hände in den Schoss.

Ein hübsches Mädchen mit dunkler Haut, grossen Augen und pechschwarzen Haaren drängte sich durch die vor mir stehenden Kinder und hielt mir einen Becher mit heisser Büffelmilch

hin. Während ich mir am heissen Becher beinahe die Finger verbrannte und die Milch in kleinen Schlückchen trank, schauten mir bestimmt 30 Menschen zu. Niemand sprach, es war derart still im Raum, dass ich mich kaum traute die Milch zu schlucken. Gurmel bemerkte meine Unsicherheit und erklärte mir lachend, dass viele Leute in seinem Dorf noch nie eine weisse Frau gesehen hätten. Immer noch lachend bugsierte er alle hinaus, verliess das Zimmer ebenfalls und zog die Tür hinter sich zu.
Die Abendsonne sandte ihre letzten warmen Strahlen durch das Fenster und liess die Lehmwand goldfarben leuchten. Kaum angekommen fühlte ich mich bereits geborgen und gewann grosse Zuversicht für die nächsten Tage.

Während der kurzen Fahrt durchs Dorf hatte ich einige armselige Hütten und zwei, drei verwahrloste Kinder gesehen. Ich nahm mir vor, am nächsten Morgen mit meiner „Arbeit" zu beginnen. Gurmel musste mich zu den Mittellosen, zu den Kastenlosen, zu den Verachteten, zu den Ärmsten unter den Armen führen. Ich war voller Tatendrang und wollte etwas unternehmen, wollte Hilfe, Zuneigung und Freude bringen.
Kurz bevor ich vollständig im Dunkeln sass, trat Gurmel mit einer kleinen Öllampe ins Zimmer und gab mir zu verstehen, dass das Nachtessen bereit sei. Durch die offene Tür strömte ein herrlicher Duft von exotischen Gewürzen in mein kleines Zimmer.
Im Essraum stellte er mir zum ersten Mal seine Familie vor: Seine Frau, seine vier Kinder und seine Eltern. Weiter waren da noch einige Onkel und Tanten, doch ich hatte die Übersicht, wer mit wem wie verwandt war, schnell wieder verloren. Am Tisch wollten alle sehen, wie ich mit der Gabel zum Essen ansetzte[7] – es gab herrlich süssen Milchreis und dazu einen

---

[7] Die meisten Menschen in Indien essen von Hand.

geheimnisvoll gewürzten Spinat – aber schon bald achteten sie nicht mehr auf mich und begannen selber zu essen. Mit dem Essen kam eine lebhafte und entspannte Stimmung auf.
Die Kinder wurden ziemlich übermütig und darüber amüsierten sich alle.
Nach dem Essen begleiteten sie mich auf mein Zimmer zurück und dort setzten sich die Älteren zu mir aufs Bett, die Jüngeren im Halbkreis im „Schneidersitz" auf den Boden. Die kleinen Geschenke, die ich mitgebracht hatte, waren rasch verteilt und während die Mitbringsel im Schein der kleinen Öllampe bewundert wurden, nutzte ich die Gelegenheit, trat hinaus in den Hof und wusch mich am Brunnen.
Die Familie zog sich bald aus meinem Zimmer zurück und danach wurde im ganzen Haus nur noch geflüstert. Müde liess ich mich ins Bett fallen, genoss die laue Nacht und das Gezirpe der Grillen vor dem Fenster und sank bald in einen tiefen und gesunden Schlaf.

Am Morgen erwachte ich in leichter Schräglage: Die Füsse meiner Pritsche waren im Laufe der Nacht ungleichmässig in den weichen Lehmboden eingesunken. Noch war es dunkel, aber die Grillen kündeten mit lautem Zirpen die bevorstehende Morgendämmerung an und vom Hof vernahm ich die Geräusche der Frauen, die sich dort wuschen.
Oft waren die Frauen abends die letzten die sich zur Ruhe legten, aber am Morgen waren sie immer die ersten, die wieder auf den Beinen waren.
Ich mochte einige Minuten wach gelegen haben, als jemand scheu an meine Tür klopfte: Das hübsche junge Mädchen, Jetti, brachte in einer Hand die Öllampe und in der anderen eine Tasse heissen Tee.
Sie wartete, bis ich den Tee getrunken hatte und schaute mich dabei unentwegt an. Mein Lächeln beantwortete sie mit einem scheuen Lächeln, bei dem eine ganze Reihe strahlend weisser Zähne zum Vorschein kamen.

Sie sprach kein Wort Englisch und ich damals noch kein Wort Hindi, aber wir verstanden uns trotzdem.

* * *

Es schien ihre Aufgabe zu sein, für das Wohl des Gastes zu sorgen. Sie stellte mir Wasser für die Morgentoilette bereit, führte mich im Haus herum, wusch meine Kleider und half nebenbei in der Küche.

Jeden Morgen stand sie vor dem Haus und winkte mir beim Weggehen „Good by" und am Abend erwartete sie mich wieder vor dem Haus und wich nicht mehr von meiner Seite, bis ich mich zum Schlafen ins Zimmer zurückzog. An diese liebenswerte und fürsorgliche Bedienung konnte ich mich nie gewöhnen, und doch erleichterte sie mir mein Dasein. Dafür war ich ihr dankbar und schon nach kurzer Zeit liebte ich Jetti wie eine eigene Tochter.

Nie in meinem Leben bin ich derart umsorgt und verwöhnt worden, stets war ich es, der für andere da zu sein hatte. Nach der Schule hatte ich zu Hause den Haushalt für meine Eltern und meine sechs Geschwister zu besorgen und konnte mich nicht aus- oder weiterbilden. Später, als ich verheiratet war, verliessen wir als junge Familie die Schweiz und zogen auf eine kleine Kaffeefarm im Dschungel von Brasilien.

Nach vier Jahren harter und erfolgloser Arbeit kehrte ich mit meinen Kindern zurück in die Schweiz. Mein Mann folgte mir nicht wie versprochen, nachdem er die Farm verkaufte hatte, sondern eröffnete mit dem Erlös eine Konditorei in der nächsten grösseren Stadt in Brasilien.

Das Leben einer alleinerziehenden Frau mit drei kleinen Kindern ist heute nicht gerade einfach, aber zu jener Zeit war es ausgesprochen hart.

Später verliess mich auch mein zweiter Mann. Neue Sorgen kamen auf uns zu, neue Schwierigkeiten mussten bewältigt werden. Trotz allem war ich fest entschlossen, meinen acht

Kindern die Möglichkeit zu einer soliden Ausbildung – vielleicht sogar zu einem Studium – zu bieten, und zwar den Mädchen wie den Buben.
Deswegen war es für mich nicht einfach, die Dienste von einem kaum fünfzehn Jahre alten Mädchen ohne weiteres anzunehmen.

Die Frauen im Haus waren von früh bis spät mit den vielfältigen und arbeitsaufwendigen Aufgaben des indischen Haushalts beschäftigt: Wasser holen, Holz holen, Feuer machen, Kochen auf der kleinen Feuerstelle, Kleider waschen und nebenbei noch die zwei Büffelkühe versorgen.
Als Brennstoff für den Kochherd diente ihnen Holz oder getrockneter Kuhdung. Die Kinder sammelten den Kuhdung sorgfältig ein, formten von Hand kleine, flache Fladen und klatschten diese zum trocknen an die Hauswand oder legten sie auf einen flachen Stein an die Sonne.
Wie leicht diesen Frauen alles von der Hand ging, wie geschickt sie ihre Aufgaben erledigten und, da sie nahezu alle Arbeiten am Boden verrichteten, waren die meisten beneidenswert beweglich und grazil. Nie habe ich eine Frau griesgrämig oder gereizt angetroffen, immer herrschte eine ansteckende Fröhlichkeit im Haus. Selbst mit den Kindern, die als herumtollende Meute manchmal recht nervenaufreibend sein konnten, wurde nie ernsthaft geschimpft. Die Kinder waren ständig dabei und lernten das Leben und die täglichen Arbeiten in und um das Haus von klein auf kennen. In diesem Haus schien die Welt noch in Ordnung zu sein.

* * *

Nach den Frühstück erschien Gurmel mit einem gemieteten Kleinmotorrad. Mit diesem Motorrad fuhren wir auf der staubigen Strasse nach Ludhiana, um in einer Bank einen Teil meiner mitgebrachten amerikanischen Dollars in indische Rupien zu wechseln und auf dem lokalen Markt frisches Gemüse und Früchte zu kaufen. Kurz vor dem Mittagessen waren wir wieder im Dorf.

Am Nachmittag wollte ich endlich mittellose, arme Menschen aufsuchen und bat deshalb Gurmel, mich zum Dorfältesten zu fahren.

Der Mann, eine kleine, hagere Person mit kurzgeschnittenen weissen Haaren, buschigen Augenbrauen und einem feinen, langen und schneeweissen Bart, hörte sich Gurmels Übersetzungen an und betrachtete mich dabei unentwegt und leicht erstaunt wie mir schien. Nachdem Gurmel mich vorgestellt und ihm mein Vorhaben erklärt hatte, stand der Mann entschlossen auf, band seinen Turban fester und führte uns mit sicheren Schritten an den Dorfrand. Während dem kurzen Fussmarsch sprach er zu mir (Gurmel übersetzte): „Ich habe nichts dagegen, wenn sie helfen wollen, liebe Schwester. Sie sind, soweit ich mich erinnern kann, der erste Mensch, der an diese Menschen denkt."

Solche Andeutungen können mich ganz schön in Verlegenheit bringen, ich liebe es nicht besonders, wenn man mich für eine überaus grossherzige Frau hält. Deshalb erklärte ich ihm, dass die Hilfe von vielen Menschen aus der Schweiz stammte; die Gelder waren mir lediglich anvertraut worden.

Er führte uns zu einer alten, niederen und nahezu verfallenen Lehmhütte. Sofort erschien eine zierliche Frau mit drei kleinen, scheuen Kindern. Die Kleinen klammerten sich an den Beinen ihrer Mutter fest, versuchten sich hinter ihr zu verstecken und guckten vorsichtig rechts und links hervor. Die Mutter begegnete uns zuerst sehr skeptisch, doch einige beruhigende Worte von Gurmel brachte sie dazu, uns ihr Schicksal zu erzählen. Vorerst verschwand sie jedoch kurz in der Hütte und zerrte ihr

Bett, eine alte Pritsche aus Holz und Bast, heraus und liess mich darauf Platz nehmen.

Ihr Mann sei vor einem Jahr tödlich verunfallt, erzählte sie, und da sie ihn aus Liebe und gegen den Willen ihrer Eltern geheiratet hatte, konnte sie nicht mehr zu ihnen zurück; und die Verwandten ihres Mannes sahen keinen Grund, sie zu unterstützen. Sie arbeitete bei einem vermögenden Bauer als Dienstmädchen, doch der Verdienst war beschämend klein und reichte kaum für das Essen. Sie besass das alte, schiefe Bett auf dem ich sass, wenig Essgeschirr und die Kleider, die sie und die Kinder trugen. Sonst nichts.

Gurmel musste mich sogleich zu einem Schreiner führen. Ich kaufte dem jungen Handwerker ein Bett ab und bat ihn, es sogleich zu liefern. Sofort waren zwei junge Männer zur Stelle, hoben das Bett mit Schwung hoch und trugen es auf dem Kopf zu der Frau.

Als wir auf dem Weg an einem Stoffladen vorbeikamen, kaufte ich zusätzlich noch drei warme Decken für die Frau und ihre Kinder.

Bei der Ankunft des Bettes gerieten die Kleinen aus dem Häuschen, tanzten darum herum, oder kletterten darauf und hüpften auf dem federnden Bastgeflecht auf und ab. Die Frau sah das Bett und die übermütigen Kinder, weinte vor Glück, umarmte mich und legte ihren Kopf an meine Schulter. Immer wieder wurde ihr Körper vom Schluchzen geschüttelt. Ich spürte, diese Frau musste seit dem Tod ihres Mannes viel entbehrt und gelitten haben. Sie war dermassen ausgemergelt, dass ich sie beim ersten Anblick älter geschätzt hatte, als sie in Wirklichkeit war.

Der Dorfälteste, Gurmel, die beiden Männer, die das Bett gebracht hatten, die Nachbarn, alle freuten sich mit der Frau und den Kindern und ein Nachbar brachte spontan heisse Büffelmilch in Blechtassen. Wir tranken die Milch und blieben noch ein Weilchen auf dem neuen Bett sitzen.

Der Dorfälteste und Gurmel führten mich am jenem Nachmittag zu weiteren armseligen Hütten. Dabei begegnete ich schrecklicher Armut und sah unsägliches Leid und dachte für mich, dass es keinen Gott geben könne. Welcher Gott würde solche Not zulassen?

Am späten Nachmittag galt unser Besuch einem erblindeten, vielleicht 40 Jahre alten Mann mit dem Namen David. Er sass in einer kleinen, finsteren und feuchten Lehmhütte. Sie erzählten mir, dass der Mann vor acht Jahren erblindet sei und seither keine Arbeit mehr verrichten könne. Abgemagert bis auf die Knochen, graues, wirres Haar auf dem markanten Kopf, tief eingefallene und ausgetrocknete Augen, so fanden wir ihn auf seinem alten Bett. Er war gänzlich auf die Hilfe seiner Nachbarn, die ihm täglich Wasser, ein Schüsselchen Reis und gelegentlich eine Tasse voll Milch brachten, angewiesen. Viel mehr konnten die Nachbarn nicht für ihn tun, denn sie waren selber arm.

Diesem Mann gab ich Geld. Der blinde David zitterte, lächelte, hielt zum Dank meine Hände und sprach ehrfurchtsvoll mehrmals den gleichen Satz. Gurmel übersetzte mir den Inhalt seiner Worte: „Gott, Gott allein hat dich geschickt!" Ich war beschämt, denn eben noch hatte ich an der Existenz Gottes gezweifelt ...

***

Bevor wir zurück mussten, führten Gurmel und der Dorfälteste mich noch zu einem anderen alleinstehenden Mann: Zum alten Dada. Er hatte sein Leben lang als Tagelöhner auf den Feldern der vermögenden Bauern gearbeitet. Jetzt war er alt und hatte keine Kraft mehr. Eine Rente? Von wem? Nein, auch Dada war ganz auf die Hilfe seiner Nachbarn angewiesen!

Nach einigem Herumfragen fanden wir ihn in einem Stall, in einer Ecke kauernd. Auch er, spindeldürr, nur mit einem Lendentuch bekleidet und mit schneeweissem Haar. Wie sich der

Mann an der Gabe freute! Seine Augen strahlten und auch er hielt eine Zeit lang meine Hände.

Doch dann machten wir uns auf den Heimweg, um vor Einbruch der Dunkelheit wieder im Haus zu sein. Dada trat vor den Stall, schaute uns nach und winkte mit seiner knorrigen Hand, bis wir um die Wegbiegung verschwunden waren.

Müde und hungrig kehrten wir zurück. Während ich mich wusch und für das Abendessen frisch machte, waren meine Gedanken bei den Menschen, die wir besucht hatten. Obwohl ich mit ihnen nicht direkt sprechen konnte – jedes Wort musste von Gurmel übersetzt werden – fühlte ich, dass auch sie Wünsche und Träume haben und eine Hoffnung auf ein besseres Leben. Ihr Schicksal ging mir nah, sehr nah und ich fühlte und litt mit ihnen. Meine Absicht war, wo immer möglich Leiden zu mildern und Freude zu verbreiten, aber die Reaktionen dieser Menschen waren derart herzlich, dass ich mehr Freude empfing und dadurch eine tiefe Zufriedenheit erlangte.

Ich hatte eine grosse Ehrfurcht und Achtung vor diesen Menschen, die nichts hatten, die täglich ums Überleben kämpfen mussten und trotzdem den Mut, die Hoffnung, die Freude und den Humor nicht verloren hatten, die teilweise unter widrigsten Umständen die tägliche Körperpflege nicht vernachlässigten, die Menschen waren und Menschen bleiben wollten. Ich liebte sie alle.

* * *

Mit dem gemieteten Motorrad unternahmen wir täglich Ausflüge in die umliegenden Dörfer. In jedem Dorf suchten wir zuerst den oder die Dorfältesten auf und fragten nach Menschen, die in Not geraten und verarmt waren.

Was ich dabei sah und erlebte wurde mir eines Tages zuviel. Ich sah, wie unzählige Menschen in erschreckender, ja entsetzlicher Armut lebten, wie viele Menschen ein absolut unmenschliches Dasein fristeten. Die ganze Dankbarkeit die mir entgegengebracht wurde, konnte mich nicht über die Hoffnungslosigkeit der herrschenden Situation hinweg täuschen. Gab es überhaupt eine Hoffnung für diese Menschen? Hoffnung auf was?

Ich reagierte wie gelähmt, konnte kaum noch essen und brauchte am Morgen enorm viel Kraft, um überhaupt aufstehen zu können. Angst, ich bekam richtig Angst! Würden wir in Europa in einigen Jahren mit ähnlichen Zuständen rechnen müssen? Manchmal dachte ich, ich wäre am Ende. Hatte ich mir zuviel zugemutet? Konnte ein Mensch Not in diesem Ausmass überhaupt aushalten, ertragen? Diese Armut, dieses himmelschreiende Elend?

Langsam kam ich zur Einsicht, dass unsere Welt krank ist und meine Hilfe gegen die herrschenden Zustände, gegen die Unterdrückung und Ausbeutung der Menschen untereinander nichts ausrichten konnte. Zudem kam manchmal jede Hilfe zu spät: Ich sah Kinder, Frauen und Männer sterben. Mir wurde meine Machtlosigkeit bewusst und machte mich mutlos und abends, im Bett, musste ich weinen.

Doch nach ein paar weiteren Tagen fasste ich neuen Mut, stand früh auf und genoss den heissen, von Jetti liebevoll servierten Tee.

Früh machen wir uns auf den Weg zu einer Gruppe von Bettlern, die unter einer Eisenbahnbrücke nahe beim Bahnhof hausten. Ein schmaler, steiler und morastiger Pfad führte uns hinunter. Unter der Brücke war es trocken aber kalt. Die Menschen beachteten uns zuerst kaum, einige schliefen noch unter schmutzigen Tüchern, andere waren daran, ein Feuer zu entfachen. Alle waren mager und ihre Bewegungen ungewöhnlich langsam. Eine Frau wusch schmutzigen Reis, den sie bestimmt irgendwo geschenkt bekommen hatte, im Fluss; die Nachbarin wusch gleich daneben ihren Säugling und wickelte ihn hernach in ein schmutziggraues Tuch.

Kleider war Mangelware bei diesen Armen.

Alles war grau, der Lagerplatz, die Menschen in ihren Lumpen, sogar ihre Gesichter, einzig ihre Zähne schimmerten weiss, aber die waren kaum zu sehen, da sie meistens ernst blieben und nur selten lächelten.

Gurmel schien dieser Ort nicht zu behagen, erst als ich ihn höflich bat, übersetzte er mir die Fragen von zwei älteren Männern, die uns angesprochen hatten. Sie wollten wissen, ob wir jemanden suchen. Ich liess ihnen durch Gurmel mitteilen, dass wir gekommen waren, um ihnen zu helfen. Gurmel musste sie fragen, was sie am dringendsten benötigten.

Sogleich führten sie uns zu einem Jungen, der apathisch und mit fiebrigen Augen auf ein paar Zeitungen gebettet auf dem staubigen Boden lag. Ihrer Ansicht nach litt er an Malaria. Danach zeigten sie mir ein anderen Jungen, der offensichtlich an Gelbsucht erkrankt war, und zuletzt führten sie mich in den hintersten Winkel ihres Lagerplatzes: Dort lag, in schmutzige Lumpen gehüllt und abgemagert bis auf die Knochen, ein vielleicht zwölf Jahre altes Mädchen. Sie litt angeblich an einer Lungenentzündung. Die Männer kannten nicht nur die Krankheiten sehr gut, sie wussten auch erstaunlich genau, welches Medikament dagegen eingesetzt werden musste.

Zusammen besorgten wir in der nächsten Apotheke die notwendigen Arzneimittel und kauften auf dem lokalen Markt gleich noch Reis, frisches Gemüse und Früchte soviel wir tragen konnten.

Als wir wieder zu ihrem Lagerplatz hinunterstiegen, überlegte ich mir fieberhaft, wie ich die gerechte Verteilung der Nahrungsmittel organisieren sollte. Würde es zum Streit um die einzelnen Esswaren kommen? Meine Sorgen waren umsonst: Die beiden älteren Männer nahmen uns die Arbeit ab und verteilten alles sehr gerecht und das mit einer nicht zu überbietenden Ruhe und Sicherheit. Das war keine Horde von streitsüchtigen Vagabunden sondern eine echte Schicksalsgemeinschaft.

Ein Mann erzählte mir, wie sie zu diesem Platz gekommen waren: Sie stammten aus Kalkutta und hatten den ganzen Weg,

eine weite Reise, zu Fuss zurückgelegt. Ausnahmsweise waren Menschen ohne Besitz nicht wie gewöhnlich vom Land in die Stadt gezogen, sondern umgekehrt. Sie waren aus den Slums der Stadt auf das Land geflüchtet und hatten hier unter der Brücke einen trockenen und geschützten Ort gefunden. Angst hatten sie nur vor Krankheiten.
Die ganze Zeit redeten die Männer in Hindi und Gurmel musste mir jedes Wort übersetzen. Doch beim Abschied sagte ein Mann zu mir in englisch: „God bless you, Madame!" (Gott schütze sie!). Kurz bevor wir gingen rollte ein Zug über die Brücke, der Lärm war ohrenbetäubend...

In unzähligen Geschichten kommt ein Bettler vor, auf etlichen Bühnen spielen Schauspieler die Rolle eines Bettlers oder einer Bettlerin. Aber diese Menschen, die ich dort antraf, *waren* Bettler, für sie war es kein Spiel sondern Wirklichkeit! Sie lebten ihr Leben als Bettler und das mit einer Würde, einem Anstand und einer Achtung sich und dem Leben gegenüber, die seinesgleichen sucht, die nicht zu beschreiben ist.

* * *

Nach vierzehn Tagen brachte Gurmel das kleine Motorrad seinem Besitzer zurück und fuhr nach Delhi, um seine Arbeit wieder aufzunehmen. Er brauchte Geld und ich kannte mich im Haus und im Dorf soweit aus, dass ich nicht weiter auf seine Hilfe angewiesen war.
Ich stand jeden Tag zeitig auf, frühstückte zusammen mit der Familie Gurmel und machte mich zu Fuss auf den Weg in die Dörfer. Ohne Karte, einfach „der Nase nach".
Meistens verliess ich das Dorf auf der von Ludhiana abgewandten Seite, marschierte auf dem staubigen Weg bis ins Nachbardorf, bog an der ersten Abzweigung rechts ab und durchquerte eine weite, grüne Ebene. Unterwegs begegnete ich Frauen, die grosse Krüge mit frischem Wasser auf dem Kopf

nach Hause balancierten, oder Kinder, die ein paar ungeduldige Ziegen zum Fluss hinunter trieben.
Im nächsten Ort suchte ich den Dorfältesten auf und liess mich von ihm zu den Menschen führen, die in Not waren. Meistens hausten sie am Dorfrand oder sogar weit ausserhalb des Dorfes in niedrigen Hütten, die oft eher einem Stall glichen als einer menschlichen Behausung.
Am späten Nachmittag marschierte ich auf demselben Weg zurück zu der Familie Gurmel, trank einen, von Jetti liebevoll bereitgestellten Tee, und schrieb einen Brief an meine Liebsten zu Hause. Wie gern hätte ich sie angerufen!

Am nächsten Morgen wanderte ich wieder bis zu diesem Ort, passierte ihn und folgte dem Weg bis ins nächste Dorf. Einige Tage später nahm ich im ersten Dorf eine andere Abzweigung, musste nach ein paar hundert Meter einen kleinen Fluss durchqueren und gelangte in eine, von sanften Hügeln durchsetzte Landschaft.
Auf diese Weise gelangte ich in abgelegene Dörfer, ohne mich je zu verlaufen oder die Entfernung zu überschätzen. Ich musste jeden Abend vor der Dunkelheit zurück sein!
Nicht in jedem Dorf war jemand zu finden, der Englisch verstand, aber nach einigen Tagen hatte ich das Gefühl, dass die Menschen schon von mir gehört hatten und wussten, weshalb ich unterwegs war.

Eines Tages führten sie mich in einem Dorf zu einem Jungen, der eine schwere Verletzung hatte und dringend operiert werden musste. Er lag seit zwei Wochen in einer Lehmhütte auf einer schmutzigen Bastmatte, stöhnte leise und konnte die Beine nicht mehr bewegen. Die Mutter ahnte, dass der Junge durch Pflege allein nicht gesund werden konnte, hatte jedoch kein Geld, um ihn operieren zu lassen. Als ich versprach, für die Kosten aufzukommen, erklärte sie mir, dass im Missions-Krankenhaus in Ludhiana ein amerikanischer Arzt arbeite, der

die Operation ausführen könnte. Sein Name sei Doktor *Faraband* (wobei sie das erste *a* im Namen betonte).
Während sie in der Nachbarschaft zwei kräftige Männer suchte, die ihren Jungen die sechs Kilometer lange Strecke bis zur Station tragen konnten, schrieb ich ein paar Zeilen an diesen Arzt. Ich wollte ihr nicht einfach Geld geben, sondern die Operations- und Heilungskosten im Krankenhaus bezahlen. Wieviel hätte ich ihr geben sollen?

Die beispiellose Armut war immer wieder der Hauptgrund für die entsetzliche Not, in der sich die Menschen befanden. Trotzdem gab ich selten jemandem Bargeld in die Hand, sondern versuchte, ihnen die grösste „Bürde" abzunehmen, suchte gemeinsam mit ihnen einen Ausweg aus den Schwierigkeiten.
Dazu war nicht immer Geld nötig, wie die folgenden Beispiele zeigen: Junge Mütter zeigten mir oft Verletzungen an den Knien, an den Ellbogen oder an den Füssen ihrer Kleinen. Deshalb kaufte ich auf dem lokalen Markt eine farbige Umhängetasche, eine Schere, ein Desinfektionsmittel, einigen Salben, Schmerztabletten und Verbandsstoff und reinigte, desinfizierte und verband die nicht selten übel riechenden Wunden, so wie ich es in der Schweiz gelernt hatte.
Eine alte Frau, die ganz in der Nähe im Sterben lag, besuchte ich täglich, setzte mich zu ihr und hielt ihre Hand für ein paar Minuten. Obwohl wir nicht miteinander reden konnten, erwartete sie mich jeweils, freute sich wenn ich kam und – was mich tief beeindruckte – streichelte meinen Arm, wie wenn sie *mich* trösten wollte ...
Sie starb in tiefster Armut und hinterliess der Nachwelt nichts als ihren Körper. Hätte ich ihr mit Geld helfen können?
Einmal führte mich eine junge Frau vom Weg ab in die naheliegenden Büsche und entblösste dort, vorsichtig und vor fremden Blicken geschützt, ihre entzündeten und verhärteten Brüste. Dieser, von Schmerz geplagten Frau, gab ich ausnahmsweise etwas Geld und riet ihr, möglichst rasch das Krankenhaus auf-

zusuchen. Als sie mich einige Tage später auf der Strasse anhielt und mir ihre geheilten Brüste zeigen wollte, winkte ich lachend ab: Ich hatte bereits an ihrem strahlenden Gesicht und an ihrem aufrechten Gang gesehen, dass es ihr wieder besser ging.

Zurück zu dem Jungen. Am nächsten Morgen machte ich mich sehr früh auf den Weg nach Ludhiana: Ich wollte ihn sehen! War er operiert worden? Im Grunde genommen bedeutete mein Brief für den Arzt keine Sicherheit, jeder hätte schreiben können: *Bitte operieren Sie den Jungen, ich werde morgen vorbeikommen und alles bezahlen.*
Zu meiner Freude lag der Junge tatsächlich in einem Bett, etwas matt noch von der Operation, aber gut umsorgt und seit langer Zeit endlich wieder ohne Schmerzen. Er strahlte mich mit seinen grossen, dunklen Augen dankbar an, klammerte sich mit seinen dünnen Armen an mir fest und wollte mich nicht mehr gehen lassen. Ich weiss nicht, wer mehr gerührt war: Seine Mutter oder ich.
Später führte sie mich in das mit Journalbüchern und Papieren aller Art vollgestopfte Büro des Buchhalters. An der Decke kreiste mit einem leisen Girren ein grosser Ventilator, wälzte die warme Luft um und sorgte so für ein halbwegs erträgliches Raumklima. Der künstlich erzeugte Luftzug zerrte an jedem Stück Papier – erfolglos, denn auf jedem Stapel lag ein Stein oder eine abgeflachte Glaskugel und drückte die Dokumente beharrlich auf die Unterlage.
Der Verwalter, ein älterer Herr mit einem weissen, kurzärmeligen Hemd, einer strengen Brille und einem gepflegten Englisch, sass aufrecht hinter seinem schweren Pult, hielt mein Schreiben in der Hand und fragte mich mit ernster Miene, ob ich es geschrieben hätte. Nach meiner Bestätigung bestrich er den linken Rand sorgfältig mit Leim und klebte es wie ein amtliches Papier in ein dickes Buch, händigte mir eine Quittung aus, nahm das Geld, zählte es gewissenhaft nach und schloss es

in einer metallenen Kassette ein. Zuletzt musste ich noch in seinem Tagesjournal unterschreiben. Sowie der förmliche Teil abgeschlossen war, änderte er seine Miene, wurde überraschend freundlich, erhob sich und dankte mir aufrichtig für meine Hilfe. Danach organisierte er heissen Tee und so sassen wir noch einige Minuten friedlich beisammen.
Der Eingriff, der voraussichtlich vier Wochen dauernde Aufenthalt im Krankenhaus und die zur Heilung nötigen Medikamente hatten umgerechnet weniger als dreissig Schweizerfranken gekostet. *Für dreissig Franken einen zehn Jahre alten Jungen von qualvollen Schmerzen und bleibender Invalidität befreit und eine junge Mutter glücklich gemacht,* schrieb ich in mein Tagebuch...

* * *

An jenem Tag hielt ich mich viel zu lange im Krankenhaus auf. Als mir bewusst wurde, dass ich den Heimweg nicht mehr vor Einbruch der Dunkelheit schaffen konnte, begab ich mich in die kühle Missionskirche, um ein wenig Atem zu holen und auch um zu beten. Die mächtige, weiss gekalkte Kirche stand auf demselben Areal, nur wenige Schritte vom Bettenhaus entfernt.
Kaum sass ich in einem der grob gezimmerten Kirchenbänke, als eine Amerikanerin zu mir trat und mich höflich aber bestimmt bat, die Kirche wieder zu verlassen: Sie wolle die Türen für die Nacht verriegeln! Vielleicht tat es ihr Leid, jemand aus einer Kirche weisen zu müssen, jedenfalls bat sie mich, draussen auf sie zu warten.
Sie kam nach wenigen Augenblicken, entschuldigte sich für die Ausweisung und fragte mich, woher ich komme und wo ich wohne. Sie hatte kurze, weisse Haare und ungewöhnlich blaue, lebhafte Augen, trug ein leichtes, aus buntem Stoff genähtes Kleid und sprach langsam und in einfachen Worten, so dass ich sie gut verstehen konnte.

Ich nannte ihr den Namen des Dorfes. Sie kannte den Ort und wusste, dass es dort weder ein Hotel noch eine europäische Familie gab, die jemanden wie mich beherbergen könnte. Das machte sie leicht stutzig, deshalb liess sie mich nicht gehen und fragte weiter. Ich wurde unruhig, versprach ihr wiederzukommen und ihr beim nächsten Mal mehr zu erzählen und sagte: „Aber jetzt muss ich wirklich gehen!" Sie blickte erstaunt um sich, fand weder einen Begleiter noch ein Fahrzeug und fragte mich, wie ich denn zu gehen gedenke. „Zu Fuss." gab ich ihr lachend zur Antwort.

Da fasste sie mich am Arm und protestierte entschieden: „Niemals!" sagte sie, „Niemals werde ich sie zu Fuss gehen lassen! In ein paar Minuten wird es Nacht. Zu Fuss benötigen sie für die sechs Kilometer mindestens eineinhalb Stunden." Sie meinte, es sei nicht ungefährlich, im Dunkeln durch die Gegend zu laufen und versprach mir: „Mein Mann wird sie im Jeep hinfahren! Aber vorher werden wir gemeinsam essen und da können sie uns in aller Ruhe erzählen, was sie hier machen." Diese hilfreiche Einladung konnte ich nicht abschlagen.

Ihr Mann entpuppte sich als der Arzt Dr. Faraband und hiess in Wirklichkeit *Feierabend*. Er war ein grosser, drahtiger Mann mit hellen, freundlichen Augen und bemerkenswert schönen und feingliedrigen Händen. Erst viel später habe ich erfahren, dass er nicht nur ein ausgezeichneter Arzt, sondern auch ein grossartiger Chirurg ist. Überdies war er ein stets gutgelaunter, freundlicher Mensch mit einem riesengrossen Herz!

Er hatte meinen Brief gelesen und den Jungen gleich nach der Einlieferung, noch am selben Abend, operiert. Während dem Essen fragte ich ihn, ob er den Jungen tatsächlich aufgrund meines Briefes operiert habe. Er lachte, und fragte mich, was ich an seiner Stelle getan hätte. Doch dann wurde er wieder ernst und meinte: „Erstens musste der Junge operiert werden – ich hatte keine Wahl. Zweitens hat mir seine Mutter von ihnen

erzählt und mir versichert, dass sie vorbeikommen und die Rechnung begleichen werden. Zwei Frauen die im Krankenhaus arbeiten, haben schon von ihnen gehört und mir versichert, dass sie kommen werden. So, aber jetzt erzählen sie! Wer sind sie und was machen sie hier in Indien?"
Als ich mit meiner Erzählung geendet hatte, sassen wir längst nicht mehr am Tisch, sondern im Nebenraum in bequemen Sesseln und tranken einen herrlichen, von mir lange vermissten Kaffee. Das Ehepaar hatte geduldig zugehört.
Doch dann stand Dr. Feierabend auf, wechselte zuerst ein paar Worte mit seiner Frau und sagte hernach zu mir: „Kommen sie! Ich werde sie jetzt hinfahren, aber nicht um sie hinzubringen, sondern um ihre Sachen zu holen. Ich werde nicht zulassen, dass sie länger in diesem Dorf wohnen. Es gibt räuberische Banden in der Gegend. Ich habe in den letzten drei Monaten mehrere, zum Teil lebensgefährliche Messerstiche genäht. Glauben sie mir, wenn *die* erfahren, dass bei ihnen Geld zu holen ist, werden sie die ganze Familie kaltblütig überfallen und sie berauben. Kommen sie, steigen sie in den Jeep!"
Was hätte ich tun sollen? Ich hatte mich bei der Familie Gurmel sicher und geborgen gefühlt, aber Dr. Feierabend's Aussagen klangen nicht sehr beruhigend. Je näher wir dem Ort kamen, umso mehr wurde mir bang: Wie sollte ich der Familie meinen plötzlichen Auszug erklären? Die Gastfreundschaft wird in Indien gross geschrieben. Selbst wenn die Menschen vom Land in die Stadt flüchten und nicht selten in den Slums landen und damit unter den härtesten Lebensbedingungen bestehen müssen: Sie halten an dieser ehrbaren Sitte unter allen Umständen fest!
Es war zehn Uhr vorbei, als wir beim Dorf ankamen, mit den Scheinwerfern die schmalen, um diese Zeit dunklen Gassen hell ausleuchteten und schliesslich vor dem Haus hielten.
Die ganze Familie war noch auf den Beinen. Sie kamen sofort heraus, brachten ein brennendes Öllämpchen mit, umringten uns und erklärten aufgeregt, dass sie Angst um mich gehabt

hatten und gerade dabei waren, einen Suchtrub zusammenzustellen.

Die Trennung von dieser liebenswerten Familie war traurig und es fällt mir schwer, davon zu erzählen. Die Frauen heulten und Jetti hielt mich fest in ihren kleinen Armen. Die Trauer war echt und ansteckend: Ich musste weinen und selbst Dr. Feierabend war gerührt, wie er mir zehn Tage später, am Tag meiner Abreise, gestand. Ich versprach ihnen, dass ich sie in den verbleibenden zehn Tagen einmal besuchen werde.

* * *

Die Gastfreundschaft der beiden Eheleute Feierabend war nicht weniger herzlich, als die der Familie Gurmel gewesen war. Sie lehnten zudem jede Entschädigung, sowohl für das Zimmer wie für das Essen, ab. Die Familie Gurmel hatte ich für ihre Bewirtung selbstverständlich bezahlt.
Bei Feierabends hatte ich als kleine Gegenleistung jeweils um sieben Uhr das Frühstück zubereitet. Die Köchin begann mit ihrer Arbeit erst um acht Uhr, um diese Zeit war Dr. Feierabend normalerweise bereits auf der Station.
Am ersten Morgen stellte er überrascht fest, dass das Frühstück bereits auf dem Tisch stand, meinte, dass da für ihn nichts mehr zu tun bleibe, setzte sich kurzerhand ans Klavier und spielte mit viel Gefühl: *Grosser Gott wir loben Dich!* Er forderte mich zweimal auf, mitzusingen, doch die friedliche Stimmung des anbrechenden Tages zusammen mit der schönen Musik lösten in mir den Damm, mit dem ich die Trauer über das erlebte Elend zurückgestaut hatte und brachten mich zum Weinen. Ich sass da, genoss die Musik, lachte und heulte wie ein kleines Kind.

* * *

Ludhiana ist eine grosse Stadt. Wie in jeder grösseren Stadt in Indien lebten auch hier in der Nähe der lärmigen Bahnstation, des riesigen und leicht chaotischen Marktplatzes, oder in den weitläufigen Aussenquartieren unzählige Menschen auf der Strasse. Seltsamerweise übt die Stadt auf die Menschen immer noch eine grosse Faszination aus, obschon fast alle, die auf dem Land kein Glück haben und es in der Stadt suchen, erst einmal in den Slums landen.

Während den mir verbleibenden zehn Tagen wanderte ich nicht mehr hinaus in die Dörfer – das Elend in der Stadt war zu gross! Am Vormittag begab ich mich an die erwähnten Orte, an denen sich die meisten Mittellosen und Hilfsbedürftigen aufhielten, am Nachmittag liess ich mich mit einer Rikscha in die Slums fahren.

Ich traf täglich Menschen – hauptsächlich Kinder – die krank oder verletzt waren und pflegte sie oder sorgte dafür, dass sie ins Krankenhaus gebracht wurden.

Nach dem Frühstück suchte ich jeweils zuerst das Büro des Verwalters auf und rechnete mit ihm die „Fälle" des Vortages ab. In dieser Zeit entwickelte sich zwischen uns eine richtige Freundschaft.

Einmal bat er mich, die Kosten für die Medikamente und die Operation einer jungen Frau, die ihr Kind verloren hatte, zu übernehmen. Sie war allein ins Krankenhaus gekommen und seit sie da war, hatte sich niemand um sie gekümmert. Für Indien eine grosse Seltenheit, denn normalerweise wird ein kranker Mensch von seiner Familie nicht allein gelassen.

Ich weiss nicht, ob dies in anderen Entwicklungsländern ebenso ist, aber in Indien sind die Krankenhäuser bevölkert von den Angehörigen der Patienten. In den breiten Gängen, unter den weiten Vordächern oder in kleinen Hütten in unmittelbarer Nähe der Station, überall lagern zum Teil ganze Familien und kümmern sich Tag und Nacht um „ihre" Kranken. Sie kochen Tee oder ganze Mahlzeiten für sie, begleiten sie auf die Toilette oder halten nachts Wache.

Genau wie bei uns wird jeder Patient bei seinem Eintritt in das Krankenhaus von einem Arzt untersucht. Dieser entscheidet, ob der Kranke da bleiben kann – falls genügend Betten vorhanden sind – oder nach der Untersuchung wieder gehen muss. In beiden Fällen schreibt er die für die Heilung notwendige Medizin auf ein Rezept und händigt dies dem Patienten, oder seinen Eltern aus.
Normalerweise gibt das Krankenhaus weder Medikamente – auch keine Schmerz- oder Schlafmittel für die Nacht – noch Essen an die Patienten ab. Während der Kranke zu einem Bett geleitet wird, eilt jemand der Familie in die nächste Apotheke und kauft die Medizin. Das Krankenhaus stellt lediglich das Bett, die Pflege und die Behandlung durch den Arzt in Rechnung.

Eine amerikanische Missionsgesellschaft hatte dieses Krankenhaus und die Kirche vor siebzig Jahren gebaut und während diesen langen Jahren sehr zuverlässig unterhalten. Die Angestellten erhielten regelmässig ihren Lohn und die technischen Apparate funktionierten – für ein Krankenhaus in einer sehr armen Gegend keine Selbstverständlichkeit! Dr. Feierabend verstand es ausgezeichnet, die Mittel, die ihm zur Verfügung standen zu nutzen und den Patienten zu helfen.

Die paar Dollar, die ich am Schluss noch übrig hatte, übergab ich Dr. Feierabend für Patienten, die ihre Rechnung nicht selber bezahlen konnten. Er nahm das Geld und versprach mir mit einem ernsten Gesichtsausdruck, dass er es sorgfältig und ganz in meinem Sinn verwenden würde.
Zusammen mit seiner Frau fuhr er mich am Tag meiner Abreise mit seinem Jeep nach Delhi. Ich wäre ohne weiteres mit dem Taxi hingefahren (wer weiss, vielleicht hätten wir wieder die Adressen getauscht...), aber sie bestanden darauf, mich persönlich hinzubringen. „Ich muss ohnehin Einkäufe machen." sagte Frau Feierabend mit einem Augenzwinkern.

Am Flughafen fragte mich Dr. Feierabend, ob ich wiederkommen würde. „Ich glaube kaum!" sagte ich zu ihm, „Es gibt so viel Elend in Indien und ich kann so wenig ausrichten, so wenig verändern, so wenig helfen. Das ist nicht einmal ein Tropfen auf einen heissen Stein, ja nicht einmal ein Tropfen auf einen heissen Berg!"
Frau Feierabend fragte mich gar nicht erst: Sie sagte, und das nach einer herzlichen Umarmung: „By, Margrit, See You again, soon!" (Auf Wiedersehen, Margrit, bis bald!)

IV

Ich fliege nicht besonders gern. Auf dem Weg in die Schweiz geriet das Flugzeug in eine gewaltige Turbulenz, tanzte unfreiwillig auf und ab und versetzte mir einen gewaltigen Schrecken. Damit war für mich eines klar: Nie wieder Indien! Ich beschloss, weiterhin Geld zu sammeln und es künftig an das Waisenhaus, die Leprastation und das Missions-Krankenhaus zu überweisen, aber diese weite und beschwerliche und vor allem „gefährliche" Reise wollte ich nicht mehr auf mich nehmen.

Zu Hause wurde ich liebevoll empfangen. Die vier älteren Kinder waren längst ausgeflogen, doch die vier jüngeren waren noch zu Hause. Sie hatten auf ein Plakat WILLKOMMEN DAHEIM! geschrieben und ein grosses rotes Herz dazugemalt. In der vertrauten Stube wartete ein herrlich duftender Kaffee und daneben stand ein prächtiger Kuchen.

Zuerst wollte ich von meinen Kindern wissen, wie sie die vier Wochen – das erste Mal ohne fremde Haushalthilfe – geschafft hatten. Im Chor sagten sie, und zwar so, wie wenn sie es mehrfach geübt hätten: „Wir hatten keinerlei Probleme!" Hier muss ich einfügen, dass meine Kinder von schweren Krankheiten oder schlimmen Unfällen nicht verschont geblieben sind. Aber während meinen Abwesenheiten ist ihnen nie etwas Ernsthaftes zugestossen, sonst wäre ich kein weiteres Mal ausgereist: Meine Kinder liegen mir näher am Herzen als alles andere und ihr Wohl ging immer vor und das wird auch so bleiben!

Sie erwähnten einige belanglose Begebenheiten und drängten mich schon bald, von meinen Erlebnissen zu erzählen. Meine Kinder waren immer geduldige Zuhörer.

An den folgenden Tagen las ich die Briefe, die während meiner Abwesenheit angekommen waren. Pater Isidor, der das Waisenhaus betreute, hatte geschrieben, dass alle Kinder die Grundschule hinter sich gebracht hätten und sich jetzt auf das

Erwerbsleben vorbereiten würden. Auch Martin, der als kleiner Junge nur noch neun Kilogramm schwer gewesen war, als wir ihn fanden, hatte die Grundschule erfolgreich abgeschlossen und arbeitete bei einem Schneider. Später kaufte er sich eine eigene Nähmaschine und eröffnete schliesslich ein eigenes, kleines Herrenschneidergeschäft.

Pater Christdas hatte von der feierlichen Eröffnung der neuen Leprastation geschrieben, und davon, dass die Betten innerhalb einer Woche vollständig belegt worden seien.

* * *

In den ersten Tagen nach meiner Rückkehr besuchten mich viele Freunde und Bekannte und brachten Kleider oder Geld und meinten beiläufig: „Für Indien." Vor allem die Geldspenden nahmen zu, so dass ich auf einer kleinen Bankfiliale ein Konto ausschliesslich für Indien eröffnete.

Hier muss ich erneut etwas einfügen: Wir wohnten in einem einfachen Einfamilienhaus zu einem äusserst günstigen Mietpreis und so gelang es mir immer wieder, etwas Geld für Indien zur Seite zu legen.

Nächstes Mal wollte ich nicht mehr das ganze, zusammengesparte Geld mitnehmen, sondern einen Teil auf der Bank lassen, und dafür sorgen, dass auch während meiner Abwesenheit regelmässig ein Betrag an das Waisenhaus überwiesen wurde.

Sie haben richtig gelesen: Nächstes Mal! Ich hatte bereits am zweiten Tag derart Heimweh nach den Menschen in Indien, dass ich die Flugangst verdrängte und meine Tochter Ingrid fragte, ob sie mich begleiten möchte. Sie war achtzehn, stand mitten in den Schlussprüfungen ihrer Ausbildung und wollte von sich aus, bevor sie ihre neue Arbeitsstelle antrat, während vier Wochen „etwas völlig anderes" tun.

Damals wechselte ich meine Stelle. Ich gab das Reinigen der Büros auf und arbeitete statt dessen tagsüber, nur wenige Schritte von unserem Haus entfernt, in einer kleinen Kantine.

Da ich jetzt mehr verdiente, hatte ich das Geld für das Flugticket in sehr kurzer Zeit zusammen gespart, ausserdem nahm der Saldo auf dem Spendenkonto, in kleinen Schritten stetig zu.

Die technische Ausrüstung der Krankenstation in Ludhiana liess sich nicht mit der Ausrüstung eines Krankenhauses in der Schweiz vergleichen, trotzdem wollte ich den Zustand nicht mit den mir anvertrauten Mitteln verbessern, sondern das Geld weiterhin für meine Art der persönlichen Hilfe verwenden.
Ein technisches Gerät wollte ich hingegen mitnehmen: Einen Rollstuhl! In der Buchhaltung der Missionsstation arbeitete ein junger Mann der gelähmt war. Das heisst, er war kräftig und selbständig, aber er konnte auf seinen missgebildeten Beinen nicht stehen. Zwei Rikschafahrer brachten ihn jeden Morgen her, trugen ihn in sein Büro und setzten ihn auf seinen Stuhl. Da sass er jeweils bis zum Mittag und führte seine Buchungen aus. Pünktlich um zwölf Uhr holten ihn die beiden Riksch-Männer wieder ab.
Bevor ich einen Rollstuhl kaufte, rief ich bei der Fluggesellschaft an und fragte, welche Dokumente ich bräuchte, damit ich einen Stuhl dieser Art auf meiner Reise mitnehmen könnte. Der Herr erklärte mir freundlich, dass eine Bestätigung vom Roten Kreuz nötig sei, die bescheinige, dass der Rollstuhl für humanitäre Zwecke (!) vorgesehen und ein Geschenk sei und gab mir eine Adresse in St. Gallen bekannt. Ich rief sofort dort an und erklärte der Frau, die sich meldete, dass ich von ihr eine Bestätigung benötige, damit ich einen Rollstuhl nach Indien ausführen könne. Sie versprach mir, die Bestätigung auf meinen Namen auszustellen und sie mir in den nächsten Tagen zuzusenden.
Daraufhin kaufte ich einen Rollstuhl. Eine grosse Apotheke in St. Gallen verkaufte mir einen gebrauchten, jedoch fachmännisch und sorgfältig aufgefrischten Rollstuhl zu einem fast symbolischen Preis! In drei Wochen wollten wir reisen.
Als ich eine Woche vor dem Reisetermin noch keine Beschei-

nigung hatte, rief ich erneut bei der Frau an. Sie konnte sich an mich erinnern, entschuldigte sich für das Versäumte und versicherte mir, dass sie das Dokument *„heute noch ausstellen und zur Post bringen"* werde. Am Tag vor der Abreise hatte ich immer noch keine Bescheinigung. Als ich sie leicht entnervt anrief, fragte sie mich, ob wir das Papier nicht am Morgen vor der Abreise bei ihr abholen könnten. Sie werde es „jetzt gleich" schreiben. Am nächsten Morgen liessen wir uns um neun Uhr von einem Taxi – unser Gepäck und den Rollstuhl im Kofferraum – zum Rotkreuz Büro am Inneren Sonnenweg fahren. Spätestens um zehn Uhr mussten wir am Bahnhof sein, denn der Zug fuhr um zehn Uhr-sieben.

Die Frau, die ich bisher nur vom Telefon her kannte, empfing uns überaus freundlich und sagte: „Ach so, ja, Ihre Bescheinigung!" und gab ihrer Sekretärin den Auftrag, für uns ein Formular Nummer soundso auszufüllen und bot uns derweil einen Stuhl an. Während die junge Sekretärin seelenruhig ein Formular aus einer Schublade zog, es sorgfältig in ihre Schreibmaschine spannte und gewissenhaft zu tippen begann, versuchte die Frau sich mit uns zu unterhalten: „Soso, einen Rollstuhl. Nach Indien." Ich war natürlich nicht aufgelegt, für diese Art Gespräch! Da fragte sie: „Gibt es denn dort keine Rollstühle?"

„Doch!" gab ich zur Antwort, „aber die indischen Rollstühle die ich gesehen habe sind schwer, unhandlich, auf einem Kiesweg kaum zu bewegen und obendrein ziemlich teuer!"

Bestimmt werden in Indien auch erstklassige Rollstühle hergestellt, aber ich weiss bis heute nicht, wo man sie kaufen kann.

Als die Dame uns das begehrte Papier endlich aushändigte meinte sie noch: „Ich bin bereits dreimal in Indien gewesen, in diesem herrlichen Land (bei herrlichen verdrehte sie vielsagend ihre Augen), aber es wäre mir nie eingefallen, einmal einen Rollstuhl mitzunehmen."

Wir erreichten den Zug im allerletzten Moment – diese Frau hatte meine Nerven ganz schön strapaziert!

Am Flughafen in Zürich fragte mich der zuständige Zollbeamte freundlich, wozu wir diesen Rollstuhl bei uns hätten. Ich erklärte ihm, dass er für einen invaliden Mann, der in einem Krankenhaus arbeite, bestimmt sei und hielt ihm die Bescheinigung hin. Er warf einen kurzen, prüfenden Blick auf das Papier, gab es mir zurück und versicherte mir dann lächelnd, dass ich jederzeit wieder einen Rollstuhl mitnehmen könne, „... und dazu brauchen Sie keine Bescheinigung!" fügte er hinzu, führte seine Hand an die Uniformmütze, grüsste freundlich und wünschte uns eine angenehme Reise.
Abgesehen von dem bekannten Herzklopfen beim Start der Maschine verlief die Reise angenehm und Dr. Feierabend und seine Frau holten uns zur vereinbarten Zeit am Flughafen in Delhi ab.

* * *

Am Morgen nach unserer Ankunft schoben wir den blankpolierten und mit einer Blumengirlande geschmückten Rollstuhl direkt ins Büro des Buchhalters – und mussten enttäuscht feststellen, dass er nicht da war. Ich eilte sofort zu meinem Freund, dem Verwalter, und fragte ihn, ob der junge Mann nicht mehr hier arbeite. „Normalerweise schon", sagte er, „aber seit vier Tagen haben wir ihn nicht gesehen, und niemand weiss, wo er sich aufhält."
Ich wollte noch zwei Tage warten und dann bei ihm zu Hause nachforschen. Vielleicht war er krank?
Als wir am nächsten Morgen den Verwalter aufsuchen wollten, eilte, nein rollte uns der junge Buchhalter, strahlend vor Freude, entgegen. „Wo waren Sie?" fragte ich ihn, „wir haben Sie gesucht!" Er dankte uns überschwenglich, zeigte uns, wie sicher er sich in seinem Rollstuhl bereits bewegen konnte und dann gestand er: „Ich habe vier Tage frei gemacht, um zu heiraten!" Jetzt erst bemerkte ich die zierliche Krankenschwester, die ihm gefolgt war, nun nicht mehr von seiner Seite wich und

zärtlich seine Hand hielt. Er stellte sie uns vor: „Das ist meine Frau", und ergänzte mit einem überglücklichen Lächeln, „wir lieben uns!"

Er erklärte uns, dass sie niemandem von ihrer geplanten Hochzeit erzählt hätten, da sie fürchteten, alle würden ihnen davon abraten. „Ich kann zwar nicht gehen", meinte er selbstbewusst, „aber ich habe eine gute Arbeit und kann eine Familie ernähren! Und jetzt, Sister Margrit, haben sie uns das schönste Hochzeitsgeschenk gemacht, das man sich vorstellen kann!"

* * *

Wir durften die ganzen vier Wochen bei der Familie Feierabend wohnen. Zu Beginn nahm ich dasselbe „Tagesprogramm" wieder auf, von dem ich bereits erzählt habe: Um sieben Uhr das Frühstück zubereiten, anschliessend zu meinem Freund, dem freundlichen und überaus fleissigen Verwalter, um die „Fälle" vom Vortag abzurechnen, danach zur Bahnstation und an den Markt – dort halten sich viele Bettler auf – und am Nachmittag, auf einer Rikscha in die Slums. Ingrid begleitete mich überall hin und war mir eine grosse Hilfe.

Sie überlegte sich ständig, wie den Menschen auf eine nachhaltige Art geholfen werden könnte. Am Bahnhof trafen wir jeden Morgen eine junge Familie, die im Schatten der riesigen Eingangshalle auf einem schäbigen Tuch auf der Erde lebte. Die junge, hagere Mutter – sie war bestimmt nicht älter als zweiundzwanzig – kauerte am Boden und hielt einen Säugling in den Armen. Als wir sie ansprachen, schaute sie uns nicht in die Augen, antwortete kaum auf unsere Fragen und drängte die beiden anderen Kinder schützend hinter sich. Ihr Mann war nicht viel älter, ebenso hager und schien zudem völlig verzweifelt. Wir sahen ihn nur kurz am ersten Morgen, während der übrigen Zeit war er ständig auf der Suche nach Arbeit.

Auf dem nahen Markt kauften wir einige Bananen, Mangos, Zwiebeln, zwei Kilogramm Reis, trugen alles zum Bahnhof

und gaben es der Frau und den Kindern. Bevor wir sie verliessen, steckte ich ihr noch etwas Geld zu.
Doch Ingrid war damit nicht zufrieden: „Können wir dem Mann nicht eine Rikscha kaufen?" fragte sie. „Doch , können wir!" sagte ich, ohne zu wissen, auf was wir uns da einliessen. Es war nicht einfach, denn jede Rikscha braucht eine Lizenz, und um diese zu erhalten mussten wir viel Zeit und Nerven opfern.
Aber schliesslich war es soweit! Wie soll ich die Freude der Familie beschreiben? Sie lachten und weinten gleichzeitig und bestaunten und streichelten das Gefährt wie wenn es eine Seele hätte. Jeden Abend fuhr der Mann bei uns vor und zeigte stolz, aber auch völlig geschafft, seinen Tagesverdienst.
Es dauerte keine Woche, da hatte er für seine Familie eine kleine Einzimmerwohnung gefunden. Seine Frau besuchte uns am nächsten Tag und wollte uns zum Essen einladen, doch ich vertrage die echte indische Küche (scharf!) nicht sehr gut, deshalb einigten wir uns auf einen Besuch am Nachmittag, zu einem Tee.
Der Mann holte uns mit seiner Rikscha ab und neugierig traten wir in die kleine Wohnung. Welch ein Unterschied! Die Frau sah hübsch aus in ihrem neuen, einfachen Sari[8] und lächelte uns mit ihren grossen dunklen Augen leicht verlegen aber glücklich an. Die Kinder, immer noch scheu, hatten glänzendes Haar, saubere Gesichter und trugen frisch gewaschene Kleider. Jetzt erst konnte man erkennen, dass es drei Mädchen waren.
Da die Familie noch keine Möbel besass, setzten wir uns auf den Boden und genossen den heissen Tee und die verspielten Mädchen.
Der Mann schien immer noch leicht nervös, aber nicht mehr

---

[8] Ein Sari ist ein 7 Meter langes und 1.10 Meter breites Stoffband. Es gibt ihn in unterschiedlichster Qualität – von billiger Kunstfaser über hochwertige Baumwolle bis zur teuren Seide. Meistens sind es sehr bunte und kunstvoll bedruckte Stoffe, die die Inderinnen nach genau vorgegebener Art um ihren Körper wickeln.

verzweifelt, sondern ernst und verantwortungsbewusst. Er dankte uns mehrmals und versprach, dass er uns jederzeit überall hinfahren werde: wir sollten es ihm nur rechtzeitig sagen oder nach ihm verlangen. Die Rikschafahrer kennen sich alle.

Am nächsten Morgen sagte Ingrid zu mir: „Wir brauchen die Menschen nicht reich zu machen, aber wir müssen sie aus der aussichtslosen Situation herausholen und ihnen die Möglichkeit geben, sich selber zu helfen. Stimmt's?"

Da war ich ganz ihrer Meinung. Es gibt auswegslose Situationen, in die ein Mensch (eine ganze Familie oder eine ganze Region) ohne eigenes Verschulden hineingeraten kann. Sobald diese Menschen durch eine kleine Hilfe von aussen wieder auf den eigenen Beinen stehen können, schöpfen sie Hoffnung und mit der Hoffnung wächst die innere Kraft und der Wille zum Überleben.

Nachts hatte ich manchmal das Gefühl, die Not dieser Menschen laste mir direkt auf dem Herzen und lasse mich nicht schlafen. In jenen langsam dahin schleichenden Stunden redete ich jeweils mit mir selber: Ich machte mir schwere Vorwürfe, sagte, dass ich den Anblick dieser Armut, dieses Elends einfach nicht ertragen könne und musste mir versprechen, nicht mehr herzukommen. Wieviel leichter wäre es doch, aus der Ferne, von der sicheren Schweiz aus, zu helfen. Und noch etwas beschäftigte mich stark: Warum war ich nicht „reich"? Warum besass ich nicht Geld, viel Geld? Mit hunderttausend Franken könnte ich einiges bewegen, verändern, hier in Ludhiana, dachte ich.

Doch am nächsten Morgen, wenn ich ein krankes, schwaches Kind fand in den Slums und es ins Krankenhaus brachte, wo es gepflegt und versorgt wurde, und wenn es mich am nächsten Morgen dankbar ansah, dann war ich doch wieder froh, hierhergekommen zu sein.

Wie oft hatte ich mir vorgenommen, Freude zu bringen und Hoffnung auf ein besseres Leben, und jedesmal freute es *mich,* wenn es mir gelang jemandem zu helfen.

In der Nähe der Missionsstation gab es eine kleine Leprastation, die der Organisation der Mutter Theresa gehörte und von sechs Schwestern geführt wurde. Einige der Schwestern machten ebenfalls täglich einen Rundgang durch das lärmige Zentrum der Stadt und durch die stark bevölkerten Aussenquartiere. Wir setzten uns oft mit diesen Schwestern zusammen und unterhielten uns über ihre Arbeit und ihren grossartigen Einsatz – ja, ich möchte sogar sagen – ihre vorbildliche Opferbereitschaft! Die meisten waren jung, hübsch, gebildet, bescheiden und immer erstaunlich guter Laune. Ich habe in den Jahren viele Frauen getroffen, die dem Orden der Mutter Theresa beigetreten sind und ein Gelübde abgelegt haben. Alle diese Schwestern pflegten die leidenden Menschen mit Achtung und grossem Mitgefühl und alle hatten trotz den zum Teil unerhört schweren Aufgaben immer ein frohes Gemüt ohne je oberflächlich zu wirken.

Menschen, die sich aufgrund der extremen Auslegung der Bibel für Sünder halten und mit gesenktem Blick und leidendem Gesicht durchs Leben gehen, habe ich nur in der Schweiz getroffen. In Indien habe ich weder Hindus, noch Moslems, noch Christen gesehen, die sich durch den Glauben die Lebensfreude nehmen lassen.

Uns war aufgefallen, dass sich in den Aussenquartieren aussergewöhnlich viele verwahrloste Kinder im Schulalter tagsüber auf der Strasse herumtrieben. Die Schwestern erklärten uns den Grund dafür: Der indische Staat würde die Grundschule gern für obligatorisch erklären, hat aber weder genügend Räume, noch Lehrer, noch die Gelder, um die grosse Schar der Kinder zu unterrichten.

Klar, dass die Kinder der Armen in dieser Situation einmal mehr benachteiligt sind und nicht zur Schule gehen können. Werden diese Kinder erwachsen, sind sie wiederum benachteiligt, weil sie weder lesen, noch schreiben, noch rechnen gelernt haben und bleiben arm ... und können wiederum ihre Kinder nicht zur Schule schicken. Ein Teufelskreis, der schwer zu durchbrechen ist!

Zusammen mit den Schwestern überlegten wir, ob wir nicht in einem Aussenquartier eine kleine Schule eröffnen könnten. Die Schwestern fanden die Idee gut und luden die Eltern in diesem Quartier zu einer Orientierungsversammlung ein. Nur wenige junge Mütter erschienen, sassen zwei Stunden lang still da, hörten den Schwestern skeptisch zu und verliessen den Ort wieder, ohne ein Wort verloren zu haben. Waren diese Menschen schon so oft enttäuscht worden?

Die Schwestern liessen sich nicht beirren, fanden rasch einen passenden Raum, machten sich sogleich an die Arbeit und besorgten die nötigen Bücher, Hefte und die kleinen Teppiche für die Schüler.

In Indien sitzen die meisten Schulkinder während dem Unterricht im Schneidersitz auf einem 60 mal 70 cm kleinen, dünnen Baumwollteppich. Eine der Schwestern war im Besitz des Lehrerinnenpatentes und begann nach wenigen Tagen mit dem Unterricht.

Am ersten Morgen erschienen nur wenige Kinder, doch der Ernst der Sache sprach sich rasch herum, und in der zweiten Woche sassen vierundsechzig Kinder, alle gewaschen, gekämmt und mit häufig zu grossen oder sonst unpassenden, jedoch sauberen Kleidern in der kleinen Schule. Die Kinder, die noch vor ein paar Tagen barfuss und in schmutzigen und zerrissenen Kleidern im Unrat gespielt oder sich in Hinterhöfen gestritten hatten, sassen jetzt gesittet und motiviert im Unterricht und hörten der gewissenhaften und energischen Lehrerin zu.

Die Kosten dieser Schule waren im Verhältnis zum Erfolg sehr gering: Monatlich einige Franken für die Miete des Raumes und ein paar Franken für die Unterlagen und Materialien.

Und der Erfolg? Als wir ein Jahr später die Eltern zu einem „Elternnachmittag" einluden, erschienen so viele Mütter und Väter, dass wir die Versammlung im Freien abhalten mussten.

Die Menschen, die in ihrer Kindheit keine Möglichkeit gehabt hatten Lesen und Schreiben zu lernen, waren begeisterte Anhänger dieser kleinen Schule und spornten ihre Kinder an, mitzumachen. Ist es bei uns nicht ähnlich? Wie viele Eltern habe ich sagen hören: „Meine Kinder sollen es einmal besser haben!"

In den Slums traf ich immer wieder Kinder, die so leicht waren wie eine Puppe, die so traurig blickten wie ein geschlagener Hund und so müde und matt waren wie ein Greis. Ihre Gesichter vermochten keine Gefühlsregung mehr auszudrücken, weder Freude noch Angst, weder Trauer noch Zorn. Diesen Kindern fehlte alles: die Nahrung, die tägliche Hygiene, die medizinische Versorgung und die Liebe der Eltern. Kann ein Kind unter solchen Bedingungen überhaupt leben? Vegetieren vielleicht!

Nebst den Kindern waren es die alten Leute, die am meisten unter der Armut zu leiden hatten. Ich sah viele Frauen und Männer, die ausgehungert und verlassen irgendwo in einer Sackgasse oder am Rande einer Müllkippe in schmutzige Lumpen gehüllt auf der Erde lagen und auf den Tod warteten. Ich kann nicht beschreiben, was jeweils in mir vorging, wenn ich wieder irgendwo, in einer trostlosen Ecke ein Bündel Mensch entdeckte, das zwar noch lebte, aber mit dem Leben bereits abgeschlossen hatte. Soviel ich weiss konnte Mutter Theresa den Anblick dieser alten und kranken Menschen, die verlassen und vergessen am Strassenrand lagen und starben, auch nicht ertragen. Sie eröffnete in Kalkutta ein Sterbehaus[9] für diese Menschen und legte damit den Grundstein zu ihrem grossartigen Werk.

In der Schweiz ist die Meinung weit verbreitet, dass die Menschen in Indien mehr arbeiten sollten, ihre Geburten kontrollieren und ihre Kühe essen sollten, dann würde es ihnen besser

---

[9] Nirmal Hriday, *das Haus der reinen Herzen,* liegt im übervölkerten Tempelbezirk Kalighat.

gehen. Oh, diese Ausreden! Wann werden wir endlich unsere Hände und unsere Herzen öffnen?

Mein grösster Wunsch zu jener Zeit war, ein Haus zu mieten, um ältere Menschen sowie verlassene Kinder tagsüber aufnehmen zu können und ihnen einen sicheren und geschützten Ort zu bieten. Es hätte ein Haus mit einer geräumigen Küche und einem riesigen Essraum sein müssen! Ich hätte jeden Tag viel gesundes Essen zubereitet und alle eingeladen, zusammenzusitzen und zu essen.

Ich hätte nicht nach dem Erfolg gefragt, auch nicht nach dem Nutzen oder dem Sinn aus entwicklungspolitischer Sicht. Das Wort *Entwicklungshilfe* mag ich ohnehin nicht. Eine Rakete kann man entwickeln und von mir aus einen Staat, aber doch nicht Menschen! Menschen brauchen Zuneigung, Sicherheit, Liebe und Verständnis und dann bekommen sie wieder Freude am Leben und Hoffnung auf eine bessere Zukunft. Ich denke, dass Menschen die an die Zukunft glauben, Sorge tragen zur Umwelt, ihre Geburten „kontrollieren" und vernünftig essen.

Es ist mit klar, dass die grosse Zahl hungernder Menschen und die grenzenlose Armut, die übrigens in allen Ländern vorkommt, nicht mit ein paar Schlagwörtern aus der Welt geschafft werden können. Es war ja auch nie meine Absicht gewesen, die Welt zu verändern, zu verbessern oder – wie gesagt – zu entwickeln. Ich wollte einzelnen Menschen – zu Beginn waren es Kinder, später habe ich keine Unterschiede mehr gemacht – aus ihrer Not und Verzweiflung heraushelfen und ihnen eine Chance zu einem lebenswerten Dasein geben. Nicht mehr und nicht weniger.

* * *

Nach vier Wochen reisten wir zurück in die Schweiz. Es war mir nicht gelungen, ein Haus oder einen passenden Raum zu finden, deshalb war ich am Tag meiner Heimreise nicht sicher, ob ich noch einmal nach Indien reisen würde. Ich war müde, fühlte mich ausgelaugt und überfordert und bekam zudem mehr und mehr Schwierigkeiten mit meinen Augen.

V

Meine drei zu Hause gebliebenen Kinder hatten den Haushalt tadellos gemeistert und mir nicht wie beim letzten Mal einen Berg Wäsche und einen ausgeräumten Vorratsschrank überlassen. Diesmal herrschte im ganzen Haus eine gepflegte und saubere Ordnung. Vielleicht wollten sie mir zeigen, dass sie sich an meine gelegentlichen Reisen gewöhnt hatten, vielleicht wurden sie ganz einfach selbständig und erwachsen und schätzten ein gemütliches Daheim genauso wie ich.
Diesmal lag es an Ingrid, den Daheimgebliebenen von den zahllosen Begegnungen und dem einfachen Leben und der Wärme in Indien zu berichten. Sie tat es mit ihrer unbeschwerten Art und erwähnte vor allem die Eigenarten der Menschen, die ihr besonders aufgefallen waren. Zum Beispiel hatte sie der aufrechte und grazile Gang der Inder, und zwar der Kinder wie der Erwachsenen, beeindruckt, sowie ihre deutliche Hemmung, eine Frage mit einem klaren Nein zu beantworten.
Nichts bringt die Menschen in Indien mehr in Verlegenheit, als unsere geradlinigen und direkten Fragen, die nur ein klares Ja oder Nein zulassen. Ich habe in einem Sprachführer ein einfaches Beispiel dafür gelesen und möchte es hier zitieren. Wenn wir fragen: „Fährt dieser Bus nach Ludhiana?" werden wir auch ein Ja zur Antwort erhalten wenn der Bus überall hinfährt, nur nicht nach Ludhiana. Die Menschen widersprechen jemandem nur sehr ungern und meiden das Nein. Der erwähnte Sprachführer schlägt deshalb vor, den Satz umzustellen und zu fragen: „Wohin fährt dieser Bus?" Nur so werden wir erfahren, wohin er fährt, und mit einwenig Geduld werden wir bald wissen, in welchen Bus wir uns setzen müssen, um nach Ludhiana zu gelangen.
Die Indienfreunde mögen mir verzeihen, natürlich wird dieses banale Beispiel der grossen und ungeheuer vielfältigen indischen Kultur niemals gerecht. Für uns hingegen, mit unserer Vorliebe für einfache Erklärungen, mag es als Hinweis dienen.

Mir schien, dass Ingrid durch den Aufenthalt in Indien etwas nachdenklicher und vorsichtiger geworden war. Zudem ruhiger und selbstsicherer im Umgang mit anderen Menschen.
Während Ingrid in unserer Stube von den hilfsbereiten Schwestern, von bedauernswerten, kranken Kindern und den mittellosen Familien erzählte, wuchs in mir der Wunsch, möglichst bald wieder zu reisen.
Ich suchte den Augenarzt auf und schilderte ihm die Schwierigkeiten, die ich mit den Augen hatte: In der Dämmerung konnte ich nichts mehr sehen, Mühe bereitete mir auch das „räumliche Sehen" und dadurch war ich kaum mehr in der Lage, Distanzen abzuschätzen. Der Arzt fand in beiden Linsen erste Anzeichen des grauen Stars und erklärte mir, dass ich in zwei oder drei Jahren meine Augen operieren lassen müsse.
Zwei oder drei Jahre! Früher, als meine Kinder klein waren, hielt ich mich nie länger als vier Wochen in Indien auf, ausserdem war ich bisher nach jeder Reise überzeugt, dass ich etwas Abgeschlossenes getan hatte, dass ich kein weiteres Mal hinreisen würde – jetzt, da die Kinder erwachsen wurden und ich ohne weiteres zwei oder gar drei Monate lang in Indien weilen könnte, um etwas Bleibendes aufzubauen, jetzt, dachte ich, blieben mir nur noch zwei, vielleicht drei Jahre.
Der Arzt erklärte mir erst ein Jahr später, beim nächsten Besuch, dass ich nach einer Operation wieder besser sehen könne und ich weiterhin nach Indien reise könne.
Hier muss ich erwähnen, dass in jenen Tagen die Zeitschrift „der Beobachter" zweimal einen Bericht über meine beiden Reisen nach Ludhiana abdruckte und jedesmal die Bankverbindung und das Konto der Indienhilfe anfügte. Die beiden tagebuchartigen Berichte lösten einen kleinen Rummel aus: Viele Menschen riefen mich an, viele spendeten zum Teil namhafte Beträge für Indien. Es begann eine Zeit, in der Menschen die ich nicht persönlich kannte, die ich noch nie gesehen hatte, mir Mut zusprachen und Geld spendeten. Dieses Vertrauen und diese grossartige Unterstützung spornten mich natürlich an!

Es gab auch Leute, die mich fragten, weshalb ich so weit reise, um Menschen zu helfen – wir hätten doch auch in der Schweiz mehr als genug Armut und Elend, die bekämpft werden sollten. Das war mir auch klar.

Deshalb suchte ich – zwischen den Reisen nach Indien – auch in der Schweiz nach einer Aufgabe: Ab und zu arbeitete ich nachts als Hilfsschwester in einem Krankenhaus.

Oder, als die Jugendunruhen ausbrachen und in der Stadt ein „berüchtigtes" Jugendhaus eröffnet wurde, begab ich mich einige Male hin und versuchte, mit den jungen Rebellen in Kontakt zu kommen.

An einem Sonntagmorgen fuhr ich zusammen mit meinen Töchtern Ingrid und Annette und mit einer, mit Esswaren gefüllten Tasche hin. Überall lagen junge Burschen und Mädchen in den verschiedenen Räumen und warfen uns, als wir in ihr Reich eindrangen, unfreundliche Blicke zu. Ein ziemlich wild aussehender Junge fragte mich: „Kommst du vom Amt?" – „Nein!" – „Du kommst doch von der Behörde!" – „Nein!" – „Was willst du denn hier?" – „Frühstücken!" sagte ich und schaffte auf einem Tisch etwas Platz, packte Zopf, Milch, Butter, Konfitüre, Kaffee und weitere Dinge aus, die zu einem gemütlichen Sonntagsbrunch gehören, und legte alles auf den Tisch. Jetzt kam Bewegung in die Gruppe. Alle standen auf, ruhig, ohne zu fluchen, freudig fast und als mich ein Mädchen fragte, ob ich gern Musik höre, antwortete ich: „Ja", und fragte zurück: „Hast du Santana?" Meine Söhne hörten sich oft die Musik dieses Popstars an und mir gefielen der sagenhafte, brasilianische Rhythmus und die eingängigen Melodien, die einen Hauch von östlicher Musik in sich tragen. „Klar", antwortete sie mit einem Schmunzeln und legte eine Platte auf. Unterdessen wurde ein Fenster geöffnet, der Tisch abgeräumt, die Aschenbecher geleert, ein Mädchen brachte einen feuchten Waschlappen und reinigte die Tischplatte, jemand stellte mir einen Stuhl hin, Geschirr und Besteck wurden gebracht, jemand nahm das Kaffeepaket mit in die Küche

und bald duftete es herrlich nach Sonntagmorgen. Es mag etwas mehr als eine halbe Stunde gedauert haben, bis alle im sonnendurchfluteten Zimmer um den Tisch sassen und kräftig zulangten. Mit dem Essen kam Stimmung auf, keine abschweifende, einseitige, sondern eine lebhafte und lustige Stimmung!
In einem ruhigen Moment bemerkte ein eher schüchterner Junge, dass heute Muttertag sei. Daraufhin schauten alle zu mir und das Mädchen, das Santana aufgelegt hatte, fragte mich, ob diese beiden, und dabei deutete sie auf Ingrid und Annette, meine Töchter seien. Als ich nickte, fragte sie weiter, ob ich noch mehr Kinder hätte. Lachend stand ich auf, zählte reihum alle Anwesenden und sagte: „Ja, heute habe ich genau vierundzwanzig Kinder!"
Sie haben nach dem Essen von sich aus erzählt, von ihren Sorgen und Nöten und so offen geredet, als ob wir uns schon lange kennen würden.

Ich weiss, dass es auch in der Schweiz grosse Not gibt, aber es gibt hier auch zahlreiche alteingesessene Organisationen, die sich mit viel Geld darum kümmern. Wenn alle Menschen, die mich auf die Not in der Schweiz aufmerksam gemacht haben, in diesen Organisationen mitarbeiten würden, könnte sich auch hier einiges ändern! Mich hat es ganz einfach immer wieder nach Indien gezogen.

* * *

Also, es hiess keine Zeit zu verlieren! Ich kaufte in der selben Apotheke abermals einen Rollstuhl – und bekam ihn auch diesmal wieder zu einem Spezialpreis! Ein Papier, das den humanitären Zweck belegen sollte, besorgte ich mir hingegen kein zweites Mal.
Nach vier Monaten reiste ich bereits wieder nach Ludhiana, diesmal zusammen mit einer Frau aus Burgdorf. Sie war über den Artikel im Beobachter auf mich aufmerksam geworden

und wollte den Ort und meine Art zu helfen kennenlernen. Ohne Schwierigkeiten und ohne irgendwelche Beanstandung, wegen des Rollstuhls, gelangten wir nach Delhi und wurden dort von Herrn und Frau Feierabend herzlich empfangen.

Wie bei den letzten beiden Aufenthalten, kümmerten wir uns um kranke Menschen, suchten an der Bahnstation oder an den anderen stark belebten Orten mittellose Familien und versuchten ihnen weiterzuhelfen. Wir kauften einige Rikschas und händigten sie an Familienväter aus.

Wir verbrachten eine schöne und erfolgreiche Zeit zusammen, aber es wollte mir wieder nicht gelingen – ausser der kleinen Schule im Aussenquartier – etwas Dauerhaftes aufzubauen.

Nach acht Wochen reisten wir in die Schweiz zurück.

Im nächsten Frühling kaufte ich einen Rollstuhl und ein Flugticket nach Delhi und machte mich zum vierten Mal auf den weiten Weg nach Ludhiana.

Kurz vor der Abreise erreichte mich ein Brief von einer jungen Lehrerin die verzweifelt schrieb, sie sei auf der kleinen Steintreppe, die von ihrer Wohnung in den Hinterhof führe, ausgeglitten und so unglücklich gestürzt, dass sie nicht mehr gehen könne. Ich erinnerte mich an sie: Sie hiess Sisodia, hatte vor sechs Monaten die Diplomprüfung mit Auszeichnung bestanden und bildete seither die Krankenschwestern aus. Sie schrieb, dass sie mit einem Rollstuhl wenigstens ein Teilpensum behalten könnte und fügte hinzu, dass sie den Stuhl auf jeden Fall bezahlen werde.

Also gut, dachte ich, fuhr am nächsten Morgen in die Stadt und kaufte einen zweiten Rollstuhl (der erste war bereits versprochen). Zugegeben, die Reise war beschwerlicher und umständlicher als sonst, aber es hatte sich gelohnt: Der junge Mann, dem ich das Gerät versprochen hatte und die Lehrerin, die ihre Stelle dank des Rollstuhles behalten konnte, waren sehr glücklich.

Inzwischen kannte ich die Stadt und traf auf den Rundgängen hie und da Menschen, denen es gelungen war, wieder auf eigenen Beinen zu stehen. Es gab aber auch Arme, denen ich mehr als einmal geholfen hatte, die aber die Kontrolle über ihr Leben jedesmal wieder verloren hatten.

Eines Morgens wurde ich in den Slums zu einer jungen Frau geführt, die ermattet und schwer atmend in einer einfachen Hütte auf einer alten Pritsche lag. Neben ihr lag ein kleines Mädchen – nur noch Haut und Knochen, kaum ein Jahr alt. Die Frau schlief, das Kind starrte mich mit grossen, entzündeten Augen an. Die beiden Männer die mich hergeführt hatten, erklärten mir, dass der Ehemann zusammen mit dem zweiten Kind unterwegs war, um Essen zu besorgen. Ich setzte mich zu der schlafenden Frau und wartete auf die Rückkehr ihres Mannes.
Als er zusammen mit dem zweiten Töchterchen kam, organisierten wir sofort den Transport: Die Frau und das Kind mussten so rasch wie möglich ins Krankenhaus.
Leider waren die beiden zu lange krank gewesen und hatten keine Kraft mehr. Das Mädchen starb am zweiten Tag, die Mutter folgte ihm in der nächsten Nacht.
Als ich sie am Morgen besuchen wollte (ich wusste noch nicht, dass die Frau ebenfalls gestorben war), hatte der Mann das Krankenhaus zusammen mit seiner dreijährigen Tochter bereits verlassen.
Eine Woche später traf ich ihn zufällig wieder: Müde und abgemagert, mit einem traurigen Blick und seinem hungrigen Töchterchen auf dem Arm erschien er an der Pforte der Station, die von den Schwestern der Mutter Theresa geführt wurde. Er zog an der Glocke. Als eine Schwester das schwere Tor öffnete, hielt er ein verbeultes aber sauberes Aluminiumkesselchen hoch und bettelte. Sie fasste das Gefäss wortlos am Henkel, eilte weg, kam zurück und händigte es ihm, wiederum wortlos, aus.

Ich folgte ihm einige Schritte auf der Strasse und bat ihn, mir den Inhalt zu zeigen. An der Art der Übergabe hatte ich bemerkt, dass das Kesselchen schwer gefüllt war und wollte wissen, was die Schwester diesem Mann gegeben hatte. Enthielt es zwei Kilogramm Reis? Oder Linsen? Oder einige Zwiebeln, oder gar eine Frucht? Etwas verlegen hob er den Deckel ab und hielt den kleinen Eimer vorsichtig hoch: Er war mit *Wasser* gefüllt!

Diese Begebenheit hatte mich wieder einmal tief erschüttert. War dies tatsächlich die „Geschäftsphilosophie" der Mutter Theresa? Wurden die Schwestern angehalten, ihre Kräfte und Mittel ausschliesslich für ihre Aufgabe zu reservieren? Musste man wirklich so streng sein im Leben, wenn man etwas Grosses aufbauen wollte? Galten diese strengen Grundsätze auch beim Aufbau eines Hilfswerkes? Ich konnte und wollte es nicht glauben! Mutter Theresa's Hilfswerk war riesig, bei einer Firma würde man von einem Imperium sprechen. Vielleicht war ausgerechnet diese Grösse schuld an diesem Vorfall!?

Mutter Theresa hätte diesem Mann geholfen, davon war ich überzeugt! Vielleicht wollte die Schwester nur Unannehmlichkeiten vermeiden, vielleicht hätte sie Auskunft geben müssen, wofür der Reis, die Linsen oder das Gemüse verwendet worden waren, und gab dem Mann deshalb nur Wasser?!

Dieser Vorfall brachte mich von neuem um einige Stunden Schlaf, aber eine Antwort auf meine Fragen fand ich nicht.

Ich gab ihm etwas Geld und unterstützte ihn noch einige Zeit.

* * *

Als ich gegen Ende meines Aufenthalts den Verwalter in seinem Büro aufsuchte, um noch offenstehende Rechnungen zu begleichen, sass er nicht wie gewohnt hinter seinem schweren Schreibtisch, sondern war irgendwo im Krankenhaus unterwegs, um etwas abzuklären. Deshalb setzte ich mich und wartete in der Hoffnung, er werde gleich zurückkommen. Kaum hatte ich Platz genommen, trat eine junge Inderin ein, grüsste freundlich und erstaunlicherweise nicht mit dem indischen Ausdruck „Namaskàar[10]", sondern auf englisch.

„Good morning, Sister Margrit." sagte sie und setzte sich auf den freien Stuhl neben mir. Sie war gross und schlank, hatte ein rundliches Gesicht, ein breites Lächeln und die Haare streng nach hinten gekämmt. Den Sari schlang sie nicht über den Kopf, das heisst, sie war unverheiratet.

Ich hatte sie nie zuvor gesehen, sie hatte hingegen von mir gehört und wusste meinen Namen.

Ihr Name war Deborah. Sie war Ärztin und weilte für sechs Monate hier in Ludhiana, um von Dr. Feierabend in die Chirurgie eingeführt zu werden.

Sie stammte aus einer kinderreichen Familie und war in der Nähe von Jobat, in der Provinz Madhya Pradesh aufgewachsen. Ihr Grossvater, ihr Vater und ihre Mutter hatten ihr Leben lang kanadischen Missionaren gedient und es war die selbe Mission, die ihr die Ausbildung zur Ärztin ermöglicht hatte. Sobald ihr Studium abgeschlossen sei, werde sie im Missions-Krankenhaus in Jobat arbeiten, sagte sie. Das war auch der Grund, weshalb sie an jenem Morgen den Verwalter aufsuchte: Sie wollte sich ein Buch kaufen, hatte jedoch kein Geld, um es zu bezahlen. (Solange sie bei der Mission arbeitet, wird sie mit einem sehr kleinen Gehalt auskommen müssen.)

Ich wollte mehr über Jobat erfahren. Wo lag der Ort? Wie lebten die Menschen dort? Wieviele Einwohner hat Jobat? Dr. Deborah musste gespürt haben, dass mein Interesse an Jobat mehr war, als allgemeiner Art. Lachend winkte sie ab: „Nein, Sister Margrit, Jobat ist nichts für dich!"

Und dann zählte sie alles auf, das jeden „Westler" davon abgehalten hätte, den Ort zu besuchen: Die Menschen seien sehr

---

[10] In Indien wird mit dem Wort Namasté gegrüsst = Seien Sie gegrüsst (alle zusammen), eine einzelne Person grüsst man mit dem Wort Namaskàar = sei gegrüsst.

arm dort, in der kleinen Stadt lebten etwa 10'000 Menschen – Christen, Hindus und Moslems – friedlich beisammen, aber es gebe kein einziges Hotel. Die Läden seien zwar voll, aber nur mit billiger Ware und der Markt sei sehr bescheiden und auch dort gebe es nebst Curry nur Mais, Reis, Linsen und Zwiebeln zu kaufen. Und Knoblauch. Und Früchte seien rar, ausser Bananen gebe es nur noch kleine Orangen und hie und da Mangos. Ja, die Menschen seien sehr arm dort (dies wiederholte sie mehrmals), zudem liege die Ortschaft in einem Gebiet, das ausschliesslich von Adivasis[11] bevölkert sei. Es wäre also nicht nur ungemütlich, sondern sogar gefährlich für mich, dort hinzufahren. „Nein, Sister Margrit, Jobat ist nichts für dich!"
Das wollte ich selbst herausfinden und bot ihr einen kleinen Handel an: das Geld für das Buch gegen die Adresse des Krankenhauses. Lachend willigte sie ein und noch bevor der Verwalter erschien, hatte sie das Büro wieder verlassen.

Je länger ich mir's überlegte, desto klarer wurde mir, dass ich es in Jobat zumindest einmal versuchen sollte.
Der Abschied von Herrn und Frau Feierabend war schwer. Ihr Haus war immer offen gewesen, sie hatten mich liebevoll aufgenommen und wir durften viele unterhaltsame Abende zusammen verbringen. Beide haben mich einiges über die indische Kultur gelehrt und mir auch die schönen Seiten des Landes nähergebracht.
Ich stieg in das Flugzeug und war überzeugt, meine nächste Reise würde mich nach Jobat führen! Der Flug nach Hause war ruhig. Gottseidank!

---

[11] Das Wort Adivasi ist ein Wort aus der Hindi Sprache und bedeutet: Erste Bewohner (Ureinwohner); rund 70 Millionen Menschen, die mehr als 200 Völkern angehören, werden als Adivasi bezeichnet. Die Adivasi bezeichnen sich selber nicht so! Sie nennen sich Bhil, Gond, Munda usw. jenachdem, welcher Volksgruppe sie angehören.

VI

Verzeihen Sie mir, liebe Leserin, lieber Leser, wenn ich jedesmal erwähne, wie herzlich mich meine Kinder zu Hause empfangen haben. Vier Wochen praktisch ohne Nachricht war für mich immer eine lange Zeit. Telefonieren konnte ich nicht und die Briefe, die sie mir schrieben, erreichten mich oft erst in den letzten Tagen meines Aufenthalts. Und meine Briefe trafen meistens gleichzeitig mit mir zu Hause ein. Sie können sich nicht vorstellen, wie sehr ich meine Kinder jeweils vermisste! Wie schön war der Augenblick, wenn sie mich mit einem kleinen Willkommensplakat vor der Haustür empfingen und ich sie endlich in meine Arme schliessen konnte. Sie erwarteten mich jedesmal mit einem kleinen Plakat. Einmal hatten sie geschrieben: *Der grosse Häuptling ist zurück, jetzt werden die Trommeln wieder im Takt geschlagen.*

An ihrem Verhalten und am liebevoll geschmückten Wohnzimmer konnte ich annehmen, dass sie mich vermisst hatten.

In jenen Tagen wurde meine jüngste Tochter sechzehn Jahre alt. Bitte glauben Sie nicht, nur weil ich bisher nicht darüber geschrieben habe, ich hätte mit meinen Kindern in diesem Alter keine Auseinandersetzungen gehabt. Oh, es gab viele Kämpfe auszutragen! Ich bin sicher, die Reisen nach Indien haben die schmerzhaften Ablösungen weder gemildert noch erschwert.

* * *

Die nächste Reise sollte mich also nach Jobat führen. Ich suchte den Ort auf der Landkarte und fragte beim Reisebüro nach dem nächstgelegenen Flughafen. Ahmadabad war die Antwort. Ich buchte sogleich eine Flugreise dorthin, schrieb dem Verwalter des Krankenhauses in Jobat einen Brief, kündete ihm kurzerhand mein Kommen an und bat ihn höflich, jemand an den Flughafen zu beordern, um mich abzuholen. Er schrieb überaus freundlich zurück, versicherte, dass ich in Jobat willkommen sein werde, wiederholte das Datum und die Ankunftszeit und versprach, dass jemand am Flughafen auf mich warten werde.

Als es Zeit wurde kaufte ich einen Rollstuhl, packte meine Sachen, stieg in Zürich in das Flugzeug ein und in Bombay um und landete müde, aber unversehrt und pünktlich in Ahmadabad.

Nur wenig Passagiere waren zusammen mit mir ausgestiegen und entsprechend rasch erschienen die Koffer auf dem schwarzen Förderband. Ja, die Koffer! Mein Rollstuhl hingegen kam nicht! Ich wurde ungeduldig und wollte mich gerade beschweren, als eines der grossen Speichenräder auf dem schwarzen Band daherkam. Kurze Zeit danach erschien das zweite Rad, gefolgt von den beiden Seitenlehnen, einigen Schrauben und Muttern und schliesslich lagen die kleinen Vorderräder auf dem Band, dahinter die Bremsen undsoweiter: Jemand hatte den Rollstuhl in sämtliche Einzelteile zerlegt!

Die Müdigkeit von der langen Reise war wie weggeblasen, zornig begab ich mich an die Information. Die zwei jüngeren Damen, die dort mehr oder weniger gelangweilt ihren Dienst versahen, schenkten mir vorerst keine Beachtung und verhalfen damit meinem Zorn zu einem Ausbruch, an den ich mich nur ungern erinnere: Ich tobte so lange und so laut, bis sich der Flughafenmanager persönlich um mich kümmerte und mich zu beruhigen versuchte! Seinen Angestellten sei aufgefallen, dass keine behinderte Person ausgestiegen war, erklärte er mir, und deshalb seien sie skeptisch geworden und hätten vermutet, der Rollstuhl sei als Tarnung verwendet worden. Als raffinierte Tarnung zum Schmuggeln von Drogen. Das konnte ich verstehen. Auf seine Anordnung hin setzten zwei technische Angestellte das Ding innerhalb weniger Minuten wieder zusammen. Und zwar einwandfrei!

Ich gab einem Gepäckburschen den Auftrag, meine Koffer auf die lederne Sitzfläche des Stuhls zu heben, zeigte ihm, wie er ihn schieben konnte und deutete ihm an, mir zu folgen.

Noch bevor wir den breiten Ausgang passiert hatten, sah ich drei junge Männer draussen stehen. Sie hielten ein Stück Karton hoch, auf dem stand: MRS. MARGRIT.

Die drei Männer waren kleingewachsen und hager, trugen staubige Sandalen, abgetragene, jedoch sauber gewaschene, dunkle Hosen und helle, kurzärmelige Hemden. Sie machten einen freundlichen Eindruck, sahen aber in der Tat aus, wie drei Delegierte aus einer sehr armen Gegend. Etwas unsicher gab ich mich ihnen zu erkennen.

Sie führten mich zu einem kleinen, ziemlich ramponierten Fahrzeug auf dem nahen Parkplatz vor dem Flughafen. Im schmutzigen und übel riechenden Kofferraum lagen zwei grosse, gefüllte Benzinkanister, daneben blieb nur noch Platz für mein Handgepäck. Die beiden Koffer und den Rollstuhl befestigten sie mit alten Stricken auf dem verbogenen Dachträger.

Als alles festgebunden und der Bursche, der mein Gepäck hergeschoben hatte, für seine Dienste bezahlt war, boten sie mir den Platz neben dem Fahrer an. Ich zog es indessen vor, hinten zu sitzen.

Vor der Fahrt wollte ich wissen, wie lange wir unterwegs sein werden. Die drei Männer waren anscheinend nicht gewohnt, englisch zu sprechen, jedenfalls hatten wir grosse Mühe, einander zu verstehen. Die Fahrt würde mehr als zwölf Stunden dauern, soviel hatte ich immerhin begriffen.

Zwölf Stunden in diesem engen Wagen auf diesem durchgerittenen Sitz, das konnte ja heiter werden, dachte ich.

Es dämmerte bereits, als der Fahrer den Motor startete und das schwer in der Federung hängende Fahrzeug hinaus in den lebhaften, leicht chaotischen Abendverkehr lenkte. Der laue Fahrtwind, der links und rechts durch die offenen Seitenfenster hereinwehte, zerzauste mir sanft das Haar und trug mir die vertrauten, exotischen Gerüche zu. Da wurde mir so richtig

bewusst: Ich war wieder in Indien und wieder einmal auf dem Weg ins Unbekannte!
Ich versuchte mich auf dem unbequemen Sitzpolster zu entspannen, um die bevorstehende, lange Fahrt durchzustehen. Es wollte mir jedoch nicht so recht gelingen, zu gross war die Ungewissheit. Was würde mich in Jobat erwarten? So ganz wohl war mir nicht bei der Sache und wenn mich die drei Herren mit ihrer stillen und frohen Gesinnung und ihrer zuvorkommenden und höchst anständigen Art nicht hin und wieder durch Blicke ermuntert hätten, wäre ich bestimmt in Ahmadabad geblieben.

Kurz bevor wir die Stadt verliessen, kehrten wir in einem indischen Restaurant ein und assen einen Teller Reis mit roten Linsen an einer scharf gewürzten Currysauce. Bevor wir uns wieder in das Fahrzeug setzten, kaufte ich in einem engen und bis an die Decke mit Konservendosen und farbigen Biskuitpackungen vollgestopften Laden eine Flasche Trinkwasser und ein paar Bananen.
Und dann fuhren wir. Die ganze Nacht durch. Alle paar Stunden hielt der Fahrer an, um Benzin aus den eisernen Kanistern in den Tank zu schütten und irgendwann in der Nacht wurde er abgelöst, vom Mann, der die ganze Zeit neben mir gedöst hatte. Es war ein besonderes Erlebnis, vom sicheren Rücksitz aus den Sonnenaufgang in der zunehmend steppenartigen, kargen und leicht hügeligen Landschaft zu beobachten. In den frühen Morgenstunden passierten wir hin und wieder ein kleines Dorf und sahen, wie die Menschen aus ihren bescheidenen Hütten heraustraten, die klare Morgenluft tief einzogen, sich streckten und reckten, die hellgelbe Sonne begrüssten und sich auf den Weg zum Brunnen machten, um sich zu waschen.
So um zehn Uhr vormittags stieg die Strasse leicht an und führte schnurgerade auf eine Kuppe zu, auf der, und zwar auf dem höchsten Punkt, ein von weit her sichtbarer, von Wind und Wetter gezeichneter Baumriese stand. Als wir auf seiner Höhe

waren, hoben alle drei Männer die rechte Hand und deuteten auf das kleine Städtchen, das hinter der Kuppe in einer leichten Talsenke eingebettet war und nun zum Vorschein kam. „Jobat!" sagten sie im Chor.

Wir fuhren langsam den langgezogenen Hang hinunter, rollten an vier oder fünf Häusern vorbei, bogen links ab und passierten ein breites Tor, dessen Eisengitter verbogen und halb eingewachsen, je eines links und eines rechts des Portals, auf der staubigen Erde lagen. Der Fahrer musste auf der vielleicht fünfzig Meter langen Zufahrtsstrasse zur Station in den ersten Gang zurückschalten, weil sie mehr einem trockenen und steinigen Flussbett glich, als einem vielbenutzten Haupteingang zu einem Krankenhaus.

Der Wagen hielt schliesslich vor einem kleinen, weissgekalkten Bungalow, der von prächtigen Blumen und wunderschönen Kakteen umgeben war. Ich wurde von einem der Männer über vier Steintritte ins kühl gehaltene Innere des Hauses geleitet und war sofort von drei mittelgrossen Hunden umringt, die sich darum balgten, wer als erster mit seiner feuchten Schnauze meine Hand anstupsen durfte.

Nach dieser unerwarteten Begrüssung erschien eine grosse, vollschlanke Frau, mit sehr heller Haut und rötlichen Haaren: Miss Braun. Obschon sie einen Sari trug, hielt ich sie, wegen ihren roten Haaren, vorerst für eine Irin.

Sie begrüsste mich mit lautstarker Stimme, zeigte mir mein Zimmer, redete dabei ununterbrochen und stellte sich nebenbei vor: Miss Pauline Braun, Missionarin aus Kanada! Später servierte mir ihre Hausangestellte eine warme und ungeheuer stark gewürzte Erbsensuppe. Und dann, nach dem Essen, liess ich mich vollkommen erschöpft auf „mein" Bett fallen und schlief sofort ein.

* * *

Am nächsten Morgen lud mich Miss Braun zur Morgenandacht ein. Sie führte mich zu einem länglichen Gebäude, das für Versammlungen aller Art gebaut worden zu sein schien.
Als wir durch die schmale Tür traten, sah ich zwanzig oder mehr Personen, die mit dem Rücken zu uns auf den Stühlen sassen und auf uns warteten. Sie drehten sich sofort um, sahen zu uns hin und liessen mich, auf dem kurzen Weg durch den Mittelgang bis nach vorn, nicht mehr aus den Augen. Zuvorderst stand der blumengeschmückte Rollstuhl und daneben ein hölzerner Stuhl, der für mich gedacht war. Ich hätte mich darauf setzen und den versammelten Menschen während der Andacht in die Augen sehen sollen!
Nein, das war nichts für mich: Ich fasste den Stuhl mit beiden Händen, trug ihn nach links, bis zur Wand, stellte ihn neben eine junge Frau in die vorderste Reihe und setzte mich darauf. Die junge Frau lächelte mich freundlich an, aber ich machte ein sehr ernstes Gesicht, um möglichst entschlossen auszusehen.
Miss Braun hielt die Andacht, stellte mich am Schluss vor und dankte mir für mein Kommen und den Rollstuhl.

Am Nachmittag führte mich der diensthabende Arzt durch die Missionsstation (Dr. Deborah weilte zu jener Zeit noch in Ludhiana), zeigte mir zuerst alle umliegenden Gebäude und zuletzt das Bettenhaus mit den Patienten. Neben dem Krankenhaus standen verstreut zwei grosse Bungalows, ein zweistöckiges Schwesternheim und etliche kleinere Gebäude wie Gästehaus, Kapelle, Garage und so.
Im kurzen, jedoch breiten und geräumigen Hauptgebäude des Krankenhauses befanden sich der Untersuchungsraum, die Aufenthaltsräume der Ärzte und der Schwestern und das Büro des Verwalters. Quer dazu war ein zweites Gebäude erstellt worden, in dem sich das Labor, der Operationsraum und die Nebenräume befanden, in denen zum Beispiel die Instrumente sterilisiert und die verschiedenen Tücher und die Bettlaken gewaschen wurden. Zwanzig Meter von diesen T-förmig

zusammengebauten Häusern stand das längste Gebäude, das Bettenhaus, und wieder quer zu diesem stand ein ähnliches, etwa halb so grosses Gebäude. In diesem, zweiten Bettenhaus lagen die Patienten mit ansteckenden Krankheiten.

Das Krankenhaus war in einem miserablen, um nicht zu sagen, katastrophalen Zustand.
Verglichen mit einem Krankenhaus in der Schweiz war das Krankenhaus in Ludhiana sehr einfach, fast ärmlich eingerichtet gewesen; aber im Vergleich zu diesem Krankenhaus hier in Jobat, war jenes in Ludhiana noch feudal.
Die wenigen Apparate, die mir der Arzt zeigte, waren hoffnungslos veraltet, der Unterhalt der Häuser war arg vernachlässigt worden und die Motivation der Angestellten befand sich auf einem Tiefpunkt.
Die einzelnen Gebäude waren zwar ordentlich gedeckt und ihre Fassaden weiss gekalkt – von aussen machte die Station einen guten, in der prallen Sonne sogar blendenden Eindruck – doch beim näheren Hinsehen konnte einem der schlechte Zustand, innen wie aussen, nicht verborgen bleiben.

Vor dem Haupteingang befand sich eine zweistufige, breite Steintreppe, die seit der Gründung der Missionsstation im Jahre 1915 nicht mehr erneuert worden war. Garantiert! Die vielen tausend Menschen, die in all den Jahren die zwei Tritte hinauf- und hinuntergestiegen waren, die glühende Sonne, der heisse Wind und die subtropischen Regengüsse hatten sie gefährlich schräg abgeschliffen.
An den einfachen Holztüren, welche die einzelnen Räume abtrennten, blätterte die dunkelgrüne Farbe ab, zudem waren die meisten Türen defekt und hingen schief in den Angeln.
Das Labor, in dem das Blut der Patienten untersucht wurde, war ein düsterer Raum. Düster deshalb, weil vor etlichen Jahren ein metallenes Mückengitter, das die Moskitos daran hindern sollte, ins Labor zu gelangen, vor die Fenster gehängt

worden war; und dieses Gitter war im Laufe der Zeit oxydiert und hatte so viel Staub angesetzt, dass es nur noch wenig Licht und Luft durchliess.

Vor der Fensterfront stand ein langer Tisch der zahllose Kerben in der dunklen Holzplatte aufwies und darauf ruhten zwei schwere, museumsreife Mikroskope. Drei Stühle waren halb unter den Tisch geschoben und links und rechts an der Wand sah ich je einen altertümlichen Glasschrank, in denen einige braune Glasflaschen mit undefinierbaren Lösungsmitteln eingeschlossen waren. Die Angestellten im Labor untersuchten die Blutproben der Patienten mit den zwei uralten, schwarzen Dingern, sonst befanden sich keinerlei Geräte, Instrumente oder Möbel in dem ungelüfteten und modrigen Raum.

Im grösseren Bettenhaus – ein hallenartiges Gebilde, etwa 60 Meter lang und 15 Meter breit – standen die alten, ursprünglich weiss angestrichenen Eisenbetten, schön ausgerichtet links und rechts vom breiten Mittelgang. So müssen bei uns früher die Bettenhäuser ausgesehen haben.

Die Patienten lagen auf dünnen Matratzen, die mit grauen Bettlaken bezogen waren und da und dort hing eine Infusionsflasche an einem Bambusstecken, der notdürftig am Bettpfosten festgebunden worden war.

Durch ein kleines Glasfenster durfte ich einen Blick in den geräumigen Operationssaal werfen. Der Operationstisch in der Mitte war ordentlich mit grünen, allerdings verwaschenen Tüchern bedeckt und genau über dem Tisch baumelte eine gewöhnliche Glühbirne. Nein, dachte ich, trotz der Aufgeräumtheit, hier möchte ich nicht operiert werden!

Je zwei der vier Gebäude waren T-förmig angeordnet und mittels betonierten und überdeckten Laufgängen untereinander verbunden. Diese Verbindungswege wiesen tiefe Risse und arg abgeschlagene Kanten auf und die kargen Landflächen zwischen den Gebäuden sahen sehr ungepflegt aus.

Zuletzt führte mich der Arzt zu einem U-förmigen, zweistöckigen Gebäude. An der Vorderseite schloss eine zwei Meter hohe, ebenfalls weiss gekalkte Mauer den Gebäudekomplex ab und in der Mitte befand sich ein geschützter, fast „römischer", jedoch verkommener Innenhof.

Der Durchgang in der Mauer konnte früher mit einem eisernen Tor geschlossen werden, jetzt lag dieses Tor rostig und verbogen seitlich im Dornengestrüpp.

Ich konnte von weitem erkennen, dass das Gebäude seit Jahren nicht mehr bewohnt wurde.

„Das ist das Schwesternheim", sagte der Arzt, „oder besser gesagt, *war* das Schwesternheim. Bis vor zehn Jahren haben wir regelmässig eine Gruppe von zwölf jungen Frauen in einem zweijährigen Kurs zu Krankenschwestern ausgebildet, aber aus Geldmangel mussten wir damit aufhören."

„Geldmangel scheint hier das grösste Problem zu sein", stellte ich ernüchtert fest und bekam als Antwort ein vielsagendes Schulterzucken und meinte dabei einen tiefen Seufzer gehört zu haben.

Das schönste und am besten unterhaltene Haus auf dem Grundstück war der Bungalow gewesen, in dem Miss Braun wohnte.

* * *

In den ersten beiden Wochen besuchte ich täglich die Patienten. Auf den Betten lagen oder sassen die kranken Menschen, alle in ihren, zum Teil zerrissenen und schmutzigen Kleidern und zwischen den Betten hielten sich Kinder, Jugendliche und Erwachsene auf, alles Angehörige der Kranken, die sich zumeist liebevoll um ihre Familienmitglieder kümmerten. Abends wurde es düster in den Sälen, da nie elektrisches Licht montiert worden war und die Menschen überall kleine Öllampen anzündeten. Oft sah ich im flackernden Licht eine graue Maus über den Boden huschen und in einem Loch verschwinden.

Nachts war das Bettenhaus innen und aussen von den Angehörigen bevölkert, um nicht zu sagen belagert: Überall

schliefen Leute, vorwiegend Frauen, gegen die Mücken in dünne Baumwolltücher eingehüllt, auf dünnen Bastmatten.
Obwohl sich dauernd viele Menschen in den Sälen aufhielten, herrschte immer eine ruhige, geradezu gesittete Stimmung, keine unbekümmerte Geschwätzigkeit, auch keine Streitereien, nur ein gelegentliches Stöhnen oder Wimmern von einem Patienten, war zu hören.
Bereits während den ersten Rundgängen stellte ich bestürzt fest, dass nicht nur die Verwaltung arm war: Die Schwestern sahen dank ihren weissen Baumwollschürzen einigermassen gepflegt aus, trugen jedoch erbärmliche Sandalen und keine Uhren. Einzig die Oberschwester besass eine Uhr. Wie, fragte ich mich, messen die Pflegerinnen den Patienten den Puls?
Und die Patienten und ihre Angehörigen: arm, arm arm.

Mir fiel auf, dass einige ermattet und abgemagert bis auf die Knochen auf ihren Betten lagen. Und wenn ich zur Mittagszeit durch den Saal schritt, sah ich etliche Patienten seitlich aufgestützt oder aufrecht sitzend nur mit einer Tasse Tee in der Hand, ohne einen Teller, ohne etwas Essbares. (Auch dieses Krankenhaus gab an die Patienten weder Medikamente noch Essen ab.)
Ich fragte den Arzt, wie das Wort Essen auf Hindi lautet. „Khana", sagte er. „Khana hey? heisst: haben Sie gegessen?" erklärte er mir.
Sogleich fragte ich eine ältere, sehr magere Frau: „Khana hey?" Sie schüttelte nur traurig ihren Kopf und schaute zu Boden. Die junge Frau, die neben dem Bett auf einem Stuhl sass, vielleicht ihre Tochter, ebenso mager wie die Mutter, stand auf und redete in Hindi zu mir. Dabei hörte ich immer wieder den Ausdruck: „Khana ni hey!" Ich lief zum Arzt und bat ihn, mir die Worte zu übersetzen. Er folgte mir zum Bett der Patientin, wechselte mit den beiden Frauen ein paar Worte und erklärte mir danach, dass die beiden seit zwei Tagen nichts gegessen hatten.

Ich eilte zurück ins Haus der Miss Braun und fragte sie, ob ich in ihrer Küche Reis kochen könne. Sie war nicht erfreut über meine Idee und wollte mir abraten, für die Patienten Essen zu kochen, als sie jedoch spürte, dass sie mich durch „vernünftige Argumente" nicht davon abhalten konnte, sprach sie ganz einfach ein Verbot aus: „Nicht in meiner Küche!"
Traurig lief ich zurück ins Hauptgebäude und erzählte es dem Arzt. Er sagte nur: „Oh, she has no grace!" (Sie kennt keine Gnade.) Danach lief ich hinunter zum Markt und kaufte Bananen und andere Früchte und bat einen jungen Mann, mir zu helfen, die Sachen in das Bettenhaus zu bringen.

Am nächsten Tag suchte und fand ich in der Nähe der Station eine junge Familie, die bereit war, für die Patienten die sich kein, oder nur wenig Essen leisten konnten, zu kochen.
Die Familie lebte mit einer anderen Familie zusammen in einem kleinen, länglichen Steinhaus, das in zwei gleiche Räume unterteilt war. Tagsüber konnte ich nie sagen, wessen Kinder jetzt vor dem Haus spielten oder welche Familie den linken und welche den rechten Raum bewohnte. Das heisst, die Besitztümer der Familien waren streng getrennt, jede Familie bewohnte ein Zimmer, aber der Alltag spielt sich in Jobat wie in den meisten warmen Gegenden auf der Erde nicht innerhalb, sondern mehrheitlich ausserhalb der Häuser ab.
Auch abends, wenn es längst dunkel war und die Kinder im Bett lagen, sassen beide Familien zusammen vor dem Haus auf der Steinterrasse und unterhielten sich beim Schein einer Kerze.
Ich kaufte in einem Warenladen in Jobat zwei grosse Kochtöpfe und zwei metallene Eimer. In den beiden Töpfen kochte die junge Frau auf einer kleinen Feuerstelle vor dem Haus grosse Mengen Reis und Linsen an einer kräftigen Currysauce. Daneben buk sie mit flinker Hand auf einem leicht gewölbten Eisenteller, den sie über zwei Ziegelsteine legte und zwischen denen eine kräftige Glut strahlte, das schmackhafte und nahr-

hafte Fladenbrot, das überall auf dem indischen Subkontinent gegessen wird. Ihr Mann trug das Brot in einem Topf und das Essen in den zwei neuen Eimern in das Bettenhaus und verteilte es an die Hungernden.

Als Miss Braun davon erfuhr, riet sie mir, damit aufzuhören. Sie erklärte mir, dass ich niemals nur einzelnen Menschen helfen sollte, dadurch würden diese von Almosen abhängig. Sie erklärte mir weiter, dass *sie* keine Menschen dazu anhalte zu betteln.

An einem Abend konnte ich sehen, wie ernst es ihr war bei dieser Aussage: Ein älterer Mann kam zu ihrem Haus, klopfte an der Tür und erklärte ihr schüchtern, dass er mich sehen möchte. Der Grund seines Besuchs war offensichtlich: er wollte um ein Almosen betteln. Darauf reagierte sie ziemlich ungehalten und fuhr den Mann an: „Don't beg in my house!" (Bettle nicht in meinem Haus!) und schickte ihn fort.

Sie arbeitete in der Community help, was man übersetzt als Gemeindehilfe bezeichnen könnte. Einige Schwestern fuhren zusammen mit dem Jeepfahrer regelmässig in die umliegenden Dörfer und registrierten alle Menschen, die dort wohnten. Sie schrieben alles auf, auch wer wieviele Kinder besass, wer mit wem verheiratet und wer seit dem letzten Besuch gestorben war und gaben die Unterlagen Miss Braun.

Ich kann mir nicht erklären, weshalb sie meine Art zu helfen nicht gut fand. Die Bibel ist voll von Geschichten, in denen einzelnen Menschen geholfen wird und der Bruder Martin hatte seinen Mantel auch mit dem nächsten Armen geteilt, der ihm begegnet war.

Unsere Ansichten über die Hilfe an den notleidenden Menschen deckte sich nicht und so war mir klar, dass ich künftig nicht auf ihre Unterstützung zählen konnte.

* * *

Bei einem meiner Besuche im Krankenhaus war mir ein älterer Mann aufgefallen, der mit ausgestreckten Beinen auf dem alten Bett lag. Nur Kinder, die schwer krank waren, lagen den ganzen Tag so flach auf dem Rücken; die Erwachsenen lagen meistens seitlich, mit angezogenen Beinen, oder sassen gar am Kopfende mit gekreuzten Beinen, auf dem Bett.

Als ich zu ihm ans Bett trat, ihn grüsste und fragte, ob er Schmerzen habe, sprach er ein paar Worte in Hindi und deutete auf seine dünnen und knochigen Beine. Die junge Schwester, die mich an jenem Morgen bei meinem Rundgang durch das Bettenhaus begleitete, übersetzte mir seine Aussagen: Er konnte seine Beine nicht mehr spüren und war gelähmt.

Als ich den Arzt fragte, weshalb er kein Gefühl mehr in den Beinen habe, ob er vielleicht im Rücken verletzt sei oder eine Nervenkrankheit habe, gab er zu, dass er die Ursache nicht kannte: „Vielleicht ist es, weil er eine Zeit lang zuwenig oder zu einseitig gegessen hat. Ich kann es nicht sagen. Jedenfalls kann er seine Beine nicht mehr bewegen."

„Ich werde dem Mann täglich die Beine massieren", versprach ich und bat den Arzt, mir ein Mittel zu nennen das meine Bemühungen unterstützen und den Kreislauf des Patienten beleben wird. Worauf er mir ein Rezept ausstellte: 0,5 Liter *Petrol* stand auf dem Papier.

Etwas erstaunt, jedoch im Vertrauen, dass der Arzt sich keinen Spass dieser Art erlauben würde, besorgte ich mir an der Tankstelle, die sich ein paar hundert Meter ausserhalb des Städtchens Jobat befand, einen Liter von dieser öligen und übelriechenden, aber billigen Flüssigkeit. Am nächsten Morgen rieb ich dem Mann die dünne, fast ledrige Haut vorsichtig von den Zehen bis zu den Oberschenkeln mit Petrol ein, und massierte danach die dünnen Beinmuskeln ausgiebig.

Zu Beginn war ihm die Prozedur nicht so ganz geheuer, jedenfalls starrte er mir ziemlich skeptisch auf die Hände, aber am nächsten Morgen erwartete er mich mit einem freundlichen

Gesicht, schlug die Decke erwartungsvoll zurück, liess mich seine Beine massieren und redete munter drauflos.

Nach ungefähr zehn Tagen empfing er mich wieder mit einer ernsten Miene und sprach aufgeregt zwei Worte: „Thorra, thorra!" Dabei deutete er energisch auf seine Füsse. Die Schwester, die mich an diesem Morgen begleitet hatte, schaute ihn überrascht an, stellte ihm gezielt zwei oder drei Fragen und wandte sich dann mit einem freudigen Lächeln an mich: „Er sagt, er habe wieder ein bisschen Gefühl in seinen Füssen!" (Thorra, thorra ist ein Hindi-Ausdruck der überall und oft gehört wird und kann mit den Worten ein *bisschen, ein bisschen* übersetzt werden.) Nach einer weiteren Woche intensiver Massage stand er am Morgen, als ich ihn aufsuchte, einwenig unsicher aber ungemein stolz neben seinem Bett.

Stolz aber gleichzeitig traurig. Durch die Schwester fragte ich ihn erstaunt, weshalb er so ein trauriges Gesicht mache. Es stellte sich heraus, dass ihn der Arzt, weil er wieder gehen konnte, voraussichtlich in zwei Tagen aus dem Krankenhaus entlassen wird. Sein Zuhause war jedoch rund dreissig Kilometer entfernt und so weit konnte er unmöglich auf seinen immer noch schwachen Beinen gehen.

Ich kaufte am Nachmittag an einem Verkaufsstand eine Umhängetasche aus Baumwolle und füllte sie auf dem Markt mit Gemüse, Früchten und zwei Kilogramm Reis. Sie können sich vorstellen, wie schnell die Traurigkeit in seinem Gesicht verflog, als ich ihm die Tasche umhängte und das Geld für den Bus – umgerechnet zwanzig Rappen – in die Hand drückte.

Dieser Mann hat mich in den folgenden Jahren immer besucht, wenn ich wieder in Jobat weilte. Er kam jedesmal, um zu danken.

* * *

In den ersten Tagen verliess ich die Missionsstation kaum, oder nur, um auf dem Markt Früchte oder Gemüse zu kaufen. Doch nach und nach kundschaftete ich das Städtchen aus, zuerst den bunten Markt im Zentrum, wo vorwiegend ältere Frauen unter geflickten Sonnenschirmen am Boden sassen und die Zwiebeln und den Knoblauch wunderschön auf einem Stück Papier aufgetürmt hatten; dann die Busstation, wo immer emsiger Betrieb herrschte; und die kleinen Läden, in denen es fast alles zu kaufen gab, wenn auch in einer ungewohnt schlechten Qualität; und schliesslich die verschiedenen Wohnquartiere, in denen die Steinhäuser mit den flachen Dächern dicht beisammen standen und entweder weiss, in einem zarten Blau oder wässerigen Grün gestrichen waren.

Die Strasse nach Jobat führte viele Kilometer durch eine karge, steinige, leicht hügelige und vor allem menschenleere Steppenlandschaft. Eigenartigerweise waren im Städtchen die zweistöckigen Häuser in Reihen zusammengebaut und in den engen Gassen tummelten sich zu jeder Tageszeit unzählige Menschen, ja auf dem Markt herrschte oftmals gar ein richtiges Gedränge! Es war aber nicht nur der Markt, der die Menschen von weit her anzog – es schien, als ob sie die Enge und die Nähe zueinander richtiggehend bräuchten.

* * *

Eines Morgens schulterte ich eine Umhängetasche, legte eine Flasche mit Trinkwasser und etwas Geld hinein und machte mich auf den Weg, um die Umgebung Jobats zu erforschen. Ich wanderte durch das Städtchen hindurch, überquerte die grosse Brücke am östlichen Stadtrand, verliess die asphaltierte Überlandstrasse nach wenigen hundert Meter und folgte einem schmalen, staubigen Weg hinaus aufs Land.
In Jobat leben Muslime, Christen und Hindu. Jede dieser Volksgruppe erkennt man an ihrem Äusseren, an ihrer

Kleidung, an ihrer Umgangsart und an ihrem Auftreten. Die Muslimfrauen tragen einen einfachen, einfarbigen Sari und sind meistens verschleiert, ihre Männer tragen helle und weite Gewänder und ein Stoffkäppi. Die Muslime leben in einem eigenen Viertel, haben ihre eigenen Läden und ihren eigenen kleinen Markt. Muslime traf ich deshalb nur an speziellen Orten, wie zum Beispiel auf der Bank, bei der Busstation oder bei der Fahrradwerstatt.

Die Hindufrauen kleiden sich mit dem „klassischen", bunten Sari und kleben oder malen sich, wenn sie verheiratet sind, einen roten Punkt auf die Stirn. Manchmal färben sie auch den ganzen Scheitel rot. Ihre Männer tragen in der Regel Hemd und Hose. Hindu traf ich überall in der Stadt.

Die christlichen Frauen kleiden sich ebenfalls mit einem bunten Sari, sind aber nicht, oder nur leicht geschminkt. Ihre Männer tragen Hemd und Hose, wobei sie das Hemd nach westlicher Sitte in die Hose stopfen und die Hose mit einem Gurt festigen. Ihr Auftreten und Benehmen ist dem der westlichen Männer am nächsten. Zudem sprechen viele Christen englisch. Die Christen waren in Jobat offenbar eine Minderheit, ich traf sie meistens nur in der Nähe der Station oder der mächtigen Missionskirche.

Auf dem schmalen und staubigen Weg begegneten mir aber Menschen, deren Art mir fremd war. Ihre Gesichter waren rundlich, mit ausgeprägten Backenknochen und ausdrucksstarken Augen.

Die Frauen waren feingliedrig und klein, hatten einen anmutigen Gang und ein charmantes Lächeln. Sie trugen einen bunten Stoff, der offensichtlich halb so lang war wie ein Sari, und wickelten ihn locker und frei um sich. Eine kurz geschnittene, enganliegende Bluse bedeckte ihre Brust und liess die braune und oft gertenschlanke Taille frei; und ein dunkler, knöchellanger Rock war zu sehen, der am Saum mit Rüschchen besetzt war. Die Knöchel zierten silberne Fusskettchen, meistens mit einem winzigen Glöcklein versehen, das bei jedem Schritt fast unhörbar klingelte und der Hals war mit einer grossen, kunstvoll verzierten, silbernen Halsspange geschmückt.

Erst viel später, als eine Frau einmal ihre Spange ablegte und sie mir in die Hand gab, stellte ich fest, dass sie nahezu fünfhundert Gramm wog und aus reinem Silber geschmiedet war.

Es war ein herrliches Bild, wenn drei oder vier Frauen im Gänsemarsch über die kargen und ziegelroten Hügel wanderten und ihre bunten und mit kräftigen Farben bedruckten Stoffe leicht im Wind, der dauernd über die heisse Erde strich, flatterten. Meistens hatten sie Kinder dabei. Manchmal trugen sie einen Tonkrug mit Wasser, oder einen verschnürten Sack auf dem Kopf, oder trieben ein paar Ziegen vor sich her.

Die Männer waren ebenfalls klein, nein, eher gedrungen und sahen kräftig und zäh aus. Sie trugen ein grauweisses Tuch um ihre Lenden, am Oberkörper nichts oder gelegentlich ein T-Shirt oder ein einfaches Hemd, aber in jedem Fall einen Turban. Es war das wichtigste Kleidungsstück. Sie wickelten ihren Turban nicht wie die Sikhs hoch und kunstvoll um das Haupt, sondern drehten zuerst das sieben Meter lange Stoffband kordelartig zusammen und wickelten es danach spiralförmig und breit, unmittelbar über den Ohren, um den Kopf. Der Scheitel blieb dabei frei.

Es fiel mir auf, dass die Männer entweder einen löwenzahngelben, einen grauweissen oder einen weinroten Turban auf hatten. Damals fand ich die Unterschiede amüsant, ich wusste noch nicht, dass die Farbe und die Art des Turbans die Stammeszugehörigkeit des Mannes preisgab.

Das müssen Adivasis sein, dachte ich und erinnerte mich, im Krankenhaus, unter den Angehörigen der Patienten, solche Menschen getroffen zu haben. Im Krankenhaus hatte ich jedoch nur Augen für die Kranken gehabt und nicht darauf geachtet, welcher Volksgruppe sie angehörten.

Auf meinem Weg über die sanft geschwungenen Hügel begegnete ich hin und wieder einem Ochsengespann. Zwei kleine

Ochsen, mit fahlem Fell, kleinen Hörnern und zierlichen Hufen zogen gemächlich einen schweren, hölzernen Leiterwagen, der auf zwei gewaltigen, eisenbereiften Holzrädern daherrumpelte. Der „Kutscher" hockte entweder zwischen den beiden Tieren auf der Deichsel, oder schritt, wenn es bergauf ging, mit dem Leitseil in der Hand neben den Tieren her.
In bebilderten Geschichtsbüchern über das Römische Reich hatte ich Zeichnungen von ähnlichen Ochsenwagen gesehen, deshalb fühlte ich mich beim Anblick dieser Bauern, die auf dem Weg in die Stadt oder aufs Feld waren, um zweitausend Jahre zurückversetzt.

Nachdem ich einige Zeit dem abwechselnd steinigen und staubigen Feldweg entlang gewandert war, sah ich rechts, etwas abseits und geschützt unter einem gewaltigen Mangobaum, eine Hütte. Es war eine einfache, rechteckige Lehmhütte, ohne Fenster, mit einem breiten, türlosen Eingang auf der Längsseite, und mit einem flachen Satteldach aus sonnengebleichten Palmenblättern. Drei kleine Kinder spielten vor der Hütte auf der Erde und seitlich waren zwei Kühe an einem Pflock angebunden. Ich blieb stehen und schaute mich um: Eingebettet in ein kleines Hochplateau, in einem Umkreis von vier- oder fünfhundert Metern, standen ungleichmässig verstreut zwölf ähnliche Hütten. Alle waren im Schutz eines Baumes, einiger Palmen oder einer dornigen Hecke gebaut worden. Einige Hütten waren etwas grösser und massiver, einige waren etwas kleiner, ärmlicher gebaut und einige standen zu zweit oder zu dritt beisammen. Ich befand mich am Rand eines Dorfes.

* * *

Es war ein unerwarteter Anblick. In der Stadt waren die zweistöckigen Steinhäuser reihenweise nah zusammengebaut und weiss, hellblau oder grün angestrichen worden, hier standen naturbelassene Lehmhütten mehr als einen Steinwurf voneinander entfernt und bildeten trotzdem zusammen ein Dorf.
Die einfachen Hütten und die Kinder, die in zerlumpten Kleidern davor am Boden sassen und mit Steinen und Hölzchen spielten, weckten in mir Erinnerungen an meine Zeit in Brasilien.

1949 heiratete ich in St. Gallen einen Konditor und brachte ein Jahr später in unserer kleinen Wohnung mit der Hilfe einer Hebamme unseren Sohn, Martin, zur Welt.
Mein Schwiegervater war etliche Jahre zuvor nach Brasilien ausgewandert und bewirtschaftete dort, ziemlich abgelegen und allein, eine kleine Kaffeefarm. Die Zeit nach dem Krieg war für eine junge Familie in der Schweiz nicht einfach und so entschlossen wir uns eines Tages, alles aufzugeben und ebenfalls nach Brasilien auszuwandern. Wir wollten auf die Farm meines Schwiegervaters ziehen und ihm bei der Bewirtschaftung der Kaffeeplantage helfen.
Er beschrieb uns in einem Brief den Weg und versicherte uns, dass es auf seiner Farm „genug Platz und Arbeit" habe. Er machte uns nicht gerade Hoffnungen auf ein besseres Leben, aber die Härte und die Einsamkeit im Dschungel verschwieg er wohlweislich.
Im Herbst des Jahres 1950 verkauften wir in St. Gallen den grössten Teil unseres Hausrates, legten die restlichen Sachen zusammen mit den Kleidern in zwei Überseekoffer, gaben die Wohnung auf und machten uns entschlossen auf die weite Reise. In Genua schifften wir uns ein und in Rio gingen wir wieder an Land.
Über einen Monat waren wir unterwegs und als wir den Ort endlich erreichten, war ich enttäuscht: Die Farm war nur wenige Hektaren gross. Der Schwiegervater hatte in den Jahren in

schweisstreibender und beschwerlicher Arbeit den Wald gerodet und zwischen den gewaltigen Baumstrünken der gefällten und beseitigten Urwaldriesen Kaffee gepflanzt. Die Sträucher waren noch jung und der Ertrag entsprechend klein.

Aber am schlimmsten war für mich die Behausung: eine einfache, mit Palmenblättern gedeckte Lehmhütte. Mit dem Geld, das wir mitgebracht hatten, bauten wir rasch einen zweiten Raum an, besserten das Dach aus und schafften uns einige Dinge für den Haushalt an. Mit den restlichen Ersparnissen kauften wir neuen Samen und vergrösserten die Farm um eine weitere Hektare. Nach einem Jahr waren unsere Ersparnisse aufgebraucht und wir lebten praktisch nur noch von der mageren Ernte der Pflanzung.

Der Einfluss des angrenzenden Dschungels auf das Land und auf unser Leben war beträchtlich. Jedes Jahr, kurz vor dem Einsetzen der Regenzeit, suchten Wanderameisen unsere Hütte auf und fielen über die Insekten, vor allem Heuschrecken und Schaben, in unserem Palmendach her. Ein Palmendach ist voll von Insekten, ausser die Feuerstelle befindet sich im Raum. In diesem Fall wird absichtlich kein Rauchabzug eingebaut, damit der Qualm breit und gemach durch das Dach hindurch strömt und die Insekten fernhält.

Die Ameisen hätten aber auch uns und unsere Kinder nicht verschont: Wir mussten die Hütte jeweils fluchtartig verlassen und den Rest der Nacht unter einem nahen Baum verbringen. Am Morgen war der Spuk vorbei und ein dreifingerbreiter Pfad auf der Erde, der auf der einen Seite *in* und auf der anderen Seite *aus* der Hütte führte, zeugte von dem kurzen aber gründlichen Überfall und der Hüttenboden, unsere wenigen Möbel und unsere Betten waren übersäht von angenagten Flügeln, Sprungbeinen und Chitinpanzern.

Einmal hatte sich eine Vogelspinne im schwarzen Regenschirm meines Mannes versteckt. Als ich den Schirm aus der Ecke holte und ihn unter der Haustür öffnete, um im strömenden

Regen zum nahen Ziehbrunnen zu laufen und Wasser zu holen, fiel sie direkt vor meinen Füssen auf den Boden.

Der Dschungel wirkte nicht nur bedrohlich auf mich, er hatte durchaus auch etwas Faszinierendes, Packendes an sich: Tagsüber lauschte ich dem unbeschwerten Geschnatter der Papageien oder beobachtete gespannt durch die offene Tür, wie eine Ameisenbärenfamilie auf ihre drollige Weise draussen vorbeizog.

Das überlaute Zirpen der Grillen in der Dämmerung verhiess oftmals eine klare Nacht, in der schliesslich die Geräusche, die zu uns herüber drangen, dann doch eher wieder bedrohlich klangen: Bellen und Knurren, oder ganz allgemein Jagdsignale von unbekannten nachtaktiven Tieren und gelegentlich ein grässlicher Todesschrei von einem Beutetier das einem Jäger in die Fänge geraten war.

In dieser Zeit kam unser zweiter Sohn, Alberto zur Welt. Da wir kein Geld mehr hatten, konnte mein Mann weder einen Arzt, noch eine Hebamme zu Hilfe holen. Ich lag auf dem Bett und presste – jede Mutter weiss, was das heisst – und mein Mann stand nervös daneben und wartete.

„Das Köpfchen", stöhnte ich, „Du musst das Köpfchen halten, wenn es kommt!" „Aber, es kommt das Fudi, nicht das Köpfchen!" gab er aufgeregt zurück. „Mein Gott, eine Steissgeburt!" dachte ich verzweifelt.

Alberto war zum Glück klein und leicht, deshalb kam er trotz der verkehrten Lage ohne Schwierigkeiten zur Welt und nach wenigen Stunden hielt ich erschöpft aber überglücklich einen gesunden Jungen in meinen Armen.

Der einzige Besuch, den wir beide am nächsten Tag hatten, war ein junger Brasilianer, ein Tagelöhner, der zufällig vorbeikam und Arbeit suchte. Als ich ihm nicht ohne Stolz Alberto zeigte, rief er freudig: „Oh, was für ein weisses Kindlein!"

An einem Vormittag, ziemlich genau ein Jahr später, machte sich Martin auf den Weg in die Felder, um seinem Vater und seinem Grossvater „bei der Arbeit zu helfen", wie er selber sagte. Schon recht selbstbewusst für seine zweieinhalb Jahre, verliess er die Hütte.

Am Mittag kamen die beiden Männer zurück, jedoch *ohne* Martin! Er musste sie verfehlt haben.

Erschrocken machten wir uns auf die Suche. Wir durchkämmten vorerst die gesamte Farm, fanden jedoch keine Spur von ihm! Wir dehnten die Suche rasch aus, auf die Umgebung, durchstreiften den Urwald, sahen am Fluss nach und fragten die Nachbarn. Martin blieb verschollen!

Was für Gedanken gingen mir in diesen bangen Stunden durch den Kopf: War er entführt worden? Von einem wilden Tier gerissen?

Und was für Vorwürfe machte ich mir: Weshalb hatte ich ihn nicht zurückgehalten? Oder wenigstens begleitet?

Als wir ihn bis zum Einbruch der Dunkelheit nicht gefunden hatten, war ich am verzweifeln! Die Ungewissheit, was mit ihm geschehen sein könnte, machte mich schier wahnsinnig. Es war nicht nur sinnlos, sondern sogar gefährlich, den Dschungel in der Dunkelheit zu durchkämmen, deshalb bat ich meinen Mann, die Suche abzubrechen und mit mir gemeinsam in der Hütte zu beten. Seite an Seite knieten wir vor unseren Betten und beteten laut, Gott möge uns unseren Sohn zurückbringen. Da hörte ich draussen vor dem Fenster eilige Schritte und jemanden schwer atmen: Die drei Töchter eines entfernten Nachbarn – die jüngste zehn, die älteste fünfzehn Jahre alt – brachten unseren Martin. Er hing wie leblos in den Armen des ältesten Mädchens!

Sie seien zufällig – über vier Kilometer von unserer Farm entfernt – in der Nähe des Flusses gewesen und hätten ein schwaches Rufen gehört, erzählten sie uns aufgeregt und ausser Atem. Er sei völlig erschöpft und bis zu den Hüften im Schlamm gestanden und habe ständig „Mamma, Mamma" gerufen. „Das heisst", sagten die Mädchen, „es war mehr nur noch ein Wimmern, als ein Rufen."

Ich schloss meinen Sohn in die Arme und brach zusammen: Ich konnte nur noch weinen und liess ihn eine geraume Zeit nicht mehr los und dankte Gott dafür, dass er uns erhört hatte!

Ein Leben ohne Geld und weit abseits von jeglicher Zivilisation war für mich ungewohnt und hart. Ich hätte es jedoch ertragen, wenn nicht die beiden schrecklichen Erlebnisse mit meinen beiden Söhnen gewesen wären. Ich hätte gern noch zwei oder drei zusätzliche Kinder gehabt, doch nicht unter solchen Bedingungen. Als ich deshalb nach vier Jahren eine kleine Erbschaft machte, liess ich mir das Geld aus der Schweiz nach Brasilien überweisen. Es dauerte eine Ewigkeit, aber als es schliesslich ankam, erklärte ich meinem Mann, dass ich mit Martin und Alberto in die Schweiz zurückreisen werde. Er war sofort damit einverstanden und versprach, seinen Teil der Farm zu verkaufen und uns so bald als möglich nachzureisen.
Eigentlich begann die Reise recht lustig: Ich sass im Bus, der uns nach Sao Paolo bringen sollte, unmittelbar hinter dem Platz des Fahrers am Fenster. Der Bus war voll, aber der Fahrer lag noch vor dem rechten Vorderrad unter dem Wagen und zog irgend eine Schraube an. Ich konnte seine kurzen Hosen und seine braunen, angewinkelten Beine sehen. Hoffentlich sind es nicht die Bremsen, an denen er herumschraubt, dachte ich. Da lehnte sich ein Mann hinter mir aus dem Fenster und fragte den halbverdeckten Fahrer: „Hey, fährt dieser Bus über *Presidente del dente?*" Von unten kam keine Antwort. „Hey, Chauffeur, ich rede mit dir! Fährt dieser Bus über *Presidente del dente?*" der Mann hatte seine Frage etwas lauter und in einem ärgerlichen Ton wiederholt. Da tönte es von unten recht unfreundlich zurück: „*Zum Teufel* fährt er!" Womit sich der Mann hinter mir nicht zufrieden gab und erneut, wenn auch etwas schüchterner, aber immer noch ernst, fragte: „Aber über *Presidente del dente*"?
Mit dem Flugzeug reisten wir weiter nach Madrid. Leider wurde mir dort am Flughafen alles gestohlen, während ich mit

den Kindern für einen kurzen Moment die Toilette aufsuchen musste.
Die Swissair brachte uns noch am selben Tag nach Genf. Müde, entnervt, ausgeraubt und um eine Illusion ärmer war ich nach einem vierjährigen Abenteuer wieder in der Schweiz.
Mein Mann verkaufte seinen Teil der Farm, folgte uns jedoch nicht wie versprochen, sondern zog in die nächste Stadt in Brasilien, liess sich dort nieder und eröffnete mit dem Geld eine kleine Konditorei.
Als alleinerziehende Mutter mit zwei, bald drei kleinen Kindern, ohne jegliche Alimente, war ich die erste Zeit nicht gerade auf Rosen gebettet, aber ich möchte nicht länger von meinen Brasilien-Erlebnissen erzählen. Es geht mir vielmehr darum, Ihnen zu zeigen, dass ich aus eigener Erfahrung *wusste,* wie das Leben ohne Geld in diesen Hütten ist: Nicht idyllisch oder romantisch, sondern knochenhart und brutal, ein täglicher Kampf ums Überleben!

Die Erinnerungen an Brasilien waren so stark, dass ich mich auf einem Stein niedergelassen und vergessen hatte, wo ich mich befand. Erst als eine junge Frau, mit einem kleinen Mädchen auf dem Arm, auf mich zu trat und in einer wohlklingenden, jedoch von mir nie zuvor gehörten Sprache auf mich einsprach, „erwachte" ich aus meinem Nachsinnen. Vielleicht war es auch die Hitze, die mich für einen Augenblick in einen Dämmerzustand versetzt hatte. Die Frau schien leicht nervös, hielt mir einen Becher Wasser hin und deutete mir an, ihr in den Schatten zu folgen. Bestimmt hatte ich vom Wandern an der prallen Sonne einen hochroten Kopf bekommen.
Um nicht unhöflich zu sein, nahm ich einen kleinen Schluck aus dem Metallbecher, goss danach einwenig Wasser in meine rechte Hand und kühlte damit meine Stirn und meinen Nacken.
Nachdem mir die Frau den Becher in die Hand gegeben hatte, war sie rasch drei Schritte zurückgetreten und hielt von nun an mir gegenüber ständig eine Distanz von mindestens drei Schrit-

ten ein. Sie redete wenig aber in einem freundlichen Ton und deutete mir erneut an, ihr ins Haus zu folgen.
Die Hütte war durch eine dünne Lehmwand in zwei gleich grosse Räume unterteilt und auch der Boden bestand aus gestampftem Lehm.
Bis auf ein altes, hölzernes Bett, welches im ersten Raum stand, befanden sich keine Möbel in dem bescheidenen Haus.
Im zweiten Raum, in einer Ecke, glimmte ein kleines Feuer eingekreist von ein paar faustgrossen Steinen und darüber baumelte an einer dünnen Kette ein verbeulter, von Russ geschwärzter Topf. In dem Topf köchelte Wasser.
Nach kurzer Zeit drängten sich drei weitere Frauen in die Hütte, jede begleitet von mindestens drei oder vier Kindern. Sie blieben in der Türöffnung und somit im Licht stehen und verdunkelten den Raum. Die Frau, die mich hereingebeten hatte und offensichtlich hier wohnte, goss einen Tee auf, gab mir eine kleine Steinguttasse in die Hand und ging sofort wieder auf Distanz. Während ich den siedend heissen, mit etwas Büffelmilch angereicherten und zuckersüssen Tee in kleinen Schlückchen trank, blieben die Frauen und die Kinder, immer noch in der Türöffnung, bewegungslos stehen.
An der Wand hinter meinem Rücken entdeckte ich einen Bogen und daneben fünf Bambuspfeile mit gefährlichen Eisenspitzen. Als ich auf diese Waffe deutete und mit den Händen eine Bewegung machte, dass es aussah, als ob ich einen Pfeil abschiessen würde, lachten die Frauen, nickten und gaben mir den Bogen und einen Pfeil in die Hand.
Endlich hatte sich die Gruppe vom Eingang weg bewegt und dem Tageslicht den Eintritt in die düstere Hütte ermöglicht. Jetzt konnte ich sehen, wie ausgemergelt die Frauen und wie verwahrlost ihre Kinder waren. Sie hatten struppiges Haar, waren schmutzig und trugen schmutzige, zerrissene Kleider. Obwohl diese Kinder in einem Dorf und bei ihren Familien lebten, sahen sie nahezu so verwahrlost aus, wie die Strassenkinder von Kalkutta. Die Menschen hier mussten sehr arm sein!

Das Grossziehen von Kindern in dieser, auf den ersten Blick gesunden und freien Umgebung, ist für die jungen Mütter eine schwierige Aufgabe und zugleich eine schwere Belastung. Es wimmelt überall von Ungeziefer und Krankheiten. Ein, mit schmutzigen Fingernägeln aufgekratzter Mückenstich, kann sich entzünden und zu einer schmerzhaften und eitrigen Beule werden.
Wenn die Kinder Hunger haben, klauben sie Rinde von den den Bäumen und kauen sie, oder essen Erde und bekommen davon dicke Wurmbäuche.
Das Wasser muss von weither angeschleppt werden, ist oft schmutzig und bringt Durchfall oder gar den Tod.
Immer wieder sind es die Kinder, die unter der Armut am meisten leiden und den grössten Preis bezahlen. Sollen die Menschen einfach wegziehen, so wie ich damals? Wohin?

Ich weiss, das Leben in unserer modernen Industriegesellschaft ist nicht einfach. Viele Menschen schaffen es nicht ohne Hilfe eines Therapeuten, manche greifen zu Drogen, und etliche geben auf – wir haben in der Schweiz statistisch gesehen eine der höchsten Selbstmordraten der Welt.
Ich habe allerdings in Jobat junge Familienväter gesehen, die sich an billigen, selbstgebrauten Fusel zu Tode tranken – nicht über Jahre hinweg, sondern in einer einzigen Nacht! Sie flüchteten dadurch – von mir aus gesehen willentlich – aus einer hoffnungslosen Situation und überliessen ihre Frau und die Kinder nur einem noch härteren Überlebenskampf.
Wenn jemand den Todesursachen in diesem Gebiet auf den Grund gehen würde, würde die Selbstmordrate der Schweiz vielleicht etwas relativiert.

* * *

Kurz vor der Dämmerung kehrte ich zurück und erzählte Miss Braun beim Nachtessen von meinem Ausflug. Sie war entsetzt! „In Jally!" rief sie und schlug die Hände über dem Kopf zusammen, „Sie war allein und zu Fuss in Jally!" Nie soll ich allein in die Dörfer gehen, riet sie mir. Das sei sehr gefährlich, die Adivasi-Leute seien unberechenbar. „Die jagen noch mit Pfeil und Bogen!" sagte sie abschätzig.

Ich konnte nicht glauben, dass diese Menschen unberechenbar sein sollten. Deshalb begab ich mich am nächsten Vormittag erneut nach Jally und brachte den Frauen Seifen, ein paar Tücher und Reis soviel ich tragen konnte. Sie haben sich sehr gefreut über die bescheidenen Gaben.

Und wie bei meinen letzten Ausflügen in die Dörfer der Umgebung von Ludhiana, hatte ich auch diesmal eine kleine Apotheke dabei. Während der Verteilung der Seifen und Esswaren, musterte ich einen fünf oder sechs Jahre alten Jungen, der eine scheussliche Wunde an der Achsel hatte. Ich winkte ihn heran, untersuchte seine Wunde zuerst behutsam und desinfizierte und verband sie ihm danach sorgfältig. Die Frauen zeigten rasch Vertrauen und führten mir jedes Kind, das entweder verletzt oder krank war, vor. Einige hatten entzündete Augen. Ein Kind hatte einen Zehennagel aufgerissen. Schmutz, der unter den Nagel geraten war, hatte die Wunde zum Eitern gebracht. Der Zeh war dick geschwollen und schmerzte bestimmt bei jeder Bewegung.

So war mein erster Aufenthalt in Jobat im Nu vorbei und das mitgebrachte Geld ausgegeben. Müde aber zufrieden trat ich nach vier Wochen die Heimreise an und versprach dem Arzt, dem Verwalter und den freundlichen Schwestern, dass ich in einem Jahr wiederkommen werde.

VII

Mein Wunsch, ein Haus zu mieten oder zu bauen, um einen Ort zu schaffen, an dem Kinder und ältere Leute zusammenkommen, eine warme Mahlzeit essen und ungestört „sein" konnten, bestand immer noch. Je länger ich über Jobat nachdachte, desto mehr hatte ich das Gefühl, dass es dort möglich sein sollte, meinen Traum zu realisieren.
Selbstverständlich musste auch ein Bedürfnis für so ein Haus bestehen, aber das war in Jobat keine Frage.
Die stark bevölkerten Slums in den pulsierenden Städten Kalkutta und Ludhiana, waren für mich kaum zu ertragen gewesen. Der harte und gnadenlose Überlebenskampf, der dort unter den Menschen herrschte und die tiefe Aussichtslosigkeit waren sehr beklemmend.
Jobat ist anders: Die Bevölkerung ist arm, die Häuser sind einfach gebaut und bescheiden eingerichtet und auf den Strassen sieht man, wie bereits erwähnt, statt motorisierter Fahrzeuge, zahlreiche, von zwei Ochsen gezogene Karren. In der Stadt leben etwa zwölftausend Menschen, aber nur drei Familien konnten sich damals ein Fahrzeug leisten – einen Jeep – und das einzige Auto, das ich sah, gehörte der Mission.
In der Stadt leben die Menschen von einem Handwerk oder sie betreiben ein kleines Handelsgeschäft. Die Adivasis in den umliegenden Dörfern leben ausschliesslich von der Landwirtschaft. Die Erde in diesem Gebiet wäre an sich fruchtbar, aber der warme Regen fällt spärlich und unregelmässig, und so sind trotz beschwerlicher und schweisstreibender Arbeit nur minimale Ernten und nur entlang den unverbauten und malerischen Flussläufen möglich.
Es gibt weder grössere Mengen an landwirtschaftlichen Produkten, noch industriell hergestellte Güter die aus der Gegend ausgeführt werden, und somit fliesst auch kein Geld in diese Region zurück.

Wenn der Regen zur erwarteten Zeit kommt, wenn die Menschen eine Arbeit oder ein kleines, gutgehendes Geschäft haben, dann geht es ihnen gut. Mit einem regelmässigen, wenn auch bescheidenen Einkommen kann eine Familie leben und kleinere Schicksalsschläge verkraften. Doch was geschieht, wenn die Mutter oder der Vater krank werden oder gar sterben, oder wenn die Eltern in den Ruhestand entlassen werden (ohne jegliche Pension oder AHV[12]) und die Jungen auf der Suche nach einer Arbeit längst weggezogen sind? Was geschieht, wenn die Maissamen in der frisch bearbeiteten Erde keimen, aber die hellgrünen, zarten Keimlinge in der Sonne verdorren und vom heissen und trockenen Wind fortgetragen werden, weil der Regen ausbleibt? Was geschieht, wenn kein Geld da ist, um die Kinder zur Schule zu schicken und diese später keine Arbeit finden, oder ihre wenigen Produkte nie zu einem fairen Preis verkaufen können, weil sie nicht nur nicht lesen, sondern auch nicht rechnen gelernt haben?

In so einer Gegend sind Menschen, denen ein grösseres Unglück, ein Unfall oder ein Rückschlag in irgend einer Form widerfährt, schnell in tiefer Not, aus der sie nicht mehr aus eigener Kraft herausfinden. Ich nahm mir vor, mich um solche Menschen zu kümmern, ihnen aus der Not herauszuhelfen und ihnen den Weg zurück in ein menschenwürdiges Leben zu ermöglichen.

Ziemlich genau ein Jahr später reiste ich zum zweiten Mal nach Jobat. Diesmal ohne Rollstuhl, dafür mit einigen dieser modernen, robusten und günstigen Schweizer Uhren im Gepäck. Ich reiste mit der Swissair nach Bombay, von dort mit der inländischen Fluggesellschaft eine Stunde nach Norden, nach Vadodara[13].

---

[12] Alters- und Hinterbliebenenversicherung, eine obligatorische Altersversicherung der Schweiz.
[13] Vadodara hat 1,1 Mio. Einwohner. Früher hiess der Ort Baroda.

Der Verwalter hatte mir geraten, statt nach Ahmadabad, nach Vadodara zu fliegen, da der Ort hundert Kilometer näher bei Jobat liegt.
Dieselben drei Männer holten mich mit dem selben Wagen am Flughafen ab. Inzwischen waren sie mir bekannt: Der eine war der offizielle Fahrer der Station, die beiden anderen waren Hilfsfahrer, Gärtner und Nachtwächter in einem.

Auf der holperigen Fahrt vergassen sie Benzin nachzuschütten, deshalb setzte der Motor plötzlich aus und der Wagen blieb weitab jeglicher Behausung stehen. Meine drei Begleiter stiegen sofort aus, füllten den Tank mit Benzin aus den verbeulten Reservekanistern – ich konnte deutlich hören, wie die Flüssigkeit in den leeren Tank rauschte –, setzten sich wieder in den, unter der glühenden Sonne immer wärmer werdenden Wagen und wollten weiterfahren. Doch nun sprang der Motor nicht mehr an. Da stieg der Fahrer, sichtlich verärgert, zum zweiten Mal aus und rief drei Adivasi Männer herbei, die ich bisher nicht gesehen hatte und die etwa fünfzig Meter abseits der Strasse etwa drei Dutzend Rinder gemächlich vor sich her trieben, und bat sie um Hilfe. Er erklärte ihnen mit wenigen Worten, dafür mit umso deutlicheren Gesten, wie sie den Wagen zu schieben hatten, half ihnen bei geöffneter Tür, das schwer beladene Ding anzurollen, sprang mit einem Satz hinter das Steuer, knallte die Tür zu, legte einen Gang ein und liess die Kupplung los. Es rüttelte und ruckte und als der Motor schliesslich ansprang, schaltete der Fahrer zurück, gab kräftig Gas und fuhr ohne die geringste Andeutung zum Dank davon.
Ich war entsetzt! War dies die Art, wie „man" mit den Adivasi umging? Als Ureinwohner Indiens standen sie im offiziell abgeschafften Kastensystem auf der untersten Stufe.

Als wir in Jobat eintrafen und auf dem Platz vor dem Hauptgebäude des Krankenhauses hielten, erschien sofort Dr. Deborah. Das war ein Wiedersehen, nach so langer Zeit! „Sie sind also

trotz meiner Warnung hierher gekommen?" fragte sie lachend, legte mir einen Blumenkranz aus kleinen, hübschen, ockergelben Blüten um den Hals – er reichte mir bis zur Taille –, umarmte mich vorsichtig, um die Blumen nicht zu drücken und hiess mich herzlich willkommen. Die junge Frau, die vor einem Jahr für die Patienten gekocht hatte, war ebenfalls da, legte mir einen ähnlichen Blumenkranz um den Hals, hielt meine rechte Hand einen Moment lang fest und fragte rasch, ob sie wieder für die Patienten kochen könne. „Klar", sagte ich, „gleich morgen früh komme ich bei ihnen vorbei und dann besprechen wir alles weitere!"
Die Frau des Verwalters, einige Schwestern, Angestellte und Nachbarn eilten herbei, um mich zu begrüssen und am Ende stand ich mitten in einer Horde lachender Kinder und hatte einen dicken und fein duftenden Kragen aus sorgfältig feucht gehaltenen, farbigen Blüten um.
Da Miss Braun in jenen Tagen in Kanada in den Ferien weilte (sie hatte ihr Haus verriegelt), durfte ich im zweiten Wohnhaus, in dem auch Dr. Deborah wohnte, einziehen. Dieses Haus – ein riesiger Bungalow – war früher von einem kanadischen Missionar, oder einer kanadischen Missionarin bewohnt gewesen, wurde jedoch später durch dünne Mauern in drei eigenständige, voneinander unabhängige Wohnungen unterteilt und bot nun drei Parteien ausreichend Platz. Die dritte Wohnung hatten sie für mich hergerichtet und führten mich nun hinein. Sie stellten meine Koffer und die Reisetasche ins Wohnzimmer und verliessen mich nach und nach. Ein älterer, sehr freundlicher Mann mit weissen Haaren stellte sich als mein Koch vor und zeigte mir die beiden Schlafräume, die grosse Küche und das einfache Bad. Hier würde ich also die nächsten acht Wochen verbringen.

* * *

Am nächsten Morgen übergab ich Dr. Deborah die Utensilien wie Fieberthermometer, Scheren und Verbandstoff, die ich auf Wunsch des Arztes mitgebracht hatte und besuchte danach die Patienten im Bettenhaus.

Schliesslich begab ich mich zu der jungen Frau, welche vor einem Jahr für die Kranken gekocht hatte. Die beiden Kochtöpfe standen bereits über einem kleinen Feuer: Im ersten Topf kochte sie Reis und im zweiten Linsen an einer herrlich duftenden Currysauce.

Die Frau erklärte mir in einfachstem Englisch, weshalb die Nahrungsmittel teurer geworden waren: Die letzte Regenzeit war sehr kurz gewesen und deshalb waren der Mais und die Linsen auf den Feldern nicht ausgereift. Mais, Zwiebeln und Knoblauch waren rar und Früchte sogar ein Luxus. Obwohl in dieser Gegend kein Reis angebaut wurde, war der Preis dafür ebenfalls gestiegen.

Am zweiten Abend stand eine junge Frau vor meiner Tür und wollte mit mir reden. Bei einer Tasse Tee erzählte sie mir, dass ihr Mann im Krankenhaus in der Wäscherei arbeite und dass er, wie alle Angestellten der Missionsstation, seit vier Monaten auf den verdienten Lohn warte. Sie habe drei kleine Kinder, sagte sie, und wisse nicht, womit sie morgen Essen kaufen soll und fügte hinzu, sie wolle von mir keine Almosen, sondern wäre froh, wenn ich ihr eine Arbeit geben könnte.

Sie hatte die ganze Zeit in Englisch mit mir gesprochen. Als ich sie fragte, wo sie aufgewachsen sei, nannte sie den Namen eines Ortes, den ich schon öfters gehört hatte und der nicht weit von Jobat liegen musste. Da fragte ich sie weiter, ob sie nebst Englisch und Hindi auch Bhili – die Sprache der Adivasi, die in der Umgebung lebten – spreche. „Natürlich", antwortete sie lächelnd und redete ein paar Sätze in dieser wohlklingenden Sprache. „Dann arbeiten wir ab sofort zusammen", sagte ich, „kommen sie morgen früh vorbei, ich möchte, dass sie mir alle Dörfer in der Umgebung zeigen."

Das war vor vierzehn Jahren. Bala, so heisst sie, arbeitet heute noch mit mir zusammen, und mit ihr inzwischen sechsundzwanzig weitere Angestellte, zweiundzwanzig Frauen und vier Männer.

* * *

Bala kannte sich aus und führte mich in alle Dörfer in der näheren Umgebung. Mit den Menschen die wir trafen, konnte sie sich ausgezeichnet verständigen.
Wir hatten stets unseren kleinen Verbandkasten dabei, da die Mütter uns immer wieder um Hilfe baten: Sie zeigten uns Kinder mit eitrigen Wunden, entzündeten Augen, Schorf oder dicken Hungerbäuchen. Bala schaute interessiert zu und lernte rasch, wie man eine Verletzung reinigt, desinfiziert und verbindet.
Heute geht sie zusammen mit einer anderen Angestellten in die Dörfer, untersucht die Kinder und ist den Müttern eine grosse Hilfe im Kampf gegen Verletzungen, Parasiten und Krankheiten.

Zu Beginn schleppten wir Seifen, Tücher, Reis und Linsen zu Fuss durch die Gegend, doch schon nach wenigen Tagen sah ich ein, dass dies zu nichts führte. Die Menschen hatten Hunger und zehn Kilogramm Reis oder Mais verteilt auf ein ganzes Dorf änderte daran wenig.
Mit einem Jeep hätten wir leicht fünfhundert Kilogramm transportieren können. Doch sollte ich wirklich einen Jeep mieten und grössere Mengen Mais gratis verteilen? Einfach so?
Ich überlegte mir, wie ich mir als „Beschenkte" vorkommen würde: An Flüchtlinge werden Lebensmittel gratis abgegeben, oder an Menschen, die in ein Reservat verbannt wurden! Aber war es richtig, Lebensmittel in Dörfern zu verteilen, die seit Jahrhunderten hier existierten und hoffentlich noch lange hier existieren werden?

Früher war die Gegend bewaldet gewesen. Die Spuren sind noch deutlich zu sehen: An Wegkreuzungen, auf der Kuppe eines Hügels oder an Flussbiegungen stehen heute noch mächtige Bäume, dazwischen, vereinzelt, sieht man Baumstrünke, die von ähnlichen Bäumen zeugen, welche jedoch kein Glück gehabt hatten und irgendwann „genutzt" worden waren. Junge Bäume hingegen sieht man kaum!
Zudem: In Vadodara leben Affen, die im Laufe der Zeit – wie bei uns der Fuchs – sich an das Leben in der Stadt angepasst haben. Da der Wald weitherum abgeholzt wurde, haben sie auf dem Land keine Lebensgrundlage mehr und leben heute in der grossen Stadt, wie auf einer Insel.
Die Adivasi lebten einst halb als Jäger und Sammler und halb als Ackerbauer. Heute gibt es, ausser ein paar Krähen oder Flughunden, fast nichts mehr, das gejagt werden könnte. Wenn die Menschen hier überleben wollen, müssen sie sich den veränderten Umweltbedingungen anpassen, das war mir von Anfang an klar. Wie gern hätte ich meinem Sohn, der Agronom ist, diese Gegend gezeigt und mit ihm über die Zukunftsaussichten dieser Menschen geredet, aber er weilte zu jener Zeit in Afrika und arbeitete dort in einem landwirtschaftlichen Projekt.

Ich überlegte lange, was ich von den Menschen in den Dörfern als Gegenleistung verlangen könnte. Kunstgegenstände oder Teppiche hatte ich nie gesehen und auch keinerlei Felle, die man hätte vermarkten können. Es musste also etwas sein, das mit Landwirtschaft zu tun hatte.
Im Dorf Jally hatte ich eine Idee: Ich fragte die Männer, ob sie nicht die Felder zwischen den Häusern von den Steinen befreien und für die nächste Saat vorbereiten könnten. Ich versprach ihnen dafür tausend Kilogramm Mais (zum Essen).
Meine Helferin übersetzte ihnen mein Angebot. Sie waren sofort damit einverstanden, hatten aber ein kleines Problem: sie besassen kaum Hacken und Schaufeln!
Fünf Männer aus dem Dorf begleiteten uns deshalb noch vor

dem Mittag zurück nach Jobat. Gemeinsam suchten wir einen Warenladen auf, der Hacken und Schaufeln im Sortiment führte und ohne lange zu verhandeln kaufte ich je zehn Stück, bezahlte bar und händigte die robusten Geräte den fünf Männern aus. Sie legten sich die schweren Holzschäfte über die Schultern und zogen davon, und ich war gespannt, ob sie die Felder tatsächlich bearbeiten und die Steine auflesen würden. „Also, nicht vergessen", sagte ich beim Abschied, „wir kommen in vier Tagen und bringen euch den Mais."

Nach dem Mittag galt es, den Mais und den Jeep für den Transport zu organisieren. Der Jeep war schnell bestellt, für den Mais brauchten wir länger. Fünf Händler in Jobat verkauften Mais, Reis, Linsen, Erbsen, allgemein die lagerfähigen Nahrungsmittel. Ein Händler war stolzer Besitzer eines kleinen Ladens, die anderen vier sassen vom Morgen bis zum Abend auf einem kleinen, halb durchgescheuerten Teppich auf der Steinterrasse vor ihrem bescheidenen Haus, neben sich eine kleine Waage, und füllten die Esswaren auf Verlangen in Papiertüten ab. Sie waren es nicht gewohnt, grössere Mengen zu verkaufen, deshalb waren lange Erklärungen nötig, bis sie verstanden, dass wir am Freitagmorgen um neun Uhr mit einem Jeep vorbeikommen würden, um zweihundert Kilogramm Mais abzuholen.

Als wir zur vereinbarten Zeit beim ersten Kaufmann vorfuhren, wurde ich enttäuscht: Der Mais war nicht parat. Ich fuhr den Mann ziemlich unwirsch an und sagte, wir seien in Eile (wir mussten zweimal fahren). Er entschuldigte sich, verschwand im Haus und kam mit seinem Angestellten zurück, der die vier schweren Säcke, einen nach dem anderen, herausbrachte und in den Jeep legte.

Der Händler vom zweiten Laden musste uns von weitem gesehen und meine Ungeduld bemerkt haben: Als wir bei ihm vorfuhren, standen die vier Säcke am äussersten Rand der Terrasse.

Die anderen drei Verkaufsplätze lagen weiter unten im Städt-

chen und deshalb konnten ihre Besitzer nicht sehen, dass wir im Anzug waren. Beim dritten Verkäufer angekommen, stellten wir fest, dass die Säcke zwar abgewogen und zugeschnürt waren, aber ebenfalls noch hinten im Depot standen.
Der vierte Händler war in aller Gemütsruhe daran, den Mais abzuwägen und der fünfte hatte unsere Bestellung sogar vergessen. Da wurde ich wütend. Diese Nachlässigkeit war nicht typisch für Indien! Es lag wohl eher daran, weil sich diese Geschäftsleute keine Gedanken über die Not der Menschen in den Dörfern machten: An den Adivasi liess sich in der Regel nicht viel verdienen!
Ich rastete aus und lärmte, so dass es weit in der Gasse hinauf und hinunter hallte. „Am Dienstagmorgen brauche ich erneut eine Ladung Mais", zeterte ich und drohte ihm mit erhobenem Zeigefinger, „wenn Sie dann ihre zweihundert Kilogramm nicht um neun Uhr bereit haben, werde ich bei Ihnen nie mehr irgend etwas kaufen!"
Dies half. In den folgenden Jahren haben alle Lieferanten meine Bestellungen immer pünktlich bereitgestellt. Einzig die Qualität des Maises musste ich hin und wieder beanstanden.

Der schwer beladene Jeep legte sich auf dem schmalen, unebenen und steinigen Weg nach Jally öfters gefährlich schräg, aber der Fahrer, ein erfahrener Mann, beherrschte das alte und klapperige Fahrzeug und so gelangten wir sicher ins Dorf. Wir wurden bereits erwartet. Ich wusste, dass hier sechzehn Familien lebten, aber jetzt waren nahezu siebzig Leute, Kinder und Erwachsene, unter einem mächtigen Baum versammelt. Wir luden die Säcke aus, stellten sie ebenfalls unter den Baum und fuhren zurück, um die zweiten fünfhundert Kilogramm zu holen.

Bevor wir den Mais verteilten, liess ich mir von den Männern die drei riesigen Ackerfelder zeigen. Sie hatten den trockenen Boden sorgfältig bearbeitet, von den grösseren Steinen befreit

und alle Steine, zum Teil gewaltige Brocken, an den Rand befördert und zu einem niederen, mehrere Dutzend Meter langen Wall aufgeschichtet. Ich war tief beeindruckt.
Das Verteilen des Maises in der Gluthitze war eine anstrengende und staubige Angelegenheit. Doch die Menschen warteten geduldig in der Hocke, bis das letzte Korn verteilt war. Niemand verliess den Platz, bevor wir fertig waren.

Am Vormittag, als wir beim letzten Händler zehn Minuten auf den Mais warten mussten, war ich kurz entschlossen auf den Markt gelaufen und hatte für die Kinder einige Kilo Bananen und fünf Packungen Biskuits gekauft. Jetzt, wo ich die Sachen nicht zu tragen brauchte, konnte ich leicht zusätzliche Dinge mitbringen.
Die Mütter schauten sehnsüchtig auf die umklammerten Biskuits in den Händen der Kleinen, deshalb drückte ich jeder Frau ebenfalls vier, fünf Stück in die Hand ...
Strahlende Gesichter liessen wir zurück. Die Männer standen beisammen und lächelten, die Frauen winkten uns noch lange nach und einige Kinder rannten übermütig neben dem Jeep her.
Die Schaufeln und die Hacken hatten wir aufgeladen – sie wurden während den nächsten drei Tagen im Nachbardorf gebraucht.

Für die nächste Lieferung mieteten wir einen kleinen, alten Lastwagen. Dadurch brauchten wir nicht zweimal zu fahren und waren mit dem Verteilen zu Ende, bevor es richtig heiss wurde. Es gelang uns, bis zu meiner Heimreise, fünf Dörfer auf diese Art zu beliefern.

* * *

Immer wieder stiess ich in den Dörfern auf schwerkranke Menschen, die in die Obhut eines Arztes gehörten. Jedesmal galt es, vier kräftige Männer zu suchen, die den Kranken in den kühlen Morgenstunden auf einem Bett in das Krankenhaus trugen.
Manchmal kam jede Hilfe zu spät. Doch oft konnte der Arzt oder die Ärztin helfen und die Patientin, oder den Patienten retten. So wie das kleine Mädchen, das an Kinderlähmung erkrankt, in alte Lumpen gehüllt in einer Hütte gelegen hatte. Die Krankheit war schon so weit fortgeschritten, dass es nicht einmal mehr sprechen konnte. Durch die intensive Pflege im Krankenhaus erholte sich das Mädchen weitgehend, doch seine Beine blieben gelähmt. Ich dachte daran, ihr einen Rollstuhl mitzubringen, aber sie ging zu ihrer Familie ins Dorf zurück und dort, in der Lehmhütte und auf der blossen Erde der Umgebung ist ein Rollstuhl nutzlos. Sie gewöhnte sich später daran, auf Händen und Knien zu gehen, dadurch bildete sich eine dicke Hornhaut an den Knien und als ich sie später wieder traf, war sie verspielt und fröhlich wie die anderen Kinder, nur mit dem Unterschied, dass sie, und das erstaunlich flink, auf den Knien über den Boden „huschte".

* * *

Es war mir nicht jeden Morgen möglich, einen Rundgang durch das Krankenhaus zu machen, aber wenn die Zeit reichte, besuchte ich ausnahmslos alle Patienten. Dabei fiel mir auf, dass mich die Schwestern heimlich beobachteten und sorgfältig darauf achteten, wem ich die Medikamente oder die Infusion oder die Kosten der Operation bezahlte. Es dauerte eine geraume Zeit, bis ich begriff: Die sechzehn Schwestern waren ja selber arm und warteten seit Monaten auf ihren bescheidenen Lohn. Sie konnten nicht verstehen, dass ich nur an kranke Menschen dachte.
Eigentlich hatte ich für sie die Uhren mitgebracht, aber leider besass ich, nachdem ich Dr. Deborah eine geschenkt hatte, nur

noch neun Stück davon und weil ich nicht wusste, welche Schwester ich beschenken und welche ich leer ausgehen lassen sollte, hatte ich das Verteilen immer wieder hinausgezögert.
Bis ich eines Tages eine Idee hatte: Ich werde alle Schwestern zu einer kleinen Party in meine Wohnung einladen! Noch am selben Tag kaufte ich auf dem Markt kleine, nützliche Dinge, wie Taschenlampen (nahezu jeden Abend brach in Jobat die Stromversorgung zusammen), Seifen, Kerzen und Tücher und erstand in einem Bücherladen verschiedenfarbiges Seidenpapier.
Als ich Bala die verschiedenen Dinge zeigte und ihr von meiner Idee erzählte, war sie sofort Feuer und Flamme und half mir begeistert zwanzig farbige Geschenkpäcklein zu machen (sechzehn für die Schwestern, zwei für die Ärzte, eines für den Koch und eines für sie).
Ich lud alle Schwestern, Dr. Deborah und den Arzt, auf den Freitagnachmittag ein. Am Morgen entfernten wir den Tisch und die Stühle aus dem Wohnzimmer, breiteten einige Leintücher, die ich von der Schweiz mitgebracht hatte, auf dem Boden aus und legten die roten, gelben, blauen und mit einer Nummer versehenen Päckchen in die Mitte. Während Bala bei einem Strassenbäcker unten im Städtchen süsse, im Öl gebackene Küchlein bestellte und mein Koch in der Küche einen grossen Topf Wasser aufsetzte, um den obligaten Tee zu kochen, legte ich sechzehn kleine Geldbeträge in sechzehn verschiedene Kuverts und klebte sie zu. Nach dem Essen reichte die Zeit noch, um die zwanzig Lose zu schreiben.
Eine Schwester „hütete" das Krankenhaus, die anderen fünfzehn erschienen gegen drei Uhr, gutgelaunt und in ihren schönsten Saris. Sie liessen ihre einfachen Sandalen vor der Tür zurück – in Indien betritt man ein Haus nicht mit den Schuhen –, traten barfuss ins Wohnzimmer und setzten sich sehr gesittet den Wänden entlang auf den Boden. Wie ihre Augen strahlten, als sie den bunten „Berg" in der Mitte sahen! Dr. Deborah und der Arzt kamen ebenfalls.

Die Party war ein Erfolg und der Umschlag, den ich beim Abschied jeder Schwester überreichte, eine willkommene Überraschung. Ich brauche wohl nicht zu erwähnen, dass das eigentümliche Verhalten der Schwestern von jenem Tag an, der Vergangenheit angehörte.

Der Koch war immer sehr hilfsbereit, ein richtiger Gentleman. Er hatte auch ein Päcklein verdient.
Er verstand nur wenig Englisch und ich sprach kein Hindi, deshalb gab es hin und wieder ein Missverständnis. Zum Beispiel: Seit Tagen hatte ich nur Reis und Linsen gegessen und deshalb Lust auf eine Frucht. Da ich keine Zeit hatte, um selber auf den Markt zu gehen, bat ich ihn am Morgen, ausnahmsweise ein paar Bananen und Orangen oder Äpfel zu bringen. Normalerweise kaufte er nur die Grundnahrungsmittel wie Reis, Linsen, Zwiebeln, Knoblauch, Salz undsoweiter. Da ich nicht sicher war, ob er mich auch wirklich verstanden hatte, zeichnete ich ihm auf ein Stück Papier eine Banane und eine Orange.
Als er vom Markt zurückkam, war ich zufällig noch im Haus. Ich freute mich auf die Banane und folgte ihm auf den Fersen in die Küche. Dort legte er nach und nach die Dinge, die er auf dem Markt gekauft hatte, auf den Tisch: Zwiebeln, Knoblauch, Gewürz, Tee, und Reis (statt Bananen) und Linsen (statt Orangen)! Was für eine Enttäuschung! Aber ich war selber schuld, ich hatte die beiden Früchte nicht im Massstab 1:1, sondern verkleinert gezeichnet; so gross eben, wie ein Reiskorn oder eine Linse.

* * *

An einem Vormittag begab ich mich auf die Bank, um ein Konto zu eröffnen. Das Gebäude war mittelgross, unscheinbar, stand eingeklemmt zwischen einem Wohnhaus und einer Werkstatt und hatte eine normale Eingangstür. Über dem Eingang hing ein verwittertes Schild mit der blauen Aufschrift *Indian*

State Bank und unmittelbar neben der weit offenen Holztür sass ein gelangweilter Polizist in Uniform.
Als ich einem Angestellten in der Schalterhalle den Grund meines Erscheinens bekannt gab, führte er mich unverzüglich in das kleine und bescheiden eingerichtete Büro des Direktors. Dieser hörte mich zuerst ruhig an, entschuldigte sich aber, als ich geendet hatte, und erklärte mir, dass er nicht befugt sei, einer Ausländerin ein Bankkonto zu eröffnen.
Als ich am nächsten Morgen in Begleitung von Dr. Deborah erschien, willigte er ein und wies einen Angestellten an, die Formalitäten zu erledigen.
Während dieser meinen Namen und meine Adresse in ein dickes, breites und mit dunklem Leder eingefasstes Buch eintrug, tranken wir im kleinen Büro eine Tasse Tee und unterhielten uns über die Schweiz. Der Direktor wollte von mir wissen, wie wir mit der Kälte und dem Schnee im Winter zurechtkommen. Es war für ihn unvorstellbar, dass man „normal" weiterleben konnte, wenn es draussen so kalt wurde, dass Wasser zu Eis gefror ...

Eines Morgens sassen vier Männer auf der Steintreppe vor meiner Wohnung. Als ich aus der Tür trat, erhoben sie sich und fragten mich scheu, ob ich eine Arbeit für sie hätte. Es waren Adivasi-Männer, die allerdings, so vermutete ich, in Jobat wohnten, denn ich hatte sie oft in der Nähe der Busstation getroffen, wo sie den Passagieren für wenig Geld die schweren Koffer, Kisten oder Säcke auf das Dach des Buses bugsierten und dort festbanden, oder den Ankömmlingen die Sachen vom Dach herunterholten. Manchmal traf ich sie in der Stadt, wenn sie für irgendwelche Auftraggeber mit einem kleinen Tischwagen[14] irgendwelche Lasten hin und her transportierten.

---

[14] Eine Tischplatte mit vier Speichenrädern, ohne Lenkung.

Ohne lange zu überlegen nahm ich die Männer mit ins Krankenhaus und suchte den Verwalter in seinem Büro auf. „Haben Sie etwas dagegen, wenn diese vier die Zufahrt zur Station ausbessern?" fragte ich ihn, „Ich werde sämtliche Kosten übernehmen."

„Nein", gab er lächelnd zur Antwort, „im Gegenteil: Das ist eine sehr gute Idee!"

Im bereits bekannten Laden in Jobat kaufte ich vier Pickel und vier Schaufeln, händigte sie den Männern aus und erteilte ihnen den Auftrag, die über hundert Meter lange und mehrere Meter breite Zufahrt, von der Abzweigung der Hauptstrasse bis vor das Hauptgebäude des Krankenhauses, auszubessern.

Sie machten sich sogleich an die Arbeit. Am nächsten Morgen, als ich auf dem Weg zu den Patienten einen kleinen Umweg einlegte, um nachzusehen, wie weit sie gekommen waren, zählte ich fünf Männer, die an der Strasse arbeiteten. Sie haben für den „Grossauftrag" noch einen Freund beigezogen, dachte ich und liess sie gewähren. Als dann aber am nächsten Morgen *acht* Männer pickelten und schaufelten, wandte ich mich an den Wortführer der „Kerngruppe" und erklärte ihm, dass ich mit dieser heimlichen Vergrösserung der Gruppe nicht einverstanden sei. Er war über meine Reaktion überrascht, hatte ich doch vier Pickel und vier Schaufeln gekauft. Das waren acht Werkzeuge und damit konnten nach seiner Rechnung acht Männer arbeiten. Ich musste lachen, dagegen war nun wirklich nichts einzuwenden und bevor ich mich zurückzog, verlangte ich von ihm, dass er auf einem Stück Papier eine Zusammenstellung mache, wer wie lange gearbeitet habe.

Nach einer Woche war die Strasse nicht wiederzuerkennen: Wunderschön ausgeebnet lag sie da, links und rechts eingesäumt von spitzen Natursteinen, die die Männer in Abständen von einem halben Meter halb eingegraben hatten. Als wir die Strasse am späten Nachmittag zusammen abschritten, schlug der Wortführer oder Vorarbeiter vor, die spitzen Steine links und rechts mit weisser Farbe anzustreichen. Ich erinnerte mich, dies an einigen Strassenrändern in Vadodara gesehen zu haben und willigte ein.

Nach der Besichtigung übergab er mir eine Liste mit den Namen der Männer und eine Zusammenstellung über die geleisteten Arbeitstage. Ich bezahlte allen einen Tageslohn von umgerechnet drei Schweizerfranken und dem Vorarbeiter einen Zuschlag von fünfzig Rappen. Für uns mag das unanständig wenig scheinen, für Jobat war es vergleichsweise viel, denn ein Lehrer oder ein Bankangestellter verdiente damals umgerechnet sechzig Franken im Monat ...

Da ich am nächsten Tag vor hatte, mit Mais in ein Dorf zu fahren, gab ich dem Vorarbeiter Geld, damit er die weisse Farbe und einige Pinsel kaufen konnte.

Als wir am nächsten Nachmittag zurückkamen und mit dem Jeep in die neue Strasse einbogen, stach mir das ramponierte und verwitterte Eingangstor in die Augen. Es war schon vorher kein schöner Anblick gewesen, aber jetzt, als Tor zu einer ausgeebneten, mit weiss gestrichenen Steinen eingesäumten Strasse war es geradezu hässlich. Damit stand der nächste Auftrag bereits fest!

Jeden Morgen sassen mehr Menschen auf der Steintreppe und auf dem Hausplatz und wollten mich sprechen.

Oft waren es verzweifelte Mütter, die mir ihre ausgehungerten Kleinkinder zeigten. Manche litten seit Tagen an Durchfall, andere hatten dicke, aufgedunsene Bäuchlein, oftmals abgemagert bis auf die Knochen, mit tief eingefallenen, entzündeten Augen hingen sie schwach in den ebenfalls dünnen Armen der Mutter.

Als mittellose Adivasifrau hatten sie trotz der schweren Krankheit des Kindes von einem Besuch beim Arzt abgesehen. Nachdem ich gesehen und erlebt hatte, wie Christen und Hindi mit den Adivasi umzugehen pflegten, konnte ich verstehen, wie sehr die Frauen gehemmt waren, das Krankenhaus aufzusuchen. Oft musste ich die Frauen begleiten und sie Dr. Deborah anvertrauen und dabei ausdrücklich erwähnen, dass ich für die Heilungskosten aufkommen werde.

Manchmal kamen die Frauen zu spät – ihre Kinder starben in der folgenden Nacht oder einige Tage danach.

Vielen Kindern konnte allerdings geholfen werden und diese Mütter besuchten mich später, oft an einem Sonntag, und zeigten mir dankbar und stolz die gesund gewordenen und lebensfrohen Kinder.

Der Sonntag war für mich der Ruhetag, da blieb ich immer zu Hause. Die Menschen, die mich einfach besuchen wollten, haben das rasch gemerkt und kamen zumeist sonntags. Ehemalige Patienten, wie zum Beispiel der ältere Mann, dessen Beine ich massiert hatte, besuchten mich, oder zwei, drei Schwestern kamen, um etwas über die Schweiz zu erfahren, oder gemeinsam von ihrer Arbeit im Krankenhaus zu erzählen. Meistens jedoch besuchte mich Dr. Deborah.

Ich fragte sie mehrmals, ob sie mir nicht helfen könnte, ein Haus zu finden, oder ein Stück Land, auf dem ich ein Haus bauen könnte. Eines Abends kam sie in Begleitung des Mannes, der die Wäscherei leitete. Er hiess Reising und besass ein Haus unten im Städtchen und auf seinem Grundstück hatte es noch Platz, um ein zweites Haus zu bauen.

Gleich am nächsten Morgen führten sie mich zu der Stelle: Der Platz lag südlich, am Rand von Jobat – ich war begeistert! Leider waren meine acht Wochen vorbei, sonst hätte ich den Baumeister aufgesucht und ihn gebeten, einen Plan zu machen. Das musste nun warten, bis ich wiederkam.

Bevor ich abreiste, bat ich die Buchhalterin der Station, meinen beiden Angestellten jeden Monat das Gehalt und die Kosten für die Lebensmittel zu bezahlen. Die beiden Frauen waren bereit, auch während meiner Abwesenheit, täglich Reis und Linsen für die Patienten zu kochen.

Die drei Männer, die mich acht Wochen vorher in Vadodara abgeholt hatten, brachten mich mit dem selben, nur noch knapp fahrtüchtigen Wagen rechtzeitig zum Flughafen.

VIII

Kaum war ich zu Hause, hatte ich Heimweh nach Jobat, nach der trockenen Wärme, den sanft geschwungenen und kargen Hügeln und natürlich, nach den liebenswerten Menschen. Doch bevor ich wieder ausreisen konnte, musste ich mein linkes Auge operieren lassen.
Die Operation verlief einfacher als ich es mir vorgestellt hatte und das Resultat war überwältigend! Ich konnte wieder räumlich sehen, in der Ferne wieder Dinge erkennen und sogar ohne Brille lesen und, der Arzt versicherte mir, dass eine Reise nach Jobat keine Gefahr für das operierte Auge darstelle.
Beruhigt begann ich erneut gebrauchte T-Shirts, Hosen und baumwollene Röckchen für die Kinder in Indien zu sammeln. Meine Verwandten und viele Freunde und Bekannte brachten Tragtaschen voller Kleider vorbei oder liessen mir grosse Pakete durch die Post zukommen. Ich sortierte die bunten Sachen, stellte mehrere, zehn Kilogramm schwere Pakete zusammen, brachte allesamt sechs Wochen vor meiner nächsten Reise zur Post und war gespannt, ob sie vor mir in Jobat sein würden.
Und dann die vielen, herzensguten Spender: Obschon ich in Jobat viel Geld ausgegeben hatte, war der Kontostand auf der Bank grösser als je zuvor! Ebenfalls sechs Wochen vor der Abreise liess ich einen grösseren Betrag auf das neu eröffnete Bankkonto in Jobat überweisen. Endlich brauchte ich nicht mehr grössere Mengen Bargeld oder Traveller Checks mit auf die Reise zu nehmen!

Als ich dem Verwalter unsere voraussichtliche Ankunftszeit bekanntgab – mein Sohn Stefan wollte mich diesmal begleiten –, schrieb er zurück, dass uns niemand am Flughafen abholen könne, da ihr Fahrzeug nicht mehr fahrtüchtig sei. Das hatte mich weder erstaunt noch verärgert. Jetzt war es mir möglich, die Anreise selber zu bestimmen. Die beiden letzten Reisen –

praktisch ohne Rast von St. Gallen bis nach Jobat – hatten meine Kräfte überfordert. Auf der Heimreise hatte ich in Vadodara die Zeit vor dem Abflug genutzt und in der Stadt ein Hotel gesucht, in dem ich bei meiner nächsten Anreise eine Pause einlegen und übernachten konnte. Diesmal wollte ich die vier Stunden lange Autofahrt nicht unmittelbar nach den beiden Flugreisen – Zürich-Bombay und Bombay-Vadodara – antreten.
Fünf Monate nachdem ich von meiner letzten Reise zurückgekommen war, sass ich zusammen mit Stefan wieder im Flugzeug.

In Vadodara übernachteten wir wie vorgesehen und liessen uns am nächsten Morgen von einem Taxi nach Jobat fahren. Gegen Mittag trafen wir ein.
Dr. Deborah, die beiden Frauen, die für die Patienten Essen kochten, die Buchhalterin, einige Schwestern und viele Kinder erschienen, um uns zu begrüssen. Es war ein bewegender Augenblick. Einige legten uns eine exotisch duftende Blumengirlande um und begleiteten uns in die sauber hergerichtete Wohnung. Der Koch war ebenfalls da und begrüsste uns herzlich. Er war während meiner Abwesenheit schwer krank gewesen und war jetzt nur noch ein Schatten seiner selbst.
Sobald wir unter uns waren, bat er mich, ihm zu folgen. In zittrigen und unsicheren Schritten führte er mich in die Küche und stellte mir dort eine junge Frau vor, die, wie er sagte, gern an seiner Stelle für mich kochen würde. Sie gefiel mir auf Anhieb, ihre offene, ruhige Art und ihr herzliches Lachen, daher nahm ich sofort an und bat sie zu bleiben.
Obwohl der Koch jahrzehntelang für verschiedene Missionarinnen gearbeitet hatte, erhielt er im Alter keinerlei Unterstützung, weder von einer Missionarin persönlich, noch von der Missionsgesellschaft. Keine AHV, keine Pension, nichts. Der Lohn in all den Jahren war klein gewesen und hatte gereicht, um seine Kinder grosszuziehen, aber nicht, um Ersparnisse anzulegen.

Es ist nicht angenehm, wenn man im Alter vollständig auf die Grosszügigkeit seiner Kinder angewiesen ist. Zumal die Kinder bereits eigene Kinder haben und das Einkommen kaum ausreicht, um diese zu ernähren.
Der Koch war diesbezüglich nicht allein: Die Missionsgesellschaft bezahlt keinem einzigen Angestellten nach der altersbedingten Entlassung eine Pension. Der indische Staat kennt übrigens eine Unterstützung im Alter, die mit einer AHV vergleichbar ist! Die zurückhaltende Sozialpolitik der Mission habe ich nie verstanden.

Zu meiner Überraschung war ein Teil der zu Hause aufgegeben Pakete bereits eingetroffen. Sie hatten auf der weiten Reise gelitten, waren verschmutzt und stellenweise aufgerissen, aber der Inhalt war nahezu vollständig. Als ich in meinem Zimmer war, die Pakete öffnete und die Kleider auf dem Tisch ausbreitete, hörte ich vom Krankenhaus her drei gellende Schreie und danach ein verzweifeltes Schluchzen, das rasch näher kam. Im Nu war ich vor dem Haus. Ein halbnackter Junge rannte heulend und mit ausgebreiteten Armen vom Krankenhaus her direkt auf mich zu. Er wurde von zwei Krankenschwestern verfolgt, die ihn, kurz bevor er unseren Hausplatz erreichte, einholten und festhielten. Als ich auf die drei zuging, erklärte mir die ältere Schwester leicht ausser Atem, dass er Angst vor der Spritze habe und deswegen weggelaufen sei. Als ich den Jungen von nahem sah, konnte ich mir denken, weshalb er solche Angst hatte: Sein Körper bestand nur noch aus Haut und Knochen! Wie, oder besser, wo soll da eine Spritze injiziert werden, ohne Schmerzen zu verursachen? Ich versuchte den Jungen zu beruhigen, bat die Schwestern einen Moment zu warten, holte im Haus einige Biskuits und ein buntes T-Shirt und überreichte es ihm. Halbwegs getröstet folgte er den Schwestern zurück ins Krankenhaus.
Dieses kurze Erlebnis hatte mich wachgerüttelt und mir deutlich zum Bewusstsein gebracht: Ich war wieder in Indien!

Auch diesmal hatte ich auf Wunsch der Ärzte einige Dinge, wie Blutdruckmessgeräte, Skalpelle, Fieberthermometer und Verbandsstoff mitgebracht. Stefan half mir am nächsten Morgen die Sachen ins Krankenhaus zu tragen. Dr. Deborah und ihr Kollege waren sehr erfreut und dankten uns herzlich.

Danach besuchten wir die Patienten. Am Abend zuvor hatte mich Stefan gefragt, ob es nicht besser sei, wenn ich den Rundgang im Krankenhaus allein machen würde. „Vielleicht haben es die Kranken nicht gern, wenn ich vorbeikomme. Ich möchte nicht neugierig scheinen." meinte er. Doch da konnte ich ihn beruhigen: „Die Patienten besitzen kein Radio, keinen Fernseher, keine Zeitung und keine Bücher. Sie haben bestimmt gehört, dass Besuch aus der Schweiz gekommen ist, aber sie können nicht zu uns heraufkommen, uns auch nicht auf der Strasse oder auf dem Markt begegnen. Die meisten Kranken freuen sich, wenn wir zu ihnen gehen, glaub' mir. Und die Patienten, die ansteckende Krankheiten haben, oder gar aufs Sterben warten, liegen abgesondert, im anderen Bettenhaus."

Hatte ich vergessen, wie es vor fünf Monaten ausgesehen hatte, oder hatte sich die Situation verschlimmert? Ich war erschüttert: Überall lagen die Menschen in ihren dunklen Kleidern (Lumpen) auf den Betten, müde und schwach und alle sehr, sehr mager. Das düstere Bild wurde durch den Zustand des Raumes noch verschärft: Ein dunkler Zementboden und Wände, die schon seit vielen Jahren nicht mehr gestrichen worden waren.

Wir kamen nur langsam voran: Hier brauchte ein Mann dringend eine Bluttransfusion, hatte jedoch kein Geld; dort brauchte eine Frau teures Antibiotika, hatte aber kein Geld; weiter vorn lag ein alter Mann, hatte schweres Asthma und kein Geld für die teuren Medikamente; dann ein abgemagerter Säugling, der dringend Pulvermilch benötigte, da seine Mutter selber krank im Bett lag und ebenso kein Geld hatte.

Da und dort versprach ich, die Kosten für die Heilmittel zu übernehmen und schrieb eine Anweisung, mit der die

Angehörigen der Kranken in der Apotheke in Jobat die nötigen Sachen auf Kredit erhielten. Diese Abmachung hatte ich mit dem jungen Apotheker bereits beim letzten Aufenthalt getroffen: Wenn die Patienten zusammen mit dem ärztlichen Rezept eine Notiz von mir vorweisen konnten, händigte er ihnen die Medikamente auf Kredit aus, behielt die Notiz und notierte den Betrag. Zweimal in der Woche besuchte ich ihn und beglich die ausstehenden Rechnungen.
Das Geld, das ich von der Schweiz aus auf die Bank in Jobat überwiesen hatte, war angekommen. Jetzt konnte ich grössere Beträge mit einem Check bezahlen.

* * *

Die meisten Patientinnen und Patienten waren „neu" im Bettenhaus. Einen Mann hatte ich jedoch wiedererkannt, er hatte vor einem halben Jahr einen schweren Unfall erlitten, war seitdem querschnittgelähmt und hatte bereits vor fünf Monaten im selben Bett gelegen. Seine Frau und seine zwölfjährige Tochter lösten sich ab und betreuten ihn Tag und Nacht. Vor allem die aufopfernde Hilfe seiner Tochter war beispiellos und hat mich sehr beeindruckt: Sie wusch ihn am Morgen, bevor sie zur Schule ging, half ihm am Mittag beim Essen, kochte am Nachmittag einen Tee für ihn und blieb oft über Nacht in seiner Nähe.
Er gestand mir, dass er über Dibvali[15] gern für einige Tage nach Hause fahren würde. Dass er kein Geld für die Fahrt hatte, brauchte er mir nicht zu sagen: Er lag nur mit einem alten, verwaschenen Lunghi bekleidet im Bett. Seine Tochter trug ein grünes Kleidchen, das ihr viel zu klein war; zudem war es an einigen Stellen zerrissen, da es vom ewigen Tragen und vom vielen Waschen dünn war wie Seidenpapier. Ich gab ihr ein

---

[15] ein Feiertag der Hindu

neues Kleidchen, eine Seife, ein Frotteetuch, einen Kamm und zwei farbige Haarspangen – alles Dinge, die ich aus der Schweiz mitgebracht hatte. Ihrem Vater brachte ich ein T-Shirt, kurze Hosen und gab ihm das Geld für die Heimfahrt. Glücklich und kaum wiederzuerkennen machten sich die beiden auf den Weg. Zwei Männer trugen den Vater zu dem gemieteten Jeep und etliche Frauen, Männer und Kinder, alles Angehörige anderer Patienten, begleiteten die beiden hinaus und wünschten ihnen einen schönen Aufenthalt daheim.

* * *

Nun wollte ich unbedingt wissen, ob das Angebot von Mr. Reising, nämlich ein Haus auf seinem Grundstück bauen zu lassen, noch galt. Leicht nervös und innerlich auf eine Absage gefasst suchte ich ihn auf.
„Yes!" versicherte er mir lächelnd, „es gilt noch. Ich werde Sie morgen Abend besuchen, dann können wir alles besprechen."
In Jobat haben Menschen oft einen Besuch bei mir mit *morgen Abend* angekündigt. Anfangs erwartete ich den Besuch jedesmal, wie abgemacht, am nächsten Abend; mit der Zeit fand ich heraus, dass *morgen* oft gleichbedeutend ist mit: *in den nächsten Tagen* oder *irgendwann diese Woche*.
Eben nicht am nächsten Abend, aber immerhin noch in der selben Woche erschien Mr. Reising zusammen mit Dr. Deborah und dem Baumeister aus Jobat. Der Baumeister war eine ungewöhnliche Persönlichkeit: Gross und kräftig, mit einem leichten Bauchansatz, selbstbewusst und mit einer Stimme, die gewohnt war, Anweisungen über eine Distanz von mehreren Dutzend Metern zu erteilen. Ich bin versucht zu sagen, ein Baumeister wie man ihn sich wünscht; jedenfalls hatte ich sofort Vertrauen zu ihm und er verstand bereits nach einem kurzen Gespräch, was mir vorschwebte.
Eine Woche später kam er wieder vorbei und zeigte mir Skizzen. Ich war entzückt! Er hatte das Haus genau so gezeichnet,

wie ich es mir immer vorgestellt hatte: einen grossen Essraum
– fast ein Saal –, eine geräumige Küche, eine abschliessbare
Vorratskammer, grosse Fenster und eine breite Eingangstür.
Und davor eine riesige Steinterrasse.

Ich drängte natürlich darauf, mit dem Bau so rasch wie möglich zu beginnen, aber er lachte und erklärte mir, dass er zuerst verschiedene Bewilligungen einholen müsse.

Während er sich um die Baubewilligung bemühte, regelten wir mit der Hilfe eines Notars die Baurechte. Demnach übernahm ich die Baukosten, konnte das Haus für die Dauer von fünfzehn Jahren für meine Zwecke nutzen, und bezahlte dafür dem Eigentümer jährlich einen relativ bescheidenen Baurechtszins. Fünfzehn Jahre mag auf den ersten Blick wenig scheinen, aber man muss bedenken, dass sich die gesamten Kosten, mit allen Bewilligungen, lediglich auf umgerechnet viertausend und siebenhundert Schweizerfranken beliefen.

Bis zum Tag meiner Abreise war alles geregelt und der Baumeister versicherte mir, dass das Haus bis zu meinem nächsten Aufenthalt in Jobat stehen würde.

* * *

An einem Morgen in der zweiten Woche begaben wir uns zeitig auf den Weg in das kleine Dorf, das nordöstlich von Jobat liegt. Die Felder, an denen wir vorbeimarschierten, sahen schrecklich aus: vereinzelt standen dünne, kleingebliebene, hellbraune Maispflanzen da, mit kleinen, nicht ausgereiften Kolben. Jetzt, am Ende der Regenzeit hätten sich die Felder ernteneif präsentieren sollen. „Der Regen setzte nie richtig ein, ein paar Mal hat es getröpfelt, das war alles!" sagte Bala, die uns begleitete.

Als wir in die Nähe des Dorfes kamen, hörten wir Klagelaute und als wir auf der Höhe der ersten Hütte waren, eilten uns Kinder entgegen und führten uns auf direktem Weg zu einer Hütte, die etwas abseits stand. Die Kinder erklärten uns aufgeregt, was passiert war – Bala übersetzte uns die schreckliche

Nachricht: „Ein Mann ist gestern Abend auf dem Feld von einer Schlange gebissen worden. Jetzt ist er tot. Sie haben ihn in der Hütte aufgebahrt." Vor der Hütte waren etwa dreissig Menschen, Frauen, Männer und Kinder, versammelt. Eine Frau geleitete uns durch die Menge in die Hütte und sobald sich unsere Augen an die Dunkelheit gewöhnt hatten, sahen wir eine Frau und drei Kinder weinend um eine Pritsche versammelt. Auf der Pritsche lag der ausgemergelte Körper. Wie schwer mag der Mann gewesen sein? überlegte ich. Bestimmt nicht mehr als vierzig Kilogramm! Hätte er den Biss überlebt, wenn er kräftig und gesund gewesen wäre? Vielleicht.

Der Mann hinterliess eine Frau und drei Söhne im Alter von zehn, zwölf und dreizehn Jahren. Im Augenblick konnten wir nichts für sie tun. Wir sprachen der Frau unser Beileid aus und ich versicherte ihr, dass ich sie wieder besuchen werde. Danach begaben wir uns nach draussen.

Sofort nahm uns eine ältere Frau in Beschlag und erklärte uns, dass ihr Sohn krank sei und bat uns, ihr zu ihrer Hütte zu folgen. Der junge, abgemagerte Mann lag auf einer dünnen Bastmatte auf dem Boden, atmete schwer und in kurzen Stössen und hatte hohes Fieber. Ich erklärte ihm und seiner Mutter, dass er so rasch wie möglich in das Krankenhaus müsse (wie sich später herausstellte, hatte er eine Lungenentzündung). Als sich vier Männer einfanden, die ihn in das Krankenhaus tragen würden, war ich bestürzt: Sie waren selber hager und sahen schwach aus. Diese Männer hatten nichts mehr gemeinsam mit den sehnigen und kräftigen Adivasi-Männern, die mir vor zwei Jahren beim ersten Aufenthalt in Jobat in dieser Gegend aufgefallen waren.

Bevor wir das Dorf wieder verliessen, besuchten wir noch den Dorfältesten. Lange sassen wir beisammen, tranken Tee und redeten über das Dorf. Er erklärte uns, dass die Nahrungsmittel sehr knapp seien. Auf meine Frage, was sie denn überhaupt essen würden, antwortete er, und das erstaunlich ruhig: „Wir machen uns jeden zweiten Tag Maisbrot."

„Und dazwischen?" fragte ich, weil ich es einfach nicht glauben konnte.
„Tee, sonst nichts!" antwortete er. „Doch", ergänzte er seine Aussage, „den Kindern geben wir *jeden* Tag Maisbrot!"
„Wir müssen wieder Mais verteilen", sagte ich zu Stefan, „aber wir werden nicht mehr damit in die Dörfer fahren. Die Menschen haben Zeit, auf den Feldern gibt es jetzt nichts zu tun, und wenn wir den Mais bei unserem Haus abgeben, kommen die Familien, die ihn wirklich nötig haben. Zudem können wir mit dem Geld, das wir an den Transportkosten sparen, hundert Kilogramm Mais mehr verteilen."
Ich sagte dem Dorfältesten, dass wir in drei Tagen, am Freitagmorgen, vor unserem Haus an jede Familie gratis Mais abgeben würden und bat ihn, das ganze Dorf zu informieren.

Zwölf Uhr war längst vorbei, als wir zu Hause eintrafen. Unsere Köchin hatte das Essen auf kleinem Feuer warm gehalten und so konnten wir, nachdem wir uns den Strassenstaub aus dem Gesicht gewaschen hatten, sofort essen. Es gab Reis und Linsen an einer würzigen Currysauce. Es gab, ehrlich gesagt, jeden Tag Reis und Linsen an einer würzigen Currysauce, manchmal ergänzt mit einem exotischen Gemüse. Aber an jenem Tag hatte ich mächtig Hunger von dem Marsch ins Dorf und ass mehr als sonst. Nach dem Essen tranken wir – absolut unindisch – einen Kaffee. Während des Essens hatte ich die Not der Menschen in den Dörfern verdrängt, doch am Nachmittag kam sie mir wieder zu Bewusstsein und lag mir schwer auf meinem vollen Magen ...

An jenem Nachmittag begab ich mich ins Städtchen und kaufte gleich beim ersten Händler fünfhundert Kilogramm Mais. Ich bat ihn, uns die Säcke am Donnerstagabend ins Haus zu liefern. Später holten wir den Rundgang im Krankenhaus nach und trafen auf eine Gruppe von rund dreissig Menschen, vorwiegend Männer, die um ein Bett versammelt waren. Eine Schwester erklärte mir, dass die Frau eines Gemeindeangestellten an Magenkrebs gestorben sei.

Sie war erst vor zwei Tagen zur Untersuchung erschienen, leider viel zu spät. Stellen Sie sich einmal vor: Sie erschien erst zwei Tage vor ihrem Tod im Krankenhaus. Was für Qualen muss diese Frau in den Monaten zuvor erlitten haben!

Nun waren alle Gemeindeangestellten gekommen, um dem jungen Witwer ihr Beileid auszudrücken.

Dafür ging es der kranken Frau und ihrem Säugling, vier Betten weiter, besser. Der Junge hatte noch nicht zu- aber auch nicht weiter abgenommen und lächelte, als ich ihn am Bauch kitzelte. Die Frau lächelte ebenfalls, schwach noch, aber immerhin und drückte ihren kleinen Liebling fest an ihre Wange und schloss die Augen, um die Tränen zu verbergen.

* * *

Am Donnerstagnachmittag brachten vier Männer auf zwei Tischwagen[16] den bestellten Mais. Sie trugen die schweren Säcke ins Haus, reihten sie im Vorraum der Wand entlang auf, nahmen ihren verdienten Lohn entgegen und verliessen uns wieder.

Später, wir wollten gerade mit dem Essen beginnen, klopften zwei junge Männer an unsere Tür. Es waren zwei christliche Missionare aus Südindien, die bereits seit zwei Jahren in Jobat lebten und versuchten, die (ungläubigen) Adivasis in dieser Gegend zu missionieren.

Wir trugen kurzerhand zwei Gedeck mehr auf und luden sie zum Abendessen ein. Doch später, als der Tisch wieder abgeräumt war und wir zusammen einen Tee tranken, wollte das Gespräch einfach nicht richtig in Gang kommen. Ich weiss,

---

[16] Einfacher Wagen, sieht aus wie ein kleiner Tisch mit vier dünnen, achtzig Zentimeter hohen Speichenrädern, ohne Lenkung.

es lag an mir! Die beiden Männer sahen sehr gesund und wohlgenährt aus, waren übermässig zu Spässen aufgelegt und schienen keine Sorgen zu haben. Mag sein, dass sie ihr Leben in die Hand Gottes gelegt hatten und sich deshalb nicht mehr zu sorgen brauchten, aber ich konnte keinen Sinn in ihrer Beschäftigung sehen. Ich versuchte mir ständig vorzustellen, wie sie ihren Tag verbrachten und wem sie dabei halfen (oder sollte ich sagen *nützten* ?) Ich war immer der Meinung, dass die Tat mehr überzeugt, als das Wort und hatte deshalb grosse Mühe, ihrem Wirken Verständnis entgegenzubringen.

* * *

Am nächsten Morgen wurde ich sehr früh durch eine Stimme geweckt. Zuerst dachte ich, jemand führe ein Selbstgespräch direkt unter meinem Fenster, doch als ich richtig wach war, bemerkte ich, dass es verschiedene Stimmen waren. Ich stand auf, schob den Vorhang einwenig zur Seite und guckte hinaus. Was ich sah, warf mich beinahe um: Es war noch kaum richtig hell, aber auf unserem Vorplatz waren bereits über zweihundert Adivasis versammelt! Es waren die Leute aus dem Dorf!

Ich weckte Stefan und gemeinsam guckten wir nochmals hinaus. Es waren Menschen mit ernsten, eingefallenen Gesichtern, aber die farbigen Stoffe der Frauen boten trotz allem ein prächtiges Bild! Obschon sie geduldig in der Hocke auf uns warteten – die vordersten dicht an der Treppe – hatte ich keine Ruhe mehr. Nachdem ich mich angezogen hatte, trat ich vor die Tür und erklärte den Frauen und Männern, dass es für alle zwei Kilogramm Mais habe. Bala war ebenfalls bereits da, kam zu mir herauf und übersetzte meine Worte. (Damals sprach ich noch wenig Hindi.) Währenddessen schleppte Stefan die Säcke auf die Terrasse heraus.

Und dann begannen wir zu verteilen: Wir stellten den ersten Sack auf die Treppe und öffneten ihn. Stefan schöpfte mit einem Literbecher Maiskörner heraus und goss sie der vorder-

sten Frau in ein, von ihr aufgehaltenes Tuch. Jetzt wurden die Menschen unruhig. Einzelne standen auf und drängten sich vor, jemand zog am Sack; kaum hatte die Frau das zweite Mass erhalten, wurde sie unsanft zur Seite gestossen, Stefan wurde geschupst und dann stiess jemand von hinten in meine Kniekehlen. Ich knickte ein, verlor den Halt und liess den Sack los. Er kippte nach vorn und die Maiskörner ergossen sich breit über die Treppe. Jetzt war die Menschenmenge nicht mehr zu halten: Sie fielen wie hungrige Wölfe über die Säcke her, rissen sie auf, schöpften Maiskörner, soviel sie ergattern konnten und stahlen sich anschliessend davon. Ich lag unten an der Steintreppe auf der Erde und schaute unsäglich traurig dem entfesselten Treiben zu. Sogar die Säcke nahmen sie mit!
Nach wenigen Augenblicken war der Spuk vorbei und der Platz lag verlassen da – bis auf eine alte Frau, die seelenruhig die letzten Körner vom Boden auflas.
Nach diesem unerfreulichen Erlebnis musste ich mich einwenig hinlegen ...

Was hatten wir falsch gemacht? Vor einem halben Jahr, in den Dörfern, hatte es geklappt; weshalb hier und heute nicht? Etwa, weil mir in den Dörfern einheimische Männer zur Seite gestanden waren? Wohl kaum nur deshalb! Vielleicht, weil sich heute Menschen aus der Stadt unter die Leute gemischt hatten und die Menschen aus dem Dorf Angst hatten, sie kämen zu kurz! Sie hatten Hunger, das war klar; deshalb konnte ich es ihnen nicht Übel nehmen und musste es nocheinmal versuchen!
Zwei Stunden später kaufte ich, diesmal beim zweiten Händler, erneut fünfhundert Kilogramm Mais. Er musste ihn mir am Montagabend ins Haus bringen – am Dienstagmorgen wollte ich ihn verteilen! Ich sandte Bala in ein anderes Dorf, um den Leuten auszurichten, dass wir am Dienstagmorgen vor unserem Haus Mais abgeben werden.
Nach dem vier Uhr Tee holte ich den zur Gewohnheit gewordenen Rundgang im Krankenhaus nach.

Die selben vier Männer schoben am späten Montagnachmittag auf ihren Tischwagen den Mais die kleine Anhöhe zu uns herauf, setzten sich auf die Steintreppe und legten eine kurze Verschnaufpause ein. Bevor sie ihre Arbeit fortsetzten und die schweren Säcke die sechs Stufen in meine Wohnung hoch schleppten, nutzte ich die Gelegenheit und fragte sie, ob sie mir morgen früh beim Verteilen behilflich sein könnten.

Stefan war nämlich nicht nur hergekommen, um mir zu helfen; er hatte seine Reise selber bezahlt und wollte mehr von Indien sehen, als nur Jobat. Deshalb hatte er mich am Sonntagmorgen verlassen und mir mitgeteilt, dass er in zwei Wochen zurück sein werde.

Allein mit Balas Hilfe hätte ich mich nicht getraut, einen neuen Versuch zu starten, es hätte mit Sicherheit wieder einen Tumult gegeben. Die Männer sagten zu und versprachen mir, zeitig da zu sein.

Auch an jenem Dienstagmorgen wurde ich früh durch Stimmen geweckt. Ich beeilte mich mit der Morgentoilette und stand schon nach wenigen Minuten draussen auf der Terrasse. Wieder waren über zweihundert Frauen und Männer auf dem Platz versammelt (aus einem anderen Dorf), und wieder harrten sie geduldig in der Hocke der Dinge, die da kommen werden. Bala war da und die vier Männer ebenfalls. Ich sprach zuerst zu den Adivasis (Bala übersetzte, wie immer) und mahnte sie eindringlich, sitzen zu bleiben, und zwar solange, bis ich sie auffordere, aufzustehen und herzukommen. Es habe genug Mais für alle! Diesen Satz musste Bala mehrmals übersetzen.

Danach deutete ich den vier Helfern an, im Hauseingang zwei der Säcke zu holen. Zwei Männer stellten sich mit einem Sack rechts und zwei Männer mit einem Sack links neben die Haustür. Während sie die schweren Säcke an die Hauswand lehnten, die Nähte öffneten und sich auf das Schöpfen vorbereiteten, postierte ich mich, zwei Stufen tiefer, mitten auf die Treppe.

Nun wandte ich mich den versammelten Leuten zu und begann

energisch auf sie einzureden, und zwar – die Adivasis mögen es mir im Nachhinein verzeihen – in Schweizerdeutsch! „Sie da und sie dort!" sagte ich zu den vordersten zwei Frauen: „Sie können jetzt aufstehen und Ihren Anteil holen! Und Sie dort hinten! Setzen Sie sich bitte wieder hin, es kommt eine Person nach der anderen!" Dabei deutete ich immer überdeutlich mit der Hand auf die Angesprochenen.
Es klappte, jedenfalls zu Beginn. Sie verhielten sich sehr diszipliniert, drängten sich nicht vor und warteten ruhig in der Hocke, bis sie an der Reihe waren. Erst auf mein Zeichen standen sie auf, stiegen die paar Stufen hinauf, hielten ein Tuch hin, nahmen zwei Schöpfer Mais in Empfang, drehten sich nach mir um, dankten, indem sie ihre rechte Hand zur Stirn führten, und gingen seitlich ab.
Nach einiger Zeit viel mir auf, dass der Mais langsam zur Neige ging, die Menschenmenge sich jedoch nur unwesentlich verringerte ... Und mit einem Schlag wurde mir bewusst, dass einige Frauen mit dem Bündel hinter das Haus eilten, es dort vermutlich einer Vertrauten aushändigten und sich sofort wieder der Menge anschlossen. Da es mir beim besten Willen nicht gelang, die Gesichter auseinanderzuhalten, war es mir nicht möglich zu sagen, ob eine Frau ihren Anteil zum ersten, oder bereits zum zweiten Mal holte.
Als das letzte Kilogramm verteilt war, warteten immer noch etwa dreissig Frauen vor der Treppe. Damit hatte ich nicht gerechnet.
„Der Mais ist verteilt", sagte ich etwas unsicher (wieder in englischer Sprache, Bala übersetzte) und fügte hinzu, „Geht nach Hause und kommt am Freitag wieder!" Nur drei oder vier Frauen protestierten leicht, die anderen standen auf, verliessen den Platz und ... *winkten mir dankend zu!*
Vielleicht werden Sie sich fragen, liebe Leserin, lieber Leser, ob mich diese, doch ziemlich aufschlussreiche Reaktion zum Schluss, nicht ärgerte. Die Antwort ist ein klares Nein! Die Adivasis in den Dörfern waren in grosser Not. Oder würden

Sie für zwei Kilogramm trockene, ungemahlene Maiskörner vier, fünf oder mehr Kilometer zu Fuss gehen? Ich hatte nicht angenommen, dass mich diese armen Menschen absichtlich betrügen wollten.

Betrügereien sind geschehen, Betrügereien, die mich sehr betrübt haben (davon später), aber die Adivasis haben mich nie enttäuscht!

Ich hoffte, bis am Freitag würde mir eine Methode einfallen, mit der es mir möglich war, auch diese „Unart" zu kontrollieren. Wen hätte ich fragen sollen? Bala wusste keinen Rat, die vier Männer, die ich übrigens für Ihre Arbeit bezahlte, auch nicht. Miss Braun konnte ich nicht fragen, da sie offen gegen diese Form von Hilfe war und Dr. Deborah hätte das Geld, das ich für den Mais ausgab, lieber auf der Station, für irgendwelche Reparaturen oder Anschaffungen verwendet.

Als ich am Nachmittag über die schön ausgeebnete Zufahrtsstrasse schritt, um im Städtchen unten, diesmal beim dritten Händler, Mais für den Donnerstagabend zu kaufen, hatte ich eine Idee. Der Vorarbeiter der Equipe, die die Strasse ausgebessert hatte, war der einzige gewesen, der Lesen und Schreiben gelernt hatte. Seine Kollegen hatten, anstatt seinen Arbeitsrapport zu unterschreiben, einen Finger zuerst auf ein Stempelkissen und danach auf das Papier gedrückt. Ich hatte mir damals lange überlegt, ob sie wohl mit der linken Hand „unterzeichnet" hatten, denn die Stempelfarbe geht nicht mehr so leicht ab. Jedenfalls nicht bis zum nächsten Essen und die Inder essen ja bekanntlich von Hand.

Am Freitagmorgen stand ich also mit einem Stempelkissen bewaffnet auf der Treppe. Jeder Mann und jede Frau mussten ihren linken Daumen darauf abrollen, und zwar bevor sie den Mais entgegen nehmen durften. Es half tatsächlich: Als der Platz wieder leer war, hatten wir noch etwa zwanzig Kilogramm Mais übrig.

Eine einzige Frau, fast noch ein Mädchen, hatte ich beim Versuch, eine zweite Ration zu holen, ertappt. Vermutlich hatte sie ihr Bündel jemandem in Obhut gegeben, ihren Daumen sauber gerieben und sich wieder unter die Wartenden gemischt. Bevor sie ihren Daumen ein zweites Mal auf das Kissen drücken konnte, hielt ich ihn zurück, zog sanft ihren rechten Daumen heran und hielt beide nebeneinander: Die Stempelfarbe war zwar ab, aber ihr linker Daumen schimmerte fast so weiss, wie meiner, während ihr rechter Daumen die übliche, von mir aus gesehen beneidenswerte bronzene Hautfarbe der Adivasis aufwies.

Sie war sehr mager und sehr arm gekleidet. Und sie schämte sich. Deshalb wagte ich weder mit ihr zu schimpfen, noch über sie zu lachen und schon gar nicht, sie vor den restlichen Leuten bloss zu stellen; ich deutete ihr statt dessen an, auf der Treppe zu warten.

Nachdem die Verteilung zu Ende, der Platz leer und die Männer abgezogen waren, fragte ich sie mit Hilfe von Bala, woher sie komme und ob sie in einer Familie lebe. Sie gab nur stockend Antwort und blickte, immer noch beschämt, zu Boden.

Ich hatte auf dem Land Hütten gesehen, die so nieder waren, dass ich nicht aufrecht darin stehen konnte. Anscheinend gab es sogar in den Dörfern, in denen von uns aus gesehen alle arm waren, reichere und ärmere Familien. Ich sah es ihrem Gesicht – das sie immer wieder mit dem Schleier zu verdecken suchte –, ihren Bewegungen und ihren Kleidern an: Diese junge Frau war sehr arm. Deshalb tat ich etwas, das ich in all den Jahren nicht sehr oft tat: Ich gab ihr Geld. Sie griff blitzschnell danach, schaute auf, dankte mir hastig vier oder fünf Mal hintereinander, ohne nachzusehen wieviel Geld es eigentlich war, und eilte, ja rannte richtiggehend davon. Sie kam später fast zu jeder Verteilung.

* * *

Am Samstag beschloss ich, den ganzen Tag nichts zu essen und gab meiner Köchin frei. Ich getraute mich nicht, ihr den wahren Grund zu nennen und ihr zu sagen, was ich vorhatte, denn sie hätte mich kaum verstanden. Ich wusste ja selber nicht genau weshalb ich nicht essen wollte; so halb tat ich es aus Sympathie zu den Menschen, halb wollte ich am eigenen Leib spüren, wie hart es ist. Am Morgen trank ich Tee, machte danach den üblichen Rundgang im Krankenhaus, trank am Mittag wieder Tee (ohne Zucker und ohne Milch) und verbrachte den Nachmittag schreibend im Haus. Ständig kam jemand vorbei und wollte mich sprechen: Frauen, die mir ihre kranken Kinder zeigten, oder Männer, die Arbeit suchten.
Ich spürte den Hunger nicht, und als ich mich ins Bett legte, war ich stolz, es geschafft zu haben. Kaum lag ich im Bett, dachte ich sehnsüchtig an meine Lieben zu Hause. Wie mochte es ihnen gehen? Ich vermisste sie sehr und hätte viel gegeben, wenn es mir wenigstens möglich gewesen wäre, sie anzurufen.
Langsam wanderten meine Gedanken weg von den Kindern zu Hause, hin zu Stefan. Vielleicht war er irgendwo in einem Strandhotel in Bombay oder womöglich noch weiter im Süden in einer mir unbekannten Stadt. Hoffentlich konnte er seine Reise unbeschwert geniessen!
Langsam wanderten meine Gedanken von Stefan zu den Menschen in dieser Gegend. Ich musste an ihr hartes Los denken. Jobat war ein kleiner Fleck auf der Landkarte, aber allein in Jobat und der näheren Umgebung hatte ich mehr Not und Elend angetroffen, als ich ertragen konnte. Die Vorstellung, dass allein im Staat Madhya Pradesh hunderte solcher Orte existierten, machte mich krank. Weshalb war die Welt so ungerecht? Weshalb mussten Menschen, ja, Kinder, so unsäglich leiden, obschon sie niemandem etwas zuleide getan hatten? Weshalb waren auf der anderen Seite so viele Menschen nur auf ihren eigenen Vorteil bedacht? Und weshalb kämpfte ich gegen diese Ungerechtigkeit überhaupt an? So fern von meiner Heimat? Glaubte ich wirklich, die Welt ändern, verbessern zu

können? Hatten das nicht andere, einflussreichere Menschen vor mir ebenfalls ergebnislos versucht?

Ich fühlte mich ohnmächtig, überfordert und sehr, sehr einsam, und versuchte zu schlafen. Es gelang mir nicht. Ich wälzte mich hin und her, stand auf, trank einwenig Tee, legte mich wieder hin und konnte nicht schlafen. Der Hunger hielt mich wach, trieb meine Gedanken im Kreis herum und liess mich trotz meiner Erschöpftheit keinen Schlaf finden.

Nach Mitternacht stand ich auf, schlich in die Küche und suchte verzweifelt etwas Essbares. Ein Stück Brot und zwei Bananen war alles, das ich fand; alles andere hätte ich zuerst kochen müssen. Ich verschlang es auf der Stelle und legte mich danach wieder ins Bett.

Der Magen war beruhigt, dafür plagte mich jetzt das Gewissen: Ich hatte es nicht geschafft. Verzweifelt elend fühlte ich mich; mir wurde übel und ich musste weinen und an die Menschen denken, die nicht einfach in die Küche gehen konnten, um sich den bohrenden Hunger zu stillen.

Bis zu meiner Abreise verteilten wir jeden Dienstag und jeden Freitag fünfhundert Kilogramm Mais an die Adivasis und ich berücksichtigte jedesmal einen anderen der fünf Händler im Städtchen.

* * *

Stefan kehrte zwei Wochen später nach Jobat zurück, war begeistert von dem riesigen Land und belehrte mich: „Mutter, Du kennst Indien nicht! Was für ein riesiges, farbenprächtiges, faszinierendes, abwechslungreiches und lebendiges Land! Dieser Reichtum an Kultur und an Naturlandschaften! Und Du kommst hierher, nach Jobat, in den entlegensten und trockensten Winkel, in die allerärmste Gegend von ganz Indien!"
Allerärmste Gegend? dachte ich bei mir, dann bin ich ja genau richtig.
Rajiv Gandhi[17] besuchte in jenen Tagen den Ort Kathiwada. Er liess sich in einem Hubschrauber in geringer Höhe über das Land fliegen und unterhielt sich anschliessend mit einigen Bauern. Bestürzt über die hartnäckige und ausgedehnte Dürre und der dadurch entstandenen tiefen Not der Bevölkerung, erklärte er ganz Madhya Pradesh ohne Umschweife zum Katastrophengebiet. Die kleine Ortschaft Kathiwada liegt nur wenige Kilometer von Jobat entfernt ...
Müde, aber fest entschlossen, in einigen Monaten wiederzukommen, reiste ich mit Stefan heim in die Schweiz.

---

[17] Rajiv Gandhi war seit einem Jahr Premierminister von Indien.

IX

Bisher hatte ich als Teilzeitangestellte in einer kleinen Kantine gearbeitet und die Ferien und die zusammengesparten Freitage fast ausnahmslos in Indien verbracht. Dies war natürlich nur dank einem toleranten Chef und einer überaus liebenswerten Mitarbeiterin, mit der ich mich ausgezeichnet verstand, möglich gewesen. Nun durfte ich meinen zweiundsechzigsten Geburtstag feiern, bekam die AHV-Beiträge und brauchte nicht mehr zur Arbeit zu gehen.

Es war nie meine Absicht gewesen, ein Hilfswerk aufzubauen, deshalb schrieb ich auch nie Bettelbriefe. Die freie Zeit nutzte ich ganz einfach, um in Kirchgemeinden oder in Frauenvereinen über die Sorgen der Menschen in Indien zu erzählen, von den Adivasis, den Kindern, die auf der Strasse leben müssen oder von den Patienten im Krankenhaus. Einmal wurde ich sogar von Elisabeth Schnell eingeladen und durfte am Radio berichten, was ich in den Jahren gesehen und erlebt hatte.

Die Reaktion war überwältigend: Viele Hörer schrieben nach Zürich ans Radiostudio und wollten meine Adresse und die Kontonummer wissen. Frau Schnell leitete die Briefe an mich weiter und ich beantwortete jedes Schreiben und legte überall, wo dies gewünscht wurde, einen Einzahlungsschein bei. Daraufhin trafen aus der ganzen Schweiz Spenden ein und der Kontostand nahm ganz erheblich zu.

Bis zu dieser Zeit hatte ich immer einen Teil des Gehalts zur Seite gelegt, um wenigstens die Reisespesen wie Bahnbillett, Flugticket, die Kosten der Übernachtung in Vadodara, das Taxi nach Jobat und die Frachtkosten für die Pakete von meinem Geld zu bezahlen. Die Spendengelder hatte ich bisher restlos in Indien ausgegeben.

Die monatlichen AHV-Beiträge, die ich nun erhielt, reichten zum Leben und erlaubten mir hie und da, einem Enkelkind eine Freude zu machen, aber für mehr reichten sie nicht. Wenn ich das Flugbillett weiterhin aus der eigenen Tasche hätte bezahlen wollen, dann hätte ich wieder, wie zu Beginn, jahrelang sparen müssen. Und der Baumeister hatte doch versprochen, dass das Haus bis zu meinem nächsten Aufenthalt fertig erstellt sei, und dabei hatte er bestimmt nicht an eine Bauzeit von zwei oder drei Jahren gedacht! Deshalb beschloss ich, wenigstens die nächsten drei oder vier Mal, die Reisespesen ebenfalls mit Spendengeldern zu bezahlen.

Um es hier einmal vorwegzunehmen: In den folgenden zwölf Jahren reiste ich insgesamt vierundzwanzig Mal nach Jobat – verbrachte also nahezu die halbe Zeit in Indien – und heute arbeiten fünfundzwanzig Inderinnen und vier Inder mit verschiedenen Aufgaben für die Indien-Hilfe. Die Spenden gaben mir einfach immer wieder neuen Mut und Schwung, um trotz zunehmendem Alter weiterhin auszureisen; und in Indien kommen mir laufend neue Ideen, was mit dem Geld Sinnvolles getan werden könnte.

Ich möchte hier jedoch die Ereignisse schön chronologisch weitererzählen.
Meine jüngste Tochter Annette war noch in der Ausbildung. Die anderen Kinder hatten ihre Erstausbildung abgeschlossen, waren ausgeflogen und standen auf eigenen Beinen. Jetzt hatte ich Geld und reichlich Zeit für Indien zur Verfügung.
Ich stellte wiederum dutzende Pakete mit leichten Sommerkleidern zusammen, brachte sie zur Post, kaufte bei der bekannten Apotheke in St. Gallen einen Rollstuhl und trat, nach vier Monaten Aufenthalt in der Schweiz, erneut die Reise nach Jobat an. Diesmal mit dem Ziel, zehn Wochen zu bleiben.

* * *

Die Begrüssung war herzlich und fröhlich wie immer: Dr. Deborah erschien, die beiden Frauen, die ich eingestellt hatte, einige Schwestern vom Krankenhaus und viele Kinder, und alle legten mir einen Blumenkranz um und führten mich in „meine" Wohnung. Doch ihre scheinbare Fröhlichkeit konnte mich nicht täuschen: An den Gesichtern erkannte ich, dass sich die Lage noch verschlimmert hatte.

Auf der Taxifahrt hatte ich bereits gesehen, dass die Dürre weiter anhielt. Die Hügel waren kahl und steinig und die Felder braun, öde, trocken und leer. Die mächtigen Bäume am Wegrand liessen ihr Blätter hängen, die schwer waren vom sandfarbenen Staub, den der unablässig säuselnde Wind vom Boden aufhob und überall ablagerte. Ein grosser Teil der jüngeren Bäume waren verdorrt und wiesen keine Blätter mehr auf. Die Kühe und auch die Ziegen, die wir unterwegs gesehen hatten, waren abgemagert bis auf die Knochen und bewegten sich mit schleppendem Schritt.

Noch am selben Abend klopften der Pfarrer der christlichen Gemeinde, Frau Rufus, die Buchhalterin, die während meiner Abwesenheit meinen beiden Angestellten den Lohn bezahlte und der Verwalter der Missionsstation an meine Tür. Ich hatte noch nicht eingeräumt, zudem hatte meine Köchin die Wohnung zwar sauber hergerichtet, aber viele Dinge, die ich im Laufe der Zeit angeschafft hatte, wie Kühlschrank, die Stühle und auch etliche Küchengeräte, die ich aus der Schweiz mitgebracht hatte, wie Schneebesen, Kaffeefilter, Teesieb, Sparschäler, Büchsenöffner, ein solides Küchenmesser und gutes Essbesteck (da die meisten Inder ja von Hand essen, gibt es in Jobat nur blechernes Besteck zu kaufen) und die Leintücher, waren in meiner Abwesenheit weggeschafft worden. Ich konnte meinem Besuch weder einen Stuhl noch eine Tasse Tee anbieten, bat sie aber trotzdem herein.

Sie klagten mir, dass die Mission mit dem Bezahlen der Löhne erneut drei Monate im Rückstand sei. Sie sagten, sie hätten kurz nach meiner Abreise etwas Geld erhalten, aber längst nicht soviel, wie ihnen zustand und seither sei keine Zahlung mehr eingegangen. Aus Ihren Äusserungen entnahm ich, dass sie vermuteten, dass es nicht allein an der Missionsgesellschaft in Kanada lag. Vermutlich halte der Bischof, der früher in Bhopal wohnte und seit einem Jahr seinen Sitz in Indore hatte, das wenige Geld, das von Kanada her noch überwiesen wurde, zurück und nehme es für sich in Anspruch. Eine starke Anschuldigung!

Sie baten mich, einen Brief an den Bischof zu schreiben und ihn zu bitten, vorbeizukommen. Sie wollten mit ihm reden und ihm zeigen, in welcher Not sie sich befanden.

Die Unterredung dauerte nur wenige Minuten und unter der Tür fragte mich der Verwalter noch, ob ich nicht ihm und einigen Angestellten, die wie er dringend Geld benötigten, einen Kredit geben könnte.

Damit brachte er mich ganz schön in Verlegenheit. Er wusste, dass ich Geld besass, und dass es bestimmt reichen würde, um allen Angestellten den ausstehenden Lohn vorzustrecken. (Die Angestellten der Mission verdienten damals umgerechnet zwischen zwanzig und vierzig Schweizerfranken pro Monat – wie bereits erwähnt, bis zur Hälfte weniger als vergleichsweise staatliche Angestellte in Jobat.)

Doch es war nicht mein Geld! Es war das Geld von vielen Leuten aus der Schweiz, die es mir anvertraut hatten, um armen Menschen, die unverschuldet in Not geraten waren, zu helfen. Ich glaube nicht, dass es im Sinne der Spender gewesen wäre, wenn ich begonnen hätte, Missionsangestellten Kredite zu gewähren.

Obschon ich müde war, von der langen Reise, von der Zeitverschiebung und dem Klimawechsel – die Schweiz hatte ich in nasskaltem Oktoberwetter zurückgelassen und hier lastete eine bleischwere und trockene Glut über dem Land – lag ich an jenem Abend lange wach in meinem Bett, das man zum Glück nicht entfernt hatte. Sollte der Bischof tatsächlich Geld unterschlagen haben, musste man dann nicht der Missionsgesellschaft eine Meldung zukommen lassen? Falls der Bischof aber nichts unterschlagen hatte, wie konnte dann eine Missionsgesellschaft ein Krankenhaus mit über dreissig Angestellten aufrechterhalten, ohne es weiterhin finanziell zu unterstützen? Und selbst wenn es so wäre, warum hatten die Leute in Kanada dem Verwalter nicht geschrieben, dass sie im Moment kein Geld überweisen konnten?

Ich versuchte mich zu erinnern, ob ich in der Schweiz Meldungen über Kanada gehört oder gelesen hatte. Meldungen, wonach die Post oder die Banken gestreikt hatten; oder ob ich mich an Nachrichten erinnern konnte, die besagten, dass das Land in einer Krise, vielleicht in einer Rezession, steckte. Erst als ich mir vornahm, nach Indore *und* nach Kanada zu schreiben, konnte ich einschlafen.

Am nächsten Morgen erwachte ich erst nach acht Uhr. Meine Köchin war pünktlich zur Arbeit erschienen, hatte bereits Tee gekocht und den Tisch für das Frühstück gedeckt. Ich zog mich an, ass und trank im Stehen und begab mich danach ins Krankenhaus: Bevor ich irgend etwas anderes tun konnte, musste ich die Patienten besuchen!

Es war wieder erschütternd, so viele Menschen, Frauen, Männer und Kinder, leiden zu sehen! Da lag ein zweijähriges Mädchen schwer krank und kaum noch vier Kilogramm schwer in seinem Bettchen. Sein Vater stand daneben, selber sehr mager und erklärte mir seine Situation: Seine Frau war vor einem halben Jahr zusammen mit dem Neugeborenen kurz nach der Geburt gestorben. Weil er seine kleine Tochter mit zur Arbeit genommen hatte, hatte er seine Stelle verloren und jetzt war sein einziges Kind auch noch krank geworden. Ich gab ihm die Bescheinigung, mit der er die nötige Medizin in der Apotheke ohne Bezahlung erhalten sollte und fragte ihn, wo er wohne. Er erklärte mir, dass er ein kleines Zimmer in einem Haus, in der Nähe der Tankstelle gemietet habe.

Der Besitzer der einzigen Tankstelle in Jobat ist der reichste Mann der Gegend. Praktisch jeder Bus, jeder Lastwagen und jedes Auto, das hier durchfährt, muss bei ihm tanken. Ich nahm mir vor, den Eigentümer in den nächsten Tagen aufzusuchen, und ihn zu fragen, ob er für den jungen und sympathischen Mann Arbeit habe.

Es wurde Mittag, bis ich bei allen Patienten vorbei war und als ich zu meiner Wohnung hinaufschritt, war mein Entschluss, den Angestellten keinen Kredit zu gewähren, gefestigt.

Da ich es nicht gewohnt bin, mit untergeschlagenen Beinen auf einem Teppich am Boden zu essen, schleppte ich das schwere, aus dunklem, exotischem Holz hergestellte Nachttischchen zum Esstisch und setzte mich darauf. Nach dem Essen legte ich mich hin und am Nachmittag suchte ich den Verwalter in seinem Büro auf.

Er war gross, hager und in der Regel nicht sehr gesprächig, aber an jenem Nachmittag unterhielten wir uns lange über die katastrophale Lage, in der sich das Krankenhaus befand. Nicht nur für die Löhne fehlte ihm das Geld: Er musste immer wieder dafür kämpfen, dass ihnen der Strom nicht abgeschaltet wurde, und viele alltägliche Dinge, wie das Benzin für den Generator, Waschmittel für die Bettlaken, Batterien für die Taschenlampe des Nachtwächters oder selbst den Tee für die Nachmittagspause der Ärzte, musste er auf Kredit besorgen. Er war wirklich nicht zu beneiden.

Ich bezahlte ihm die dreimonatige Miete für meine Wohnung im voraus und machte ihm im Laufe des Gesprächs zwei Zusagen: Erstens versprach ich ihm, einige, dringende Reparaturarbeiten an den Gebäuden zu übernehmen und zweitens bot ich ihm an, ein Ambulanzfahrzeug zu kaufen.

Auf den ersten Blick mag es unangemessen erscheinen, ein Ambulanzfahrzeug als dringendste Anschaffung anzusehen, wenn das Geld für alles andere fehlt. Es hatte jedoch unzählige Fälle gegeben, bei denen ein Fahrzeug dieser Art für die Kranken von grossem Nutzen gewesen wäre. Einmal lag ein schwer verletzter Patient im Bettenhaus, der dringend am Rücken operiert werden musste. Es war eine schwierige Operation, für die der junge Mann in das weitaus besser ausgerüstete Krankenhaus in Indore gebracht werden musste. Da kein geeignetes Fahrzeug vorhanden war, wurde ein Bote – per Bus – nach Indore gesandt, um am nächsten Tag mit dem Ambulanzfahrzeug herzukommen und ihn abzuholen. Wertvolle Zeit wurde dadurch verloren und der Mann musste vierundzwanzig Stunden ausharren.

Oft stiess ich in den Dörfern auf schwer kranke Menschen oder schwangere Frauen, die, weil kein Fahrzeug vorhanden war, über weite Strecken in das Krankenhaus getragen werden mussten. (Die wenigsten Frauen gehen ins Krankenhaus, um zu gebären. Aber es gibt dort wie hier immer wieder Geburten, die nicht ohne ärztliche Hilfe möglich sind und ich spreche von diesen Frauen.)

Das Fehlen eines Ambulanzfahrzeugs war zum Nachteil der Patienten und das war für mich ausschlaggebend!

Im weiteren nahm ich mir vor, ohne es jedoch dem Verwalter gegenüber zu erwähnen, die zur Gewohnheit gewordene Party für die Angestellten der Station nicht wie üblich in der letzten, sondern bereits in der zweiten Woche abzuhalten. Dabei nahm ich mir vor, allen einen Betrag in der Höhe eines Monatsgehaltes einer Krankenschwester, und zwar allen den selben Betrag, in einem verschlossenen Umschlag zu übergeben. Bei uns würde man vielleicht von einem Trinkgeld sprechen.

Zum Schluss fragte ich den Verwalter, wo all meine Sachen hingekommen seien. Er wurde verlegen und gestand, dass sie Besuch gehabt hatten und – mit meinen Möbeln – die kleine Gästewohnung am anderen Ende des Areals ausgerüstet hatten. Er gab mir den Schlüssel und ich begab mich noch am selben Nachmittag in Begleitung von zwei Männern zu der Wohnung. Die Stühle, die ich vor einiger Zeit bei einem Schreiner hatte

fertigen lassen, waren noch da, der Kühlschrank hingegen und die Küchenutensilien blieben verschwunden.
Am Abend schrieb ich die beiden Briefe.

* * *

Beim Rundgang durch das Krankenhaus, am nächsten Morgen, sagten mir die Schwestern, dass das kleine Mädchen in der Nacht gestorben sei. Das tat mir sehr weh! Es war so ein hübsches, kleines Mädchen gewesen. Nie werde ich mich damit abfinden, dass auch Kinder sterben müssen!

Am Nachmittag holten mich Herr Reising und Bala zu Hause ab und zusammen spazierten wir hinab ins Städtchen und dann zu dem Bauplatz. Da stand es: Ein kleines, ein einfaches Haus mit einem Wellblechdach, einer soliden, blauen Eisentür und einer breiten Terrasse davor. Nichts besonderes – trotzdem freute ich mich riesig! Es war für mich, wie wenn ein Traum wahr geworden wäre. Endlich besass ich ein Haus!
Am Morgen war ich unsagbar traurig gewesen, weil das kleine Mädchen sterben musste und jetzt freute ich mich über das Haus. Das war häufig so in Indien: Tiefe Trauer und beglückende Freude lagen oftmals so nah beisammen, dass ich gleichzeitig weinen und lachen musste!

Bala und Dr. Deborah halfen mir, drei Frauen zu finden, die im Haus für die älteren Menschen kochen konnten. Noch am selben Abend besuchten sie mich in meiner Wohnung und stellten mir die Frauen vor: Die erste Frau war etwa zehn Jahre jünger als ich und mit einem Mann verheiratet, der an Multiple Sklerose erkrankt war und nicht mehr arbeiten konnte. Sie sprach sehr wenig, hatte immer ein Lächeln auf dem Gesicht und strahlte eine überlegene Ruhe und Sicherheit aus.
Die zweite Frau war wesentlich jünger, hatte zwei kleine Kinder und lebte allein. Ihr Mann hatte sie vor einem halben Jahr

„sitzen lassen" und hatte sich mit ihrer jüngeren Schwester „davon gemacht". Die Frau war gross, schlank und meiner Ansicht nach bildhübsch, hatte aber einen Komplex, weil ihr Mann sie wegen einer scheinbar noch hübscheren Frau verlassen hatte ... (Männer!) Sie lebte mit ihren beiden Kindern in einer kleinen Einzimmerwohnung und brauchte dringend eine Arbeit.

Die dritte Frau lebte mit einem Mann zusammen, der zwar arbeitete, ihr aber kein Haushaltsgeld gab, da er das meiste Geld vertrank. Sie machte einen verzweifelten Eindruck und hatte an jenem Abend mehr als einmal Tränen in den Augen. Sie hatten einen Sohn.

Die drei Frauen waren grundverschieden in ihrer Art, aber alle drei waren mir auf Anhieb sympathisch und so stellte ich sie ein.

Die Utensilien und die Nahrungsmittel die sie benötigten, um zu kochen, kauften wir noch am selben Tag. Drei oder vier Tage später feierten wir die Einweihung – ich gab dem Haus den Namen Paulus-Küche. Bei der kleinen Feier hielt der Baumeister sogar eine kleine Ansprache, danach konnte es endlich losgehen!

Früh, sehr früh stand ich auf, an jenem ersten Morgen, denn ich wollte nichts verpassen, und begab mich eiligst zu dem Haus. Die drei Köchinnen kamen ebenfalls zeitig. Als erstes kauften sie Holz von einer Frau, die noch vor der Morgendämmerung ausgezogen war, um Brennholz zu suchen und nun mit einem Bündel auf dem Kopf in die Stadt zurückkehrte.

Viele Frauen schwärmen gruppenweise in der Dunkelheit aus, gehen zu Fuss kilometerweit übers Land und suchen abgestorbene Äste unter den einzelnen Bäumen oder entlang den Flussläufen. Sie legen das trockene Holz zu fünfzehn oder zwanzig Kilogramm schweren Bündel zusammen, schnüren es mit einem Stück zäher Rinde fest und balancieren es auf dem Kopf zurück in die Stadt. Kurz nach Tagesanbruch sieht man auf allen Strassen Frauen, die zum Teil mehrere Meter lange Brennholzbündel auf dem Kopf in die Stadt hereintragen. Viele Frauen haben ihre festen Abnehmer und ziehen sogar ein zweites Mal los, um dann die zweite Ladung auf dem Markt zu verkaufen.

Eine Köchin wusch den Reis und die Linsen, schälte die Zwiebeln und den Knoblauch, entfachte ein kleines Feuer, setzte einen grossen Kochtopf auf und gab alle Zutaten hinein.
Die beiden anderen siebten grob gemahlenes Weizenmehl ab, gaben dem feinen Mehl etwas Wasser und Salz bei und kneteten es zu einem geschmeidigen Teig.
Später setzte sich eine Frau auf einen flachen Hocker nahe an die zweite Feuerstelle, nahm ein Stück Teig, rollte ihn zuerst zu einer tennisballgrossen Kugel, presste diese geschickt zwischen ihren Händen zu einem runden Fladen, gab ein paar Tropfen Öl in eine leicht gewölbte, blanke Eisenplatte und buk darin, wenige Zentimeter über dem glimmenden Feuer, das schmackhafte indische Fladenbrot.
So um zehn Uhr erschienen die ersten älteren Frauen und Männer, um zu sehen, ob es wirklich stimmte, was wir angekündigt hatten. Sie sahen, wie der Reis in einem und die Linsen an der herrlich duftenden Currysauce im anderen Topf köchelten und sie sahen die Frau, die flink ein Fladenbrot nach dem anderen zubereitete.
„Ist das wirklich für uns?" fragten sie unsicher. „Ja", sagte ich. „Wieviel kostet ein Essen?" fragten sie weiter. „Nichts", sagte ich, „es ist für Euch: kostenlos!"
Einige eilten weg, um die Nachbarin und einen Blechteller zu holen, andere zauberten ihren Teller gleich unter dem Sari hervor und setzten sich erwartungsvoll in eine Ecke ...
Fünfzehn Frauen und vier Männer, alles arme Menschen, für die Reis, Linsen und und vor allem das weiche und nahrhafte Fladenbrot ein Festessen bedeutete, assen am ersten Tag in dem

Haus; und ich blieb ebenfalls da und ass mit ihnen. Da wir kein Essbesteck gekauft hatten, ass ich eben von Hand, wie alle anderen. Die Gäste sassen mit untergeschlagenen Beinen am Boden. Da ich dies nicht gewohnt war, holte eine meiner Angestellten irgendwoher einen Stuhl für mich ...

Es brauchte ein paar Tage Zeit, bis sich unsere Dienstleistung in der Stadt herumgesprochen hatte, dann aber erschienen täglich vierzig und mehr betagte Leute zum Essen.

Sie hätten diese Menschen sehen sollen: Frauen, abgearbeitet, gebückt und nur in Lumpen gehüllt, Männer mit dürren, leicht gekrümmten Beinen, einem grauen Lendenschurz und vom unzähligen Waschen gebleichten Turban auf dem kantigen, weisshaarigen Haupt. Sie kamen oft mitten im Vormittag, sassen geduldig im Schatten, nahmen ihr Essen dankbar entgegen, zogen sich zu dritt oder zu viert in den Schatten zurück, setzten sich auf den Boden, beteten kurz und assen dann das sorgfältig gekochte, indische Essen mit Bedacht und sichtlichem Genuss.

* * *

Den Rollstuhl hatte ich diesmal für einen Mann mitgebracht, der auf der Gemeindeverwaltung arbeitete. Als sich die Gemeindeangestellten im Bettenhaus, vor einem halben Jahr, am Bett der toten Frau versammelt hatten, war ein junger, sehr freundlicher Mann dabei gewesen, der auf einem Stuhl sass und nicht gehen konnte. Wir waren ins Gespräch gekommen und ich hatte ihm einen Rollstuhl versprochen.

An einem Vormittag schob ich den bereiften Stuhl zum Verwaltungsgebäude, zog ihn die zwei Stufen hoch, liess mich von einem Angestellten in das Büro des Mannes geleiten und überraschte ihn bei der Arbeit. Er freute sich mächtig und dankte mir mehrmals aufrichtig! Sofort setzte er sich hinein, fasste in die Räder und bewegte sich hin und her und strich immer wieder mit seinen feingliederigen Händen über die Seitenlehnen, die lederne Sitzfläche und die Stellbremse.

Alle kamen herbei und wollten den Glücklichen sehen. Zeitweise drängten sich dreissig Personen in dem kleinen Büro.
Einen Rollstuhl auf der weiten, ohnehin schon anstrengenden Reise von St. Gallen bis nach Jobat mitzuschleppen war jedesmal umständlich und kräftezehrend, aber die strahlenden Gesichter und die glänzenden Augen bei der Übergabe waren es wert und entschädigten mich mehr als genug. Deshalb brachte ich trotz der Umständlichkeit, im Laufe der Zeit insgesamt sechzehn Rollstühle nach Indien.

Selbstverständlich wollte ich auch diesmal zweimal wöchentlich gratis Mais abgeben und tatsächlich warteten am ersten Freitagmorgen etwa dreissig Personen vor dem Haus. Doch ich hatte noch keine Zeit gehabt, um den Mais und die Helfer für das Verteilen zu organisieren und musste sie daher mit leeren Händen nach Hause schicken. Jedoch nicht ohne das Versprechen, am Dienstagmorgen bereit zu sein.
Von der zweiten Woche an, verteilten wir wieder regelmässig dienstags und freitags jeweils fünfhundert Kilogramm und ich achtete weiterhin sorgfältig darauf, dass jeder der fünf Händler abwechslungsweise liefern konnte.

Dem Verwalter hatte ich versprochen, einige Reparaturarbeiten an den arg vernachlässigten Gebäuden der Station zu übernehmen.
Fast täglich kamen Männer bei mir vorbei und fragten nach Arbeit. Jetzt hatte ich eine Beschäftigung für sie: Zuallererst mussten sie die abgeschliffenen Tritte der Steintreppe vor dem Haupteingang ausbessern, dann das Wellblechdach über dem Patientensaal neu decken, später die tiefen Risse in den betonierten Verbindungswegen der drei Hauptgebäuden mit Zement ausgiessen und noch vieles mehr.
Meistens waren es Adivasi-Männer die Arbeit suchten. Obschon wir kaum ein Wort miteinander reden konnten, verstanden sie rasch, was ich wie repariert haben wollte und führ-

ten die Arbeiten immer gewissenhaft und, soweit ich beurteilen kann, auch fachmännisch aus.

Ihre Lohnforderungen waren dabei unter jeder Vernunftsgrenze – als ungeschulte Menschen waren sie es anscheinend gewohnt, als billige Arbeitskraft ausgebeutet zu werden. Ich bezahlte ihnen einen Lohn, den ich im Vergleich mit anderen Arbeitern in der Stadt, als angemessen hielt.

Leider kam es vor, dass der eine oder andere Mann das ganze Geld innerhalb weniger Tage für billigen Fusel ausgab, aber deswegen hätte ich niemals seinen Verdienst reduziert.

Im weiteren bat ich den Elektriker der Stadt, im Patientensaal einige Neonröhren zu montieren, damit die Kranken abends ein wenig Licht hätten und nicht wie bisher, den Tag mit einer Kerze oder einem kleinen Öllämpchen verlängern mussten. Wenn ich die Patienten nach der Dämmerung besuchte, empfand ich es immer als trostlos: Nahezu bei allen Betten brannten kleine Kerzenstummel oder Öllämpchen und verbreiteten ein diffuses Licht im grossen Saal.

Als die Leuchten am ersten Abend eingeschaltet wurden und ein helles, wenn auch etwas kaltes Licht verbreiteten, wurde der Anlass richtiggehend gefeiert.

Vor siebzig Jahren waren das Krankenhaus, die Wohnhäuser und die mächtige Missionskirche gebaut worden. Sämtliche Gebäude waren seit Jahren elektrifiziert und die grosse, immer aufs sorgfältigste gepflegte Missionskirche, zweihundert Meter ausserhalb des Areals, wurde nachts von Scheinwerfern angestrahlt und auf der mit Glassplittern gesicherten Umgebungsmauer brannten gar alle fünf Meter verschiedenfarbige Glühbirnen. Aber im Saal der Patienten hatte bisher nach Sonnenuntergang Dunkelheit geherrscht!

Neonröhren allein waren allerdings noch keine Garantie für Helligkeit: Gelegentlich brach die Stromversorgung zusammen und das in der Regel zu der Tageszeit, an der der grösste Bedarf an Strom herrschte: so um neun Uhr abends.

Wie oft sass ich am Tisch und schrieb und hatte aus Nachlässigkeit vergessen die handliche Taschenlampe oder zumindest Streichhölzer in Griffnähe zu legen. Plötzlich war der Strom weg und ich tappte im Dunkeln zu der Ablage an der Wand, um eine Kerze oder das Windlicht zu suchen. Wehe, wenn dann keine Streichhölzer in der Nähe zu finden waren, dann musste ich mich bis zur Küche durchschlagen, um dort die Streichhölzer in der Nähe des Gasherdes – zu ertasten.
Als zwei Abende vor Weihnachten der Strom ausfiel, setzte ich mich mit der kleinen Laterne auf die Treppe vors Haus. Ich wollte den lauen Abend geniessen und bewunderte den Sternenhimmel, der übrigens in Jobat viel klarer zu sehen und deshalb noch bewundernswerter ist, als in der Schweiz. (Ich hab mich oft gefragt, weshalb das so ist und habe bis heute nur eine Erklärung gefunden: Die Luftschichten über Jobat müssen trockener und reiner sein, als die Luftschichten über der Schweiz.)
Nun, die kleine, warme Lichtquelle lockte einen Schwarm Mücken an und die lästigen kleinen Tiere surrten um mich herum und stachen mich in die Fussknöchel. Ich floh zurück ins Haus, zog mir dicke Socken über und wollte mich erneut zu der kleinen Laterne setzen, die ich derweil draussen stehen gelassen hatte: Da entdeckte ich, wie eine Fledermaus völlig lautlos, aber geschickt und schnell über der Treppe hin und her jagte und die Mücken vertilgte.

Es war ebenfalls ein paar Tage vor Weihnachten, als alle Angestellten der Station ungewöhnliche Emsigkeit an den Tag legten: Der Platz vor dem Hauptgebäude wurde gefegt und Unrat, der seit Monaten herumlag, weggeräumt. Jemand jätete die dürren „Grünflächen" zwischen den Gebäuden und einige Männer strichen sogar die Front des Hauptgebäudes neu.
Als ich eines Tages, kurz vor dem Mittag, zu Fuss die Einfahrt zur Station heraufkam, überholte mich ein grosses, weisses Auto, dessen hinteren Scheiben mit zierlichen, weissen Vorhän-

gen verziert waren. Es hielt unmittelbar vor dem Haupteingang und der uniformierte Fahrer stieg aus und öffnete etwas steif die hintere Tür: Ein stattlicher Herr stieg aus, drehte sich sofort nach mir um und winkte mir freundlich zu. Ich sah, dass er eine einfache Kette aus Holzperlen um den Hals trug und daran baumelte, mitten auf seiner Brust, ein grosses, schlichtes Kreuz, ebenfalls aus dunklem Holz. Das muss der Bischof sein! dachte ich.

So war es auch: Ich wurde am Nachmittag in das Krankenhaus zum Tee eingeladen. Der Bischof hatte meinen Brief erhalten und war hergekommen, um den leitenden Angestellten der Station die Finanznot der Missionsgesellschaft und der Kirche im allgemeinen zu erläutern. Etwas Geld hatte er vermutlich trotzdem mitgebracht, denn der Verwalter machte ein halbwegs zufriedenes Gesicht. (Die Missionsgesellschaft in Kanada hat übrigens auf mein Schreiben nie geantwortet.)

Als ich die Gesellschaft verliess, begleitete mich der Bischof bis vor die Tür. Dort meinte er halb lachend und halb ernst: „Wissen Sie, dass Sie von den Menschen hier mehr geliebt werden als ich?" Er brachte mich damit ziemlich in Verlegenheit. Was hätte ich ihm antworten sollen?

Als er mich dann aber fragte, ob ich ihm sagen könne weshalb das so sei, da empfahl ich ihm, einmal des abends statt zu beten, darüber nachzudenken! Vielleicht würde ihm die Antwort dabei selber einfallen.

Weihnachten habe ich zusammen mit der christlichen Gemeinde gefeiert und an den Feiertagen habe ich Briefe an meine Familie und an meine vielen Freunde geschrieben.

Im Januar stand der Ambulanzwagen in Indore zum Kauf bereit. Ich stand um vier Uhr in der Früh auf und um fünf Uhr waren wir mit einem gemieteten Jeep unterwegs nach Indore. Der Kauf zog sich hin – die Firma wollte sicher sein, dass der Check gedeckt war – und als wir mit dem neuen Jeep zurückkamen, war es Mitternacht. Ich liess mich todmüde ins Bett fallen und dachte, kurz bevor ich einschlief, dass ich für solche Strapazen einfach langsam zu alt werde ...

* * *

Bevor ich in die Schweiz zurückreiste, lud ich alle sechs Frauen, die für die Indienhilfe arbeiteten, zusammen mit Frau Rufus an einem Nachmittag zum Tee ein und sprach mit ihnen über ihre Aufgaben während meiner Abwesenheit.
Die drei Frauen in der Paulus-Küche wies ich an, weiterhin für die älteren Menschen zu kochen. Die Frau, die für die Patienten im Krankenhaus kochte, sollte ebenfalls mit ihrer Arbeit fortfahren und meine Köchin Aschi und Bala bat ich, zusammen in die Dörfer zu gehen, und dort den Müttern im Kampf gegen Verletzungen oder Krankheiten ihrer Kinder beizustehen.
Frau Rufus, die Buchhalterin, ersuchte ich, „meinen" Angestellten monatlich die Gehälter zu bezahlen und ihnen die Auslagen für das Brennholz, die Nahrungsmittel und die Medikamente zu ersetzen. Die Checks dazu würde ich ihr jeweils im voraus zusenden.
„Im Juni", versprach ich ihnen, „werde ich zurückkommen."

Noch etwas tat ich, bevor ich abreiste: Ich kaufte ein solides Vorhängeschloss, legte die paar Küchenutensilien, die ich neu angeschafft hatte, vorsorglich in einen Wandschrank und schloss ihn ab.

X

In der Schweiz sah ich schreckliche Bilder aus Äthiopien. Unermessliches Leid muss dort geherrscht haben und viele Menschen aus ganz Europa spendeten zu recht Geld und nahmen Teil am Elend der vertrieben Menschen.
Von der Hungersnot in Indien sah ich hingegen keine Meldungen, weder in der Zeitung noch im Fernsehen. Weshalb? Lag es daran, dass viele Schweizer glauben, Indien sei übervölkert und deswegen meinen, eine Nahrungsmittelhilfe sei von vornherein zwecklos?
Vielleicht lag es auch ganz einfach daran, dass der indische Staat keine Hilfe anforderte.
Ich weiss nur, dass die Not auch in Indien gross war! Als ich im August wieder in Jobat eintraf, hätte eigentlich die halbe Regenzeit vorüber sein sollen, doch es hatte kaum geregnet und auch während den drei Monaten, die ich blieb, regnete es kaum. Das war das dritte Jahr ohne Regen und die Auswirkungen auf die Pflanzen, Tiere und die Menschen waren fatal.
Die meisten Bachläufe lagen ausgetrocknet da und der Fluss, der am Städtchen Jobat vorbeifliesst, war nur noch ein kleines, übel riechendes Rinnsal.
Jeden Morgen bildeten sich lange Menschenschlangen vor den vier oder fünf Handpumpen in der Stadt, die Grundwasser aus fünfzehn oder mehr Metern Tiefe heraufförderten. Die Frauen und Kinder füllten ihre erdfarbenen Tontöpfe mit dem kühlen Wasser und trugen den Tagesbedarf für ihre Familie sorgsam auf dem Kopf nach Hause.

Die Station hat ein grosses Reservoir, das mittels elektrischer Pumpe ebenfalls aus dem Grundwasser gespiesen wird. Das Reservoir befindet sich auf dem höchsten Punkt des Areals. Von dort fliesst das Wasser durch dünne Leitungen in kleine

Wassertanks, die sich auf den flachen und begehbaren Dächern der Bungalows, direkt über den Wohnungen befinden. Die Sonne erwärmt tagsüber das Wasser in den mit schwarzer, matter Farbe gestrichenen Tanks so, dass abends eine angenehm warme Dusche möglich wird.

Doch in jener Zeit war das Trinkwasser rar und alle gingen sehr, sehr sparsam damit um. Zum Trinken und zum Kochen reichte es immer, aber an eine Dusche durfte ich damals nicht einmal denken!

Frau Rufus schrieb mir in die Schweiz, dass sie die Checks erhalten und die Gehälter und alle anderen Auslagen damit bezahlt habe. Sie schrieb, dass alles „sehr schön vor sich gehe". Das beruhigte mich und ich freute mich auf den nächsten Aufenthalt.

Obschon ich inzwischen ziemlich viel Geld an die Bank in Jobat überwiesen hatte, um die laufenden Ausgaben decken zu können, nahm das Spendenkonto in der Schweiz nicht ab, sondern zu. Auch diese Tatsache beruhigte mich. Selbst wenn keine Spenden mehr eingegangen wären, hätte das Geld gereicht, um die Paulus-Küche einige Jahre auf die gleiche Art weiter zu betreiben.

* * *

Wie geplant, reiste ich im August nach Jobat. Diesmal brachte ich dem Krankenhaus auf Dr. Deborahs Wunsch ein Elektrokardiogramm-Gerät (EKG) mit, und natürlich hatte ich im Gepäck wieder solides Essbesteck und ein paar nützliche Küchenutensilien, auf die wir Frauen einfach nicht gerne verzichten.

Der Fahrer der Station und seine beiden Begleiter holten mich mit dem neuen, weissen Krankenwagen im Hotel ab und auf der ganzen Fahrt schwärmte er von dem Wagen, von dem bulligen Motor und der robusten Konstruktion. Und er erzählte mir begeistert, wo er in den vergangenen sechs Monaten bereits überall damit hingefahren sei.

Ich bezahlte dem Verwalter nach der Ankunft den selben Betrag, den ich einem Taxi für die Fahrt hätte bezahlen müssen und dem Fahrer gab ich ein Trinkgeld, wie ich es auch dem Taxifahrer gegeben hätte.

Ich hatte das Fahrzeug zwar mit Spendengeldern finanziert, es aber dem Krankenhaus übergeben und deshalb liess ich es immer, wenn ich es für eine Fahrt in die Dörfer, oder sonstwie für meine Zwecke benötigte, einige Tage im voraus reservieren und bezahlte stets den üblichen Miettarif.

Auch diesmal waren alle „meine" Frauen, Dr. Deborah, etliche Krankenschwestern und viele Kinder gekommen, um mich zu begrüssen und willkommen zu heissen. Die Begrüssung lief immer ähnlich ab, und doch war es jedesmal aufs Neue wunderschön, so warm und herzlich empfangen zu werden. Es gab mir irgendwie das Gefühl, heimzukommen!

An den beiden ersten Tagen machte ich einen Rundgang durch das Krankenhaus und begab mich anschliessend zur Paulus-Küche.

Und am Sonntag schrieb ich einen Brief an meine Kinder und einige Briefe an meine engsten Freunde, um ihnen mitzuteilen, dass ich gut angekommen sei.

Mit den Briefen unter dem Arm machte ich mich am Montagmorgen auf den Weg in das Städtchen. Ich wollte zur Post, um die Briefe aufzugeben, danach zur Bank, um Geld abzuheben und den Kontostand einzusehen, danach zu einem Händler, um fünfhundert Kilogramm Mais zu kaufen, den wir am Dienstag verteilen würden, danach zum Apotheker, um die ausstehenden Rechnungen zu begleichen und schliesslich gedachte ich noch, auf dem Markt einige Früchte zu kaufen.

Doch es kam anders an diesem Morgen: Wenige Schritte nach der Busstation sah ich eine Frau, in schmutzige Lumpen gehüllt, am staubigen Strassenrand kauern. Ich trat zu ihr hin

und fragte sie in Hindi, ob ich ihr helfen könne. Inzwischen hatte ich einige Wörter gelernt und konnte mich einigermassen verständigen.
Sie sah mich an, mit grossen, angsterfüllten Augen und gab keine Antwort. Sie hob nur schützend die Arme über ihren Kopf, als fürchtete sie, geschlagen zu werden. Dabei fiel mir auf, dass sie einen Säugling in ihrem Schoss verborgen hielt. Ich redete ruhig auf sie ein und deutete ihr an, mir zu folgen, und tatsächlich stand sie auf und wankte, immer drei oder vier Schritte hinter mir, hinauf ins Krankenhaus. Eine Schwester führte sie zu einem Bett und müde setzte sie sich darauf, nach wie vor ohne ein Wort von sich gegeben zu haben und auch ohne ihren Säugling loszulassen. Erst als Dr. Deborah erschien und sich als Ärztin zu erkennen gab, öffnete sie ihre Arme und überliess ihr das Kindlein. Es lebte nicht mehr.
„Der Junge muss vor zwei oder drei Stunden gestorben sein!" stellte Dr. Deborah nüchtern fest. Ermattet sank die Frau auf das Bett zurück – sie weinte nicht, lag einfach nur da, atmete schwer und starrte zur Decke.
Ich brachte ihr einen Tee mit viel Milch und Zucker und sass den ganzen Vormittag an ihrem Bett, hielt einfach ihre Hand und redete kein Wort. Meine Tränen konnte ich allerdings nicht zurückhalten.
... ich war wieder in Indien!

Am Abend erzählte mir die junge Frau ihre Geschichte, stockend, mit kraftloser Stimme und ohne aufzuschauen (eine Schwester übersetzte): Ihr Mann hatte in Indore die Stelle verloren. Ohne Arbeit und ohne Geld waren sie mit ihren zwei Kindern vor mehr als zwei Monaten losgezogen, mit dem Ziel, die Heimatstadt des Mannes zu erreichen (den Namen des Ortes habe ich vergessen). Unterwegs starb der Mann und eine Woche später auch das ältere Kind – vermutlich an einer Vergiftung, denn die vier hatten sich nur noch von Abfällen ernährt. Heute starb noch ihr zweites Kind.

Dr. Deborah zeigte mir ausnahmsweise die Blutwerte der Frau: Sie besass noch 4 Gramm Blut (28 %)!
Ich fragte sie, ob sie bei mir arbeiten möchte, sobald sie gesund sei, doch sie lehnte ab. Sie möchte zu ihrer Mutter gehen, meinte sie traurig und daraufhin gab ich ihr etwas Geld. Sie dankte mir, umarmte mich mit ihren mageren Armen und verliess vier Tage später das Krankenhaus – ich habe sie nie wieder gesehen.

Den Mais kaufte ich am Nachmittag, die Briefe brachte ich anderntags zur Post und ebenfalls ab Dienstag verteilten wir wieder regelmässig zweimal wöchentlich fünfhundert Kilogramm. Mais, sowie Reis waren trotz der Hungersnot immer erhältlich. Der Preis war einfach sehr hoch und manchmal waren die Körner etwas kleiner oder derart von Käfern befallen und angefressen, dass ich ihn zurückgeben musste. Der Ersatz traf jedesmal innerhalb wenigen Stunden ein; hin und wieder hatte ich das Gefühl, dass die Händler versuchten, bei mir die schlechte Qualität loszuwerden – er war ja „nur für die Armen".

* * *

An einem Mittag standen plötzlich drei Kinder, im Alter von fünf bis acht Jahren, in meinem Wohnzimmer. Ich hatte soeben gegessen und wollte mich hinlegen, als sie in zerlumpten Kleidern und mit verfilztem Haar mitten im Zimmer standen, mich mit grossen Augen ansahen, etwas sagten und dabei scheu lächelten, oder vielmehr verlegen kicherten.
Ich liebte es nicht besonders, wenn jemand eintrat ohne zu klopfen und nicht an der Tür wartete, bis ich ihn hereinliess, zudem sprach ich die drei Kleinen in Hindi an, erhielt jedoch keine Antwort auf meine Fragen. Sie sagten immer die gleichen Worte und dies in einer Sprache, die mir fremd war. Sollten sie etwa hergekommen sein, um zu betteln? Kinder? Waren sie gar von jemandem beauftragt worden?

Leicht verärgert rief ich Aschi und bat sie, zu übersetzen. Sie stellte ihnen ein paar Fragen – das älteste Kind gab ihr artig Antwort –, lachte plötzlich mit ihnen und strich ihnen sanft und liebevoll übers Haar. „Sie sind gekommen, um dich zu sehen und zu grüssen!" sagte Aschi zu mir gewandt und um die Situation vollends zu klären, ergänzte sie: „Es sind drei Geschwister. Sie haben von einer lieben Tante gehört, die von weit, weit her gekommen sei und jetzt in diesem Haus wohne; und jetzt sind sie gekommen, um diese Tante zu grüssen. Das ist alles." Ich war natürlich gerührt! Wie konnte ich nur Groll gegen Kinder aufkommen lassen?

Wir hatten zum Glück noch einige Fladenbrote, etwas Reis und Linsen übrig und so führten wir die drei in die Küche und gaben ihnen zu essen. Als ich sah, wie ihre Augen leuchteten, wie sie sich hurtig mit dem vollen Teller auf den Küchenboden setzten, die Augen schlossen, ein kurzes Gebet sprachen und dann langsam, aber mit grossem Appetit alles verzehrten, bis zum letzten Krümel, da beschloss ich, ab sofort auch für Kinder zu kochen.

Ich lud sie ein, am nächsten Tag wieder zu kommen, und alle ihre Freunde mitzubringen. Aschi lachte und übersetzte ihnen meine Worte. Tatsächlich standen am nächsten Mittag sieben Kinder in meiner Wohnung, diesmal führte ich sie aber hinaus und liess sie vor der Küche im Schatten Platz nehmen. Aschi gab ihnen dort zu essen.

Wie ein Lauffeuer verbreitete sich die Neuigkeit und ab der zweiten Woche sassen jeden Mittag zwischen achtzig und hundert Kinder vor unserer Küche im Schatten und assen Fladenbrot, Reis und Linsen, oder Rabdi, ein Eintopfgericht aus Hirse, etwas Öl und braunem Zucker.

Aschi und Bala vermochten diese Arbeit nicht mehr allein zu bewältigen und deshalb stellte mir Aschi eines morgens eine junge Frau vor, die das Kochen für die Kinder übernehmen wollte. Sie war sanft und herzlich mit den Kindern und hatte offenbar grossen Spass an ihnen. Also stellte ich sie ein.

In den ersten Wochen hatten wir allerhand zu tun: Die Paulus-Küche, die regelmässigen Maisabgaben, die Patientenbesuche im Krankenhaus, das Essen für die Kinder; und dazu luden wir die Angestellten der Station zu einer Party ein, die überdies sorgfältig vorbereitet sein wollte. Folglich war es mir nicht möglich gewesen, in die Dörfer zu gehen, aber dann überliess ich meinen beiden Köchinnen und Bala nicht nur die Kinder, sondern den gesamten Haushalt – bisher hatte ich meine Wäsche selbst gewaschen und auch die Wohnung gereinigt – und plante, in den nächsten Wochen statt dessen das Versäumte nachzuholen.

* * *

Wie in alten Zeiten schulterte ich die Tasche mit der kleinen Apotheke und einer Flasche Trinkwasser, und machte mich nach dem Frühstück auf den Weg in das Gebiet östlich von Jobat, wo ich mich ein wenig auskannte.
In der Nähe des ersten Dorfes eilte mir eine Schar Kinder entgegen. Sie waren allesamt sehr mager und trugen schmutzige Stofffetzen, die man kaum noch als Kleider bezeichnen konnte. Sie umringten und begrüssten mich und führten mich zu einer Hütte. Dabei fiel mir auf, dass sie sich ungewöhnlich still verhielten.
Ein älteres Mädchen verschwand in der Hütte und erschien kurz darauf wieder, in Begleitung eines Mannes, den ich vom Sehen her kannte. Er grüsste mich sehr freundlich, aber ebenfalls zurückhaltend ruhig und bat mich herein.
Auf der Pritsche lag seine Frau, von einem schweren Asthma-Anfall geplagt. Meine kleine Apotheke enthielt Salben, Verbandszeug und Tabletten gegen Kopfschmerzen, damit konnte ich ihr leider nicht helfen.

Sie war sehr schwach und konnte nicht mehr sprechen, aber ich schloss aus ihrem verklebten Mund, dass sie starken Durst haben musste und suchte ein sauberes Tuch, um ihr die Lippen zu waschen. Da ich in der ganzen Hütte kein Stückchen Stoff fand, das sauber war, hob ich vorsichtig ihren Kopf und setzte ihr meine Wasserflasche an den Mund. Sie trank in sehr kleinen Schlückchen und musste dazwischen immer wieder Luft holen. Diese grossen, dunklen und eingefallenen Augen und die Art, wie sie mich dankbar ansah, werde ich nie vergessen!
Ich schlug vor, sie so rasch wie möglich ins Krankenhaus zu bringen, doch da stand ein alter Mann auf, den ich bisher übersehen hatte, führte mich hinaus und erklärte mir in Hindi, einige Schritte von der Hütte entfernt, dass es keinen Sinn mehr habe ... Er zuckte dabei die Schultern.
Traurig ging ich weiter. Die Frau war noch nicht dreissig Jahre alt gewesen und hatte vier Kinder. Sie muss bald darauf gestorben sein, denn ich habe sie nie mehr gesehen.

Wie ich bereits erwähnt habe, liegen die Hütten in den Dörfern nicht, wie ich es oft auf Bildern aus Afrika gesehen habe, nah beisammen, sondern weit verstreut über der kargen und buckeligen Landschaft. In diesem sechzehn Hütten-Dorf beträgt die Distanz zwischen der ersten und der letzten Hütte bestimmt zwei Kilometer.
Als ich mich auf den Weg zu der nächsten Hütte machen wollte, liessen die Kinder nicht von mir ab, drängten mich vom Weg ab und führten mich quer über einen langgezogenen, Hügel zu einer alten, halb zerfallenen Hütte, bei der einige Menschen versammelt waren und um ihren Grossvater trauerten. Er war vor zwei oder drei Tagen gestorben.
Ich dachte, dass es vielleicht nicht der richtige Tag sei, um dieses Dorf zu besuchen, und marschierte der Senke entlang, heimzu.
Nach einiger Zeit sah ich eine grössere Hütte, an die ich mich jedoch nicht erinnern konnte. Vielleicht hatte ich sie nie gese-

hen, weil sie etwas abseits der üblichen Route, eingebettet im kleinen Tal lag. Als ich näher kam – die Kinder hatten mich ziehen lassen –, sah ich einen Polizeijeep vor der Hütte stehen. Polizisten in einem Adivasi Dorf? Das war etwas völlig Neues! Es waren vier Polizisten aus Jobat: ich kannte sie – nicht ihre Namen, aber ihre Gesichter. Sie waren gerufen worden, weil in den frühen Morgenstunden der Mann, der in dieser Hütte wohnte, mit einem Pfeil erschossen worden war. Der unbekannte Schütze hatte mit einem Bogen aus einigen Metern Entfernung auf die Hütte geschossen, der Pfeil hatte die Lehmwand durchschlagen, war dem unglücklichen Mann tief in den Rücken eingedrungen und hatte ihn getötet.
Nachdem sie mir den Tathergang geschildert, den Verstorbenen und den tödlichen Pfeil gezeigt hatten, wollte ich nur noch eines: so rasch wie möglich nach Hause!
Nach dem Mittagessen versuchte ich eine Stunde zu schlafen. Vergeblich!
Immer noch innerlich aufgewühlt begab ich mich schliesslich auf den Rundgang in das Krankenhaus ... und wurde auch dort von einer Totenklage empfangen: Eine junge Frau war kurz vor dem Mittag gestorben.
Wieviel Trauriges an einem Tag!

Am Abend besuchte mich Dr. Deborah. Sie hatte von dem Mord gehört und warnte mich davor, weiterhin in die Dörfer zu gehen. Sie sagte, die Hungersnot sei so gross, dass die Adivasis gereizt, angriffig und unberechenbar reagierten und meinte, dies sei nicht der erste und bestimmt auch nicht der letzte Mordfall gewesen.
Ich legte mich niedergeschlagen und verzweifelt ins Bett und betete in jener Nacht: Oh Herr gib mir Kraft, genug Kraft, um der Not stand zu halten. Lass mich nicht allein in diesem furchtbaren Elend. Ich möchte Deine Stimme hören, spüren, dass Du mich begleitest und bitte schenk mir im Traum ein kleines bisschen Himmel, so dass ich wieder an das Licht und

an die Hoffnung glauben kann! Und bitte, setze dieser unmenschlichen Not ein Ende – ich kann es nicht mehr sehen!

Einige Tage später ging ich mit frischem Mut auf der Strasse, die nordwestlich aus Jobat herausführte und folgte ihr hinaus in die rotbraune, trockene Landschaft.
Kaum hatte ich die Stadt und mit ihr die Häuser und den Asphalt hinter mir gelassen, hörte ich plötzlich eigenartig klatschende Geräusche, die mir folgten. Ich versuchte schneller zu gehen, doch der Lärm kam näher. Da bückte ich mich und tat so, als ob ich ein Steinchen aus meiner Sandale entfernen würde und blickte verstohlen zurück: Ein Adivasi folgte mir! Das eigenartige Geräusch stammte von seinen viel zu grossen Plastikschuhen, die bei jedem Schritt auf die Strasse klatschten und feinen Staub aufwirbelten.
Ich begann weiterzugehen und redete mir ein, dass ich keine Angst zu haben brauchte. Gibt es nicht ein Sprichwort, das lautet: *Wer Leben schützt, dessen Leben wird geschützt?*
Der Mann holte mich ein, glich sein Schritttempo dem meinen an und ging an meiner Seite, ohne mich anzusehen oder mich zu grüssen. Er liess eine geraume Zeit verstreichen und fragte dann etwas unverhofft, aber zum Glück in Hindi: „Wohin gehst Du?"
Ich nannte ihm den Namen des nächsten Dorfes und fragte sogleich zurück, wohin er gehe. Er nannte mir den Namen eines Dorfes, das ich einmal besucht hatte – allerdings mit dem Landrover – und das bestimmt noch fünfzehn Kilometer weit entfernt lag. Noch so weit muss der Mann gehen, in seinen viel zu grossen Schuhen, dachte ich und musste unwillkürlich auf seine Füsse blicken. Er tat mir leid und ... damit war die Angst weg!
„Hast Du Kinder?" fragte ich ihn weiter.
„Vier", sagte er und hielt zur Sicherheit vier Finger hoch, „und Du?"
„Acht!"

Worauf er ein ehrfürchtiges: „Atscha!" ausstiess, das, je nach Situation in der es verwendet wird, mit *Alle Achtung!* oder *Oh je!* übersetzt werden kann ...
Die Strasse zog sich ein Stück weit eben hin. Da sah ich auf der linken Seite, hinter ein paar verdorrten Büschen versteckt, eine kleine Hütte. Ich schritt an den Rand der Strasse, hob kurz die Hand und verabschiedete mich mit dem Wort: „Salam!" Es ist eigentlich ein arabisches Wort, das jedoch in Jobat geläufig ist und *Friede sei mit Dir!* bedeutet.
Er blieb sofort stehen, hob beide Hände zum Gruss und rief mir zweimal: „Salam! Salam!" nach.

Ich ging quer übers Land, geradewegs auf die Hütte zu. Es war verdächtig still, keine Stimme war zu hören und kein Kind, kein Hund, nichts kam mir entgegen. Als ich näher kam, stellte ich fest, dass die Hütte sehr einfach gebaut war, etwa so, wie wenn sie von Pfadfindern in ein oder zwei Tagen aufgestellt worden wäre. Ob hier ein Einsiedler lebte?
Der Hütteneingang war durch einen grauen Sack verhangen. Ich stellte mich etwa zwei Meter davor und rief: „Hallo?"
Da wurde der Sack von innen zur Seite geschoben und heraus stürzte eine Frau. Sie sprang mich kreischend an, riss mir die Tasche weg, schubste mich, sodass ich zu Boden fiel und zerrte, immer noch schreiend, an meinen Kleidern. Wie gelähmt lag ich am Boden und konnte mich nicht wehren!
Zwei Männer, die ihr aus der Hütte gefolgt sein mussten, packten sie unsanft an den Armen und zogen sie von mir weg. Von den Männern an den Tätlichkeiten gegen mich gehindert, versuchte sie noch, mich anzuspucken, doch der ältere der beiden Männer drückte ihr sofort die Hand auf den Mund und zu Dritt verschwanden sie wieder in der Hütte.
Ich stand rasch auf, suchte meine Tasche und wollte den Ort schleunigst verlassen – das Herz schlug mir bis zum Hals –, da erschien der jüngere Mann wieder, grüsste mich freundlich und sprach ein paar Worte, die ich zwar nicht verstand, aber der

Ton, in dem er redete, und sein freundliches Lächeln beruhigten mich.

Die Schreie, die aus der Hütte kamen, verstummten und bald darauf erschien auch der ältere Mann wieder. Jetzt konnte ich erkennen, dass sie Vater und Sohn sein mussten.

Der Vater war taub und stumm, beherrschte jedoch mit seinen Händen eine Gestik, mit der er fast alles sagen konnte. Er deutete mir mit seinen Händen an, dass seine Frau nicht ganz richtig im Kopf sei und entschuldigte sich für den Vorfall.

Weil die Frau geisteskrank und der Mann taubstumm war, lebten sie zurückgezogen, ja fast ausgestossen, zusammen mit ihrem Sohn, ausserhalb der Stadt und abseits der Strasse. Trotz der unbeschreiblichen Armut waren der Vater wie der Sohn ausgesprochen fröhlich und hatten einen ausgeprägten und feinen Sinn für Humor.

Ich versprach den beiden, am Nachmittag wieder zu kommen und eilte zurück, um ein paar Dinge zu holen.

Einige Kilogramm Mais, eine Seife und einige Kleider brachte ich ihnen, und dazu noch ein Huhn, das ich im Vorbeigehen auf dem Markt erstanden hatte. Sie freuten sich über die Gaben und baten mich diesmal in die Hütte. Sie war so nieder, dass ich nicht stehen konnte, dafür war es überraschend hell – obwohl sie kein Fenster aufwies und das Türloch wie gesagt, durch einen grauen Sack verhangen war –, weil das Tageslicht durch endlos viele Ritzen hereinschimmerte. Die Frau rührte sich nicht, sass still da und beobachtete mich mit wirrem Blick.

Die Sonne verschwand hinter dem Horizont, als ich die Familie verliess und da die Dämmerung nur sehr kurz ist, musste ich mich beeilen. In raschem Schritt und gedankenversunken folgte ich dem schmalen Pfad, der zur Strasse führte und bemerkte deshalb die drei Adivasi-Männer, die meinen Weg kreuzten, erst im letzten Augenblick. Der mittlere der drei Männer hielt einige Pfeile und einen Bogen in der Hand.

Erschrocken blieb ich stehen, fasste mich jedoch wieder und grüsste sie mit dem Wort: „Salam!"

„Salam!" sagten die drei, lächelten freundlich, hoben ihre Hände zum Gruss, traten zur Seite und liessen mich passieren. Erleichtert, vielleicht nicht mehr so rasch, dafür mit offenen Augen, setzte ich meinen Weg fort.
Was hatte Dr. Deborah am Vorabend gesagt? Die Adivasis seien *gereizt, angriffig und unberechenbar!*

* * *

Die drei Monate waren viel zu schnell vorbei und kurz bevor ich in die Schweiz zurückreiste, lud ich alle Frauen, die inzwischen für die Indienhilfe arbeiteten, zum Tee ein und sprach mit ihnen über ihre Aufgaben während meiner Abwesenheit. Drei Frauen kochten wie bis anhin in der Paulus-Küche, meine Köchin kochte für die Kinder, die Frau die unweit der Station wohnte und bisher für die Patienten gekocht hatte, fuhr ebenfalls mit ihrer Arbeit fort und Bala bat ich, zusammen mit meiner neuen, zweiten Köchin regelmässig in die Dörfer zu gehen.
Frau Rufus gab ich bekannt, welche Gehälter ich den Frauen versprochen hatte und bat sie erneut, mich zu vertreten und die Zahlungen monatlich vorzunehmen.
Der Fahrer brachte mich mit dem Krankenwagen nach Vadodara und erzählte mir auf der langen Fahrt, dass der Bischoff in Indore Geld unterschlagen habe. Er habe mit Missionsgelder einen komfortablen Reisebus gekauft und ihn auf eigene Rechnung als Express-Verbindung auf der Linie Bhopal-Indor-Ratlan eingesetzt. Sogar einen Namen habe er dem Bus gegeben: Raj, den Namen seines ersten Sohnes. Er habe bereits einen zweiten Bus bestellt und die Anzahlung ebenfalls mit Missionsgeldern geleistet. „Bestimmt", meinte der Fahrer zornig, „hätte er dem zweiten Bus den Namen seines zweiten Sohnes gegeben. Zum Glück ist man ihm rechtzeitig auf die Schliche gekommen: Er hat nämlich drei Kinder!"
Irgendwie wurde alles aufgedeckt, der Bischoff abgesetzt und einige Monate später ein neuer Bischoff gewählt.

XI

Vier Monate blieb ich in der Schweiz. Die Zeit reichte, um allen Spendern, die wiederholt Geld auf das Indienkonto überwiesen hatten, mit einem Brief herzlich zu danken, und um die vielen, leichten Sommerkleider, die sie mir zugeschickt oder gebracht hatten, zu sortieren, einzupacken und zur Post zu bringen.
Die Apotheke in St. Gallen hatte abermals einen gebrauchten Rollstuhl fachmännisch überholen lassen und bot ihn mir wie immer für wenig Geld an. Selbstverständlich kaufte ich ihn und nahm ihn mit, auch wenn er diesmal niemandem direkt versprochen war. Im Krankenhaus gab es immer Kranke, vor allem Kinder, die eine gewisse Zeit nicht gehen konnten, und hiefür leistete ein Rollstuhl gute Dienste. Zumal die teilweise überdachten Verbindungswege zwischen den Bettenhäusern, dem Hauptgebäude und den aussen angeordneten Toiletten wieder rollstuhlgängig gemacht worden waren.
Der Ambulanzfahrer holte mich, wie vereinbart, in Vadodara ab und auf der Fahrt nach Jobat hatte ich das Gefühl, dass es in der Zwischenzeit mindestens einmal geregnet haben musste.
„Ja, zweimal!" sagte der Fahrer und erklärte mir, dass es zwischen den Regenzeiten, also in der eigentlichen Trockenzeit, normalerweise zwei oder dreimal regnet. „Es sieht alles danach aus, als ob wir wieder mit einer richtigen Regenzeit rechnen könnten." fügte er hinzu.

In der Tat sah ich in den folgenden Tagen etliche Bauern ihre Felder auf die neue Saat vorbereiten. Stundenlang schritten sie hinter einem einfachen Holzpflug her, vor den sie zwei fahle, magere Ochsen gespannt hatten, und rissen nach und nach die durch den Regen leicht angeweichte Erde auf.
Der indische Staat stellte allen Bauern in diesem Gebiet, das nach wie vor als Katastrophengebiet galt, gratis neues Saatgut

zur Verfügung. Damit niemand von diesem Saatgut horten konnte, stellte jede Gemeinde einen landwirtschaftlichen Berater oder, wie es in Jobat der Fall war, eine Sozialarbeiterin ein, die für eine gerechte Verteilung zu sorgen hatte.

Ich traf mich mehrmals mit dieser Sozialarbeiterin und fragte sie, wie den Kleinbauern zusätzlich geholfen werden könnte. Sie erklärte mir, dass fast alle Bauern das Saatgut jeweils auf Kredit beziehen und erst ein Jahr später, mit dem Erlös der Ernte, bezahlen. Da die Bauern durch die anhaltende Dürre um drei aufeinanderfolgende Ernten gebracht worden waren, waren die meisten stark verschuldet und würden es, meinte sie, selbst bei einigen ertragreichen Ernten auch noch auf Jahre hinaus bleiben.

Sie begleitete mich auf meinen Wunsch hin zu der Bankfiliale und gemeinsam baten wir den Manager, uns die ausstehenden Beträge der einzelnen Bauern bekanntzugeben. Er zeigte uns bereitwillig ein paar Beispiele, hielt dabei die Namen der Schuldner jedoch gewissenhaft verdeckt. Die aufgelaufenen Schulden lagen umgerechnet, pro Bauer, zwischen hundert und hundertfünfzig Schweizerfranken.

Für die Adivasis, die angeblich über ein durchschnittliches Jahreseinkommen von hundert Dollar verfügen[18], bildeten diese Schulden eine schwere Last.

Ich beschloss, die Verpflichtungen der Bauern einzulösen, musste jedoch einen Weg finden, um die Zahl der Schuldner zu begrenzen. Ich konnte unmöglich die Schulden von tausenden von Kleinbauern bezahlen! Da beruhigte mich der Manager. Er sagte, dass lediglich etwas mehr als zweihundert Bauern im Einzugsgebiet seiner Bank leben würden, die anderen Bauern hätten ihre Kredite bei den Banken in den ihnen am nächsten liegenden Ortschaften aufgenommen.

---

[18] Nach Angaben der Weltbank.

Daraufhin stellten die Angestellten der Bank sorgfältig eine Liste der Namen zusammen, brüteten tagelang über den Krediten und nannten mir schliesslich die Summe. Ich hatte die Bank in der Schweiz rechtzeitig angewiesen, einen grösseren Betrag nach Jobat zu überweisen, und so war es möglich, alle Schulden mit einem Schlag zu tilgen. Der Manager dankte mir später mit einem ausgesprochen freundlichen Brief.

Viele Bauern erfuhren erst ein Jahr danach, als sie mit dem Erlös der Ernte im Turban die Bank aufsuchten, um wenigstens einen Teil des Kredits zurückzuzahlen, dass ihnen jemand zuvorgekommen war. Alle besuchten mich daraufhin. Sie kamen allein, zu zweit oder in kleinen Gruppen vorbei, um zu danken.

Die Verhandlungen mit dem Bankmanager und der Sozialarbeiterin hatten viel Zeit in Anspruch genommen. Wie bisher hatten wir zweimal wöchentlich Mais verteilt, eine Party mit den Angestellten der Station veranstaltet, uns um die Patienten und die Paulus- und die Kinderküche gekümmert. Zu mehr reichte die Zeit nicht und eh ich mich versah, befand ich mich wieder in der Schweiz.

* * *

Während sich hier viele Leute über den verregneten Sommer ärgerten, freuten sich zu gleicher Zeit im Staat Madhya Pradesh die Menschen über die ausgiebigen und anhaltenden Regengüsse. Dr. Deborah schrieb mir, auch Frau Rufus und viele andere, und alle waren sie sich einig: endlich wieder Regen!

Als ich im Herbst nach Jobat reiste, sah die Landschaft verändert aus: In den Feldern stand der Mais mannshoch, dicht und dunkelgrün. Die Hirsefelder versprachen ebenfalls eine gute Ernte und die kargen, steinigen Hügel waren mit einem flaumigen Grün überzogen, an dem sich kleine Herden von schwarzweiss gefleckten Ziegen gütlich taten.

Am Wegrand blühte da und dort eine mir unbekannte Blume;

Sträucher und Bäume, die ich für längst abgestorben gehalten hatte, trieben aus und zeigten grüne Blätter.
Der Regen hatte einen – im Vergleich zum Segen den er brachte, allerdings unbedeutenden – Nachteil: Die Kinderküche funktionierte nicht mehr. Es regnete wieder „richtig" und an eine Essensabgabe unter freiem Himmel, überhaupt an eine Tätigkeit im Freien, konnte zeitweise nicht mehr gedacht werden.
Ich wusste freilich, dass Kinder auch Hunger haben wenn es regnet und suchte deshalb wieder einmal ein Haus. Der Hilfsnachtwächter der Station machte mich auf ein verlassenes Gebäude aufmerksam, das die Grösse und die Form eines alten, gemauerten Fahrradunterstandes auf einem Schweizer Bahnhof hatte. Es befand sich auf dem Areal, nur hundert Meter von meiner Wohnung entfernt. Allerdings stand es etwas abseits, am Rande des Areals – der Grund weshalb ich es nie beachtet hatte –, und war seit mehreren Jahren nicht mehr benutzt worden. Wozu es früher einmal gedient hatte, konnte ich nicht in Erfahrung bringen.
Als ich Miss Braun, den Verwalter, ja selbst Dr. Deborah fragte, ob ich das Gebäude mieten könne, bekam ich überall dieselbe Antwort: Niemand war dagegen, aber auch niemand war begeistert von meiner Idee.
Vorerst musste das Dach ersetzt, der Zementboden ausgebessert und das ganze Gebäude innen und aussen neu gestrichen werden; doch bereits nach einer Woche waren die Handwerker fertig und ich konnte wieder alle verwahrlosten und obdachlosen Kinder zum Essen einladen. Am ersten Tag erschienen zwölf, am zweiten Tag etwas mehr als dreissig und am dritten Tag sechsundsiebzig liebenswerte, hungrige und begeisterungsfähige Kinder.
Die bevorstehende Ernte drückte auf die Lebensmittelpreise und das Angebot auf dem Markt wurde reichhaltiger und dadurch auch bunter: Tomaten, Gurken und Früchte, wie Guavas, Papayas, ja sogar Ananas waren plötzlich erhältlich.

Die Zahl der Kranken, die sich kein Essen leisten konnten, oder die keine Angehörigen hatten, die für sie kochten, nahm deutlich ab; manchmal waren es nur noch vier oder fünf Patienten, die auf unsere Hilfe angewiesen waren. Ich bat die Frau, die bisher ausschliesslich für die Patienten gekocht hatte, in der Kinderküche mitzuhelfen und die wenigen bedürftigen Patienten von dort aus zu versorgen.

Während die Kinder kurz vor zwölf Uhr in einem Halbkreis im Saal am Boden sassen und auf das Essen warteten, fragte ich sie, ob sie Schmerzen hätten, irgendwo. Ich glaube nicht, dass man in der Schweiz in einem Kindergarten ein Kind findet, das eine mehrtägige, unversorgte Wunde vorzeigen kann. Doch dort drängten sich zwölf Kinder um mich herum und sagten: „Sieh' mal Tante, hier!" – „Und hier!" – „Und hier!" und sie zeigten mir einen aufgeschlagenen und dick geschwollenen Zehe, eine eitrige und bestimmt sehr schmerzhafte Wunde unter der Achsel, die von einem Insektenstich stammte. Sie zeigten mir Infektionen und Ausschläge aller Art und immer wieder Augenentzündungen. Für mich war das ein deutliches Zeichen, dass diese Kinder Eltern hatten, die sehr arm waren und kein Geld besassen, um ein Desinfektionsmittel, Verbandszeug, eine Heilsalbe oder Augentropfen zu kaufen.

Ich bat die Kinder, die eine Verletzung oder eine Infektion hatten, nach dem Essen zu meiner Wohnung zu kommen und versprach, ihnen dort die Wunden zu verbinden.

Danach eilte ich ins Städtchen hinunter, kaufte einige Biskuits und begab mich hernach schleunigst in die Wohnung, um den Hausgang, also den Raum zwischen der Eingangstür und dem Wohnzimmer, auf den Besuch der kleinen Patienten vorzubereiten.

In der Regel hatte ich jedesmal Verbandstoff, Desinfektionsmittel und Salben aus der Schweiz mitgebracht und war damit in die Dörfer gezogen. Jetzt breitete ich den Inhalt der Apotheke auf einem kleinen Tischchen aus und legte die Biskuits daneben.

Nach dem Essen kamen sie, und da der Raum nicht sehr gross ist, liess ich sie vor der Tür warten und bat immer nur ein Kind nach dem anderen herein. Bala half mir, die Wunden zu reinigen, zu desinfizieren und zu verbinden und als Trost gegen die Schmerzen gab es in jede Hand ein Biskuit! Tapfer hielten sie still und kamen an den folgenden Tagen wieder, damit wir den Verband erneuern und nachsehen konnten, ob die Wunde auch wirklich heile.

Die Kinder, die eine Verletzung oder Entzündung hatten, bei der ich nicht sicher war, was dagegen zu tun war, hielt ich zurück und führte sie am Schluss der Ärztin vor.

* * *

Eines abends besuchte mich Dr. Deborah, um mich zu einem Besuch nach Amkhut einzuladen, wo sie aufgewachsen und zur Schule gegangen war. Sie hatte oft von diesem abgelegenen Ort und der dortigen Missionsstation geschwärmt.

Gleich nach dem Frühstück brachen wir auf und fuhren mit dem Ambulanzfahrzeug in nordwestlicher Richtung aus der Stadt, fuhren vorbei an den Dörfern, die ich bereits mehrmals besucht hatte, und immer tiefer in die hügelige Landschaft hinein. Die Hügel wurden zunehmend höher und mächtiger, aber nicht steiler und der Boden noch steiniger und karger; hingegen waren viel mehr Büsche und Bäume zu sehen. Als wir eine Hügelfalte erklommen hatten und auf der anderen Seite hinunterschaukelten, sah ich im Talboden gar einen richtigen, wenn auch schmalen, langgezogenen Wald, der bestimmt einen kleinen Fluss in sich verbarg. Später überquerten wir den Fluss auf einer künstlich angelegten Furt und folgten der Landstrasse auf der anderen Seite hinauf auf die zweite Hügelkette.

Die Büsche und Bäume nahmen noch mehr zu und nach etwas mehr als einer Stunde durchfuhren wir den selben Fluss zum zweiten Mal. Diesmal sah ich das bunte Bild von Frauen, die ihre Röcke hochgeschlagen hatten und im seichten Wasser im

Schatten der grossen Uferbäume standen und farbige Kleider auf dunklen, flachen Steinen einseifen und schrubbten. Die ausgespülte Seife hinterliess im Wasser eine haarfeine, langgezogene und weissblau-schimmernde Spur.

Wir mussten in der Nähe eines Dorfes sein. Und wirklich sah ich auf der anderen Seite des Flusses die ersten Hütten und nach wenigen Minuten bog unser Wagen von der holperigen und wenig befahrenen Strasse rechts ab und hielt auf einem grosszügig angelegten Platz vor einem herrschaftlichen, aus dunklen Quadersteinen gebauten Haus.

Es war ein ein beeindruckendes, ein prächtiges Haus. Zweistöckig: mitten im indischen Busch eine ungewöhnliche Erscheinung! Vor dem Eingang ruhte ein Teich, oder besser, ein grosser runder Brunnen. In seiner Mitte befand sich ein meterhoher Sockel und im Wasser schwammen einige Seerosenblätter und ich hätte mich nicht gewundert, wenn ich unter den dunkelgrünen Blättern Goldfische entdeckt hätte. Später erklärte mir der Pfarrer, dass der Brunnen ursprünglich als Springbrunnen angelegt worden war (deshalb der Sockel in der Mitte), aber, meinte er, leider sei die Umwälzpumpe defekt und deshalb könne er mir das Spiel des Wassers nicht vorführen.

Wir wurden herzlich begrüsst und ins Haus geführt. Auch innen war das Gebäude beeindruckend: Hohe Räume, viele Glasfenster, im Wohnzimmer ein, mit dunklem Holz eingefasstes, offenes Kamin, davor bequeme Lehnsessel, im hinteren Teil ein Badezimmer nach europäischem Muster und im Esszimmer ein Glasschrank, in dem altes englisches Porzellangeschirr aufbewahrt wurde. In der Küche stand ein schwerer gusseiserner Herd, der bestimmt so alt war, wie das Haus selber. Durch das Alter hatte er unzählige Ritzen bekommen, aus denen hellrote Flämmchen züngelten und kleine Russwölkchen in die Luft abgaben, die wiederum im Laufe der Zeit den oberen Teil der Wände und die Decke der Küche vollständig eingeschwärzt hatten. Ich versuchte mir vorzustellen, wieviele Männer wohl damit beschäftigt gewesen waren, vor siebzig

Jahren diesen schweren Gusseisenherd vom Hafen von Bombay, auf einem mehrere Wochen dauernden Transport – vielleicht mit Hilfe von Elefanten – bis hierher zu schleppen ...

Einen Steinwurf vom Haus entfernt, leicht erhöht, stand eine grosse, weiss gestrichene Missionskirche. Vor siebzig Jahren hatten sich kanadische Missionare in Amkhut niedergelassen und eine Kirche, ein Wohnhaus und eine Missionsschule gebaut. Zehn Jahre später hatten sie noch ein Waisenhaus errichtet.
Dr. Deborahs Eltern hatten für die Mission gearbeitet und es waren Missionare, die ihr die Ausbildung zur Ärztin ermöglicht hatten. Eine ihrer Schwestern wurde Lehrerin, ein Bruder Pfarrer und ein anderer Bruder Anwalt.
Vor mehr als zehn Jahren hatte die letzte Missionarin den Ort verlassen und seither leitete der Pfarrer, also der Bruder von Dr. Deborah, die Station.
Am Nachmittag zeigten sie mir die Kirche, die einfachen, barackenartigen Schulhäuser und das eigentliche Dorf. Sie führten mich zu einer Familie, die in einer armseligen kleinen Lehmhütte wohnte. In einer Ecke stand ein alter Blechkoffer, in den sie die Stoffe und die wenigen (Ersatz)Kleider legten, damit sie nachts nicht von den Ratten angefressen wurden. Von der Decke baumelte ein Korb, in dem sie ihre Vorräte – ein paar Zwiebeln, einige Kilogramm Mais und Linsen – aufbewahrten. Sonst besass die Familie nichts.
Zuletzt führten sie mich zum Waisenhaus. Der Anblick hat mich einmal mehr erschüttert. Es sind immer wieder die Kinder, die den grössten Preis bezahlen müssen, wenn ein Land, eine Gegend oder auch nur ein abgelegenes Dorf arm ist! Fünfzehn kleine Kinder (die grösseren Kinder waren in der Schule) sassen völlig sich selbst überlassen in einem grossen Raum auf dem Boden. Sie sahen unterernährt aus, trugen zerlumpte Kleider und hatten nichts, aber wirklich gar nichts, womit sie sich hätten beschäftigen können. Drei- und vierjährige Kinder

sassen da und konnten noch kein Wort sprechen! Die Leiterin, eine junge Inderin, hatte keine Zeit, um sich mit ihnen abzugeben. Ihr zur Seite standen zwei ebenfalls sehr junge Helferinnen, die, wie mir der Pfarrer später erklärte, selber im Waisenhaus aufgewachsen waren. Als diese beiden Helferinnen Kinder waren, hatte sich niemand mit ihnen abgegeben – woher sollten sie wissen, dass es wichtig ist, mit Kindern zu sprechen und zärtlich zu ihnen zu sein? Man konnte den beiden jungen Frauen deutlich ansehen, dass sie in ihrer eigenen Kindheit an körperlicher sowie seelischer Nahrung zu kurz gekommen waren.

In den Schlafräumen standen uralte, eiserne Kinderbettchen, in denen Plastiksäcke (was mochten die einmal enthalten haben?) als Matratzen dienten. Kein weiteres Möbelstück, kein Bild, keine Farbe an den Wänden, nichts lockerte den düsteren Raum auf. Mir fiel das Waisenhaus in Kalkutta ein, das Pater Chrisetdas einmal geleitet hatte. Dort waren die Kinder fröhlich und vergnügt gewesen, und das Essen war, obschon ihm kaum mehr Geld zur Verfügung stand, einfach aber gesund gewesen. Hier herrschte dagegen eine tödliche Langeweile!

Als wir das Waisenhaus verliessen, fragte ich den Pfarrer, wer die Oberaufsicht über das Waisenhaus führe. „Miss Braun", gab er mir zur Antwort.

Auf dem weiteren Rundgang begegneten wir zwei Frauen, die mit formschönen Tonkrügen zum Fluss hinunter stiegen, um Wasser zu holen. Ich wunderte mich, da im Missionshaus auf dem Dach ein grosses Reservoir gebaut worden war, das mit Grundwasser gefüllt wurde und von dem aus, verschiedene Leitungen durch das Haus führten. Unter anderem war sogar eine Toilette mit Wasserspülung eingerichtet worden. War es möglich, dass das Missionshaus eine eigene, saubere Grundwasserversorgung hatte, aber die Dorfbevölkerung ihr Trinkwasser nach wie vor aus dem Fluss schöpfen musste? Als ich beim Nachmittagstee, kurz vor unserer Abreise, diese Frage in die Runde stellte, herrschte vorerst ein betretenes Schweigen.

Doch dann gaben sie zu, dass die Bevölkerung des Dorfes keinen Zugang zum Grundwasser hatte.

Der Pfarrer sagte entschuldigend, dass sie kein Geld hätten, um ein Loch bohren zu lassen und eine Handpumpe einzurichten. Ich glaubte ihm sogar: Am Missionshaus war bestimmt seit Jahren nichts mehr erneuert oder renoviert worden. Einzelne Türen, sogar Fenster liessen sich kaum mehr schliessen, und überall im Haus blätterte die Farbe von den Wänden. Es war unschwer zu erkennen, dass in letzter Zeit generell nur sehr wenig Geld – wenn überhaupt – von Kanada nach Amkhut geflossen war.

Vielleicht aber hatten die Missionare vor siebzig Jahren nicht nur für ihr Wohnhaus, sondern auch für das Dorf einen Grundwasserbrunnen eingerichtet? Vielleicht war er nur verschüttet? Als ich die Frage stellte, kam von allen ein klares Nein. In Amkhut hatte nie ein Brunnen existiert, die Menschen tranken seit je her Flusswasser! Für mich war das unverständlich: Wie konnte man so viel Aufwand treiben, um eine wunderschöne Kirche zu bauen und ein riesiges Wohnhaus einrichten, aber den Menschen im Dorf nichts, ausser zwei billigen Baracken als Schulzimmer, zugestehen? Früher, als Amkhut noch vollständig von Wald umgeben gewesen war, mag das Flusswasser ja einwandfrei gewesen sein, aber möchten Sie liebe Leserin, lieber Leser, Wasser aus einem Fluss trinken, den die Jeeps und Busse, die regelmässig hier vorbeifahren, an mehreren Stellen durchqueren? Und waren es nicht gerade die Missionare gewesen, die den Menschen erklärt hatten, wie sie sich „richtig" zu kleiden hatten? Und müssen nicht diese Kleider regelmässig im Fluss mit Seife gewaschen werden?

Ich durfte nicht länger darüber nachsinnen, die Gedanken taten mir weh! Statt dessen versprach ich dem Pfarrer Geld, damit er einen Brunnen bohren lassen könne.

Als wir zurück waren, suchte ich die Gemeindeverwaltung in Jobat auf, um herauszufinden, wieviel ein Brunnen koste und ob dafür eine staatliche Genehmigung nötig sei.

Eine Genehmigung war nicht nötig. Sie erklärten mir, dass die Provinzverwaltung eine eigene Equipe habe, um für staatliche Einrichtungen Brunnen zu bohren. Daneben gebe es aber ein privates Unternehmen, und über die Preise, die dieses verlangen würde, gingen die Meinungen weit auseinander. Sie nannten mir Beträge, die zwischen zweieinhalb- und sechstausend Schweizerfranken lagen.
Ein paar Tage später mietete ich das Ambulanzfahrzeug, liess mich vom Fahrer nach Amkhut fahren und übergab dem Pfarrer genug Geld, um einen Brunnen zu bauen.

Als wir die Strasse vom Fluss zum Haus hinauffuhren, überholten wir viele Menschen, die ins Zentrum des kleinen Dorfes strömten. „Heute ist Markttag!" erklärte mir der Fahrer mit einem erwartungsvollen Lächeln.
Die lokalen Märkte sind überall auf der Welt etwas besonderes, deshalb liess ich es mir nicht nehmen, tat es dem Fahrer gleich und schlenderte kurz nach unserer Ankunft durch die bunte Menschenmenge. Am Rande des Platzes wurden Hühner und Ziegen feil gehalten. Ich kaufte kurzentschlossen eine ausgewachsene Ziege, die, wie mir der Verkäufer versicherte, Milch gab und führte sie zu der Familie, die wir vor ein paar Tagen besucht hatten. Sie freuten sich sehr über das lebhafte Tier und kurz nach dem Mittagessen kam die Frau zu mir und bat mich, nochmals bei ihnen vorbeizukommen. Sie hatten der Ziege eine exotische Blumengirlande um den Hals gelegt und eine Lehrerin gebeten, ebenfalls herzukommen und in englischer Sprache – damit ich es verstand – ein Gebet zu sprechen und die Ziege willkommen zu heissen. Damit war sie in die Familie aufgenommen und durfte in der Hütte wohnen! Die Kinder umarmten die Ziege liebevoll und es sah fast so aus, als ob diese sich ebenfalls über ihr neues Zuhause freuen würde ...
In einigen Dörfern um Jobat herum hatte ich bereits Ziegen an arme Familien und Kleinbauern verschenkt – unter anderem auch dem taubstummen Mann mit seiner geisteskranken Frau,

ausserhalb Jobat – und gesehen, dass die Familien ganz unterschiedlich damit umgingen. Eine Familie hatte das Tier wieder verkauft, um die, in weiten Teilen Indiens leider immer noch übliche Mitgift für ihre Tochter zu bezahlen. Doch die meisten behielten die Ziege, gaben die Milch ihren Kindern, zogen die Zicklein auf und verkauften sie, oder gaben sie ihren Kindern mit, wenn sie von zu Hause auszogen, oder behielten sie und verkauften später die überschüssige Milch.
Ich hatte gehört, wie eine schweizerische Entwicklungsorganisation Ziegen an bedürftige Familien verschenkte, mit der Bedingung, das erste Zicklein einer anderen Familie weiterzugeben. Die Organisation sprach von einem Schneeballeffekt und soweit ich in Erfahrung bringen konnte, hat das Projekt gut funktioniert. Ich überlegte mir lange, ob ich dieselbe Bedingung machen sollte, doch dann liess ich davon ab. Eine Ziege kostete zehn Schweizerfranken. Ich wollte der Familie einfach etwas geben, das für sie mehr Wert hatte als zehn Franken und bin der Meinung, dass eine Bedingung nur dann sinnvoll ist, wenn man sie, zumindest stichprobenweise, kontrolliert. Hätte ich eine Liste mit den Namen der Familien anlegen sollen, um gelegentlich vorbeizugehen, und zu kontrollieren, ob sie das erste Zicklein wirklich weiterverschenkt hatten? Es lag mir einfach nicht, über die Ziegen Buch zu führen und deshalb habe ich sie immer ohne jegliche Auflage verschenkt.

* * *

In Jobat hatten die Eltern der Kinder, deren Verletzungen wir pflegten, gesehen, dass wir mit unseren einfachen Mitteln viele kleine Wunden rasch zum Heilen brachten. Es sprach sich herum und bald erschienen auch Frauen und Männer, um uns ihre Wunden zu zeigen. Im Krankenhaus fehlte ein Ort, an dem kleinere Wunden sofort und fachgerecht versorgt wurden und deshalb entwickelte sich unser Vorraum mit der Zeit zu einer richtigen kleinen Erste-Hilfe-Station. Es gab Tage, da kam niemand, aber manchmal hatten wir fünfzig Patienten zu versorgen. Selbstverständlich haben wir schwere „Fälle", oder Menschen mit Verletzungen die genäht werden mussten, oder Schwerkranke immer an das Krankenhaus überwiesen!

Eines morgens stand ein junger Vater im Vorraum – seine Frau wartete mit zwei Kindern draussen – und zeigte mir an seinen Oberarmen, an seiner Brust und am Rücken Hautflecken, die ihn etwas irritierten. Sie erinnerten mich an Hautflecken die ich früher oft gesehen hatte: Lepra!

Vor einem Jahr hatte eine Krankenschwester, die mehrere Jahre hier gearbeitet hatte, das Krankenhaus verlassen, um in Rhanapuur in einer Leprastation zu arbeiten. Sie hatte mich ein paar Tage vor ihrer Abreise besucht und mir gesagt, wohin sie gehe. Ich hiess den jungen Mann ein paar Augenblicke zu warten, schrieb einen kurzen Brief an die Schwester und bat sie, den Mann zu untersuchen und ihm, falls er wirklich Lepra haben sollte, die nötigen Medikamente gleich mitzugeben. Da die Medikamente gegen Lepra teuer sind und der junge Mann kein Geld hatte, legte ich einen grösseren Betrag zu dem Brief in den Umschlag und schrieb den Namen der Schwester und die Adresse der Station darauf. Ich händigte ihm den Umschlag aus und riet ihm, sofort nach Rhanapuur zu fahren.

Eine Woche später stand er wieder im Vorraum: Einerseits war er niedergeschlagen, weil meine Vermutung bestätigt worden war, andererseits war er froh, weil die Schwester ihm erklärt hatte, dass er zum Glück rechtzeitig erschienen sei und mit den Medikamenten die Krankheit gestoppt werden könne. Er zeigte uns die Tabletten, dankte mir für alles und gab mir doch tatsächlich den Restbetrag zurück.

In der darauffolgenden Nacht überlegte ich mir lange, wie ich der jungen, sympathischen Familie helfen könnte. Als Leprakranker, selbst mit der stillen, nicht infektiösen Lepra, würde er keine Arbeit mehr finden, das war klar. Ja, wenn bekannt würde, dass er Lepra hatte, würden ihn sogar alle Leute meiden. Es musste einen Weg geben! Die einzige Möglichkeit bestand darin, ihm zu helfen, selbstständig zu werden. In einer grösseren Stadt hätte ich ihm eine Rikscha gekauft, aber hier in Jobat? Hier gingen die Menschen zu Fuss und die Waren transportierten sie mit einem Ochsenwagen. Ochsenwagen? Genau, das sollte möglich sein! Ich beschloss, die Familie in den nächsten Tagen zu besuchen und den Mann zu fragen, ob er einen Ochsenwagen „haben möchte".

Und so kaufte ich den ersten Ochsenwagen samt Ochsen. In Jobat gibt es eine Werkstatt, die diese robusten, fast malerisch anmutenden Wagen nach uralten Plänen herstellt. Sie verwenden dazu schweres, solides Holz und umschliessen die hohen Speichenräder mit dicken Eisenreifen. Die Herstellung dauert normalerweise mehrere Monate, aber die Werkstatt hatte vorsorglich das Material für einen Wagen hergestellt, obschon im Moment kein Auftrag vorlag. Deshalb konnte ich der Familie den neuen Wagen zusammen mit zwei kleinen aber zähen und gesunden Ochsen noch vor meiner Abreise übergeben.

Bevor ich zurückreiste, organisierten wir noch die fast schon traditionelle Hausparty für die Angestellten der Station und auch die Zusammenkunft mit meinen Angestellten. Frau Rufus versprach wiederum die Löhne während meiner Abwesenheit zu bezahlen und danach konnte ich beruhigt abreisen.

Übrigens hatten einzelne Bauern, wenige Tage vor meiner Reise, mit der Ernte begonnen und ich war gespannt, wie es in vier Monaten auf dem Land aussehen würde.

XII

Als ich die Apotheke in St. Gallen aufsuchte, um einige Operationsinstrumente einzukaufen, die Dr. Deborah gewünscht hatte, sagte mir Frau Hauser, dass sie eine Operationslampe abgeben könnten. Ich sagte sofort zu und wunderte mich, dass ich selber noch nie auf die Idee gekommen war, eine solche Lampe zu bestellen: In Jobat hing nach wie vor eine einfache Glühbirne über dem Operationstisch!
Die Leute von der Apotheke packten die Lampe sorgsam in eine solide Kiste und sandten sie nach Jobat, lange bevor ich wieder ausreiste. Ich fragte sie nach dem Preis der Lampe, doch sie winkten ab und meinten, in der Schweiz liesse sich eine gebrauchte Lampe dieser Art ohnehin nicht mehr verkaufen.
Für die Kinder im Waisenhaus kaufte ich kleine Bälle, Wurfspiele, Puppen, Plüschtierchen und Farbstifte und stopfte die Sachen zwischen die geschenkten Leibchen und Hosen, mit denen ich einen zweiten Koffer füllte.
Ich hatte regelmässig einige Kilogramm Übergepäck, aber die Swissair wusste inzwischen weshalb, und verzichtete freundlicherweise bei jeder Ausreise auf zusätzliche Taxen. Ich weiss, das ist keine Selbstverständlichkeit, deshalb möchte ich dem verantwortlichen Personal, auf diesem Weg, dafür einmal von ganzem Herzen danken!

Wenige Tage bevor ich wieder ausreiste, erhielt ich Bericht vom Zollamt in Bombay, die Lampe sei angekommen und bevor sie nach Vadodara weiterbefördert werden könne, müsse jemand vorbeikommen und die Zollgebühren bezahlen. Zum Glück stand im Brief genau wo sich dieses Zollamt befand.
Also schaltete ich in Bombay einen kleinen Zwischenhalt ein, suchte das Zollamt auf und bezahlte die Gebühren. Sie waren hoch, aber da mir die Lampe von der Apotheke liebenswürdi-

gerweise geschenkt worden war, war sie im Grunde genommen immer noch sehr günstig.

Am nächsten Tag flog ich weiter nach Vadodara und wurde dort zur abgemachten Zeit vom Fahrer abgeholt. Ich war gespannt – fast hätte ich gesagt, wie noch nie, aber wenn ich zurückdenke, muss ich zugeben, dass ich eigentlich jedesmal sehr gespannt war auf Jobat! Diesmal war ich gespannt, ob sie in Amkhut auf Wasser gestossen waren, ob der junge Mann mit seinem Ochsengespann Erfolg hatte und natürlich, ob die Paulus- und die Kinderküche nach wie vor rege besucht würden.

Auf der Fahrt konnte ich sehen, dass die Felder abgeerntet waren. Wie gross mochte die Ernte gewesen sein? Der Fahrer meinte auf meine Frage, dass sie nicht übermässig gewesen sei, aber die Menschen auf dem Land hätten monatelang Arbeit gehabt und das sei doch auch schon etwas ...

Die Kühe und die Ziegen, denen wir unterwegs begegneten, sahen jedenfalls kräftiger und runder aus, als im Jahr zuvor.

* * *

Gegen elf Uhr waren wir bereits da und sofort erschienen alle meine Angestellten, um mich zu begrüssen. Sie erzählten mir, dass die Paulus-Küche, die Essensabgabe an die Patienten und die Kinderküche wie gewohnt funktionierten und beruhigten mich dadurch. So konnte ich zunächst die Patienten im Krankenhaus besuchen und den Besuch in den Küchen auf den zweiten Morgen verschieben.

Ein zehn Jahre alter Junge lag schwach und bleich in einem Bett, seine Mutter sass traurig auf einem Stuhl daneben. Dr. Deborah erklärte mir später, dass der Junge einen Herzklappenfehler habe und meinte, das könne sie nicht operieren.

Einige Betten weiter lag eine Frau mittleren Alters. Als ich zu ihr hintrat, um mit ihr zu reden, fasste sie blitzschnell und unerwartet kräftig meine Handgelenke, schüttelte sie, starrte mich mit weit aufgerissenen Augen an und stammelte dazu unver-

ständliche Worte. Ihr Mann, der für einen Augenblick hinausgegangen war, eilte sofort herbei und befreite mich aus der ungemütlichen Lage. Er gab mir zu verstehen – auch er sehr traurig –, dass seine Frau langsam aber sicher den Verstand verliere. Die beiden hatten vier Kinder, die alle in Jobat zur Schule gingen. Dr. Deborah gestand, dass sie auch dieser Frau nicht helfen könne!
Ja, ich war wieder in Indien. In der Schweiz muss wohl kaum ein Patient vom Arzt so früh aufgegeben werden, nur weil die medizinischen Hilfsmittel fehlen!

Am nächsten Morgen begab ich mich in die Paulus-Küche und unterhielt mich einwenig mit den älteren Menschen, die bereits da waren und friedlich im Schatten sassen. Sie waren gut gelaunt und gaben sich grosse Mühe, langsam Hindi zu sprechen und einfache Worte zu gebrauchen, damit ich sie verstand. Danach suchte ich den Händler auf, der als nächster an der Reihe war, um uns den Mais zu liefern. Als ich bei seinem Verkaufsplatz ankam traute ich meinen Augen nicht: Er hatte auf der Terrasse vor seinem Haus einen kleinen Raum angebaut und darin einen kleinen Laden eingerichtet. Stolz führte er mich im bescheidenen Laden herum, zeigte mir sein um ein paar Dinge erweitertes Sortiment und meinte, dass es ihm nur Dank meiner regelmässigen Einkäufen möglich geworden sei, sein Geschäft zu vergrössern.
Daran hatte ich bisher nicht gedacht. Das Geld, das die vielen Gönner in der Schweiz der Indienhilfe spendeten, kam hier in Umlauf und half dadurch mehreren Menschen auf verschiedenste Weise.
Der Händler versprach mir in die Hand, den verlangten Mais rechtzeitig zu liefern und meinte ernst: *„First Quality,* wie immer!"
Da konnte ich ihm nicht widersprechen: Er hatte immer einwandfreien Mais geliefert!
Lachend machte ich mich auf den Weg in die Kinderküche. Es

mag kurz nach elf Uhr gewesen sein, als ich dort ankam und zum ersten Mal fand ich es eigenartig, dass Kinder im schulpflichtigen Alter bereits in der Küche sassen und aufs Essen warteten.

„Weshalb gehen diese Kinder nicht zur Schule?" fragte ich meine Köchinnen. Anstatt mir zu antworten, gaben sie die Frage an die Kinder weiter: „Warum seid ihr nicht in der Schule?" Die Kinder fassten die Frage als Vorwurf auf und reagierten ziemlich verlegen, ja fast beschämt. Leider sprach ich zu jener Zeit noch nicht so gut Hindi, dass ich hätte eingreifen und die Kinder beruhigen können. Ich fragte sie einfach, ob sie eine Wunde hätten, die schmerzt. Und da sich wieder mehr als zehn Kinder meldeten, schärfte ich ihnen ein, sofort nach dem Essen zu meiner Wohnung zu kommen.

Während ich den Vorraum erneut auf den Besuch der kleinen Patienten vorbereitete, nahm ich mir vor, der Frage nachzugehen, weshalb diese Kinder nicht in der Schule sassen.

* * *

Einige Tage später liess ich mich vom Ambulanzfahrer nach Amkhut bringen. Erwartungsvoll, gutgelaunt und mit den Spielsachen im Gepäck sass ich im Jeep und genoss die urtümliche Landschaft. In Amkhut angekommen suchte ich zuallererst den Pfarrer auf und fragte ihn nach dem Brunnen. Er reagierte verlegen, wich meinen Fragen aus und gestand erst, nachdem er bemerkt hatte, dass mir langsam die Zornröte ins Gesicht stieg, dass er nichts unternommen hatte. Er versuchte sich zu rechtfertigen: Die Leute wüssten den Brunnen ohnehin nicht zu schätzen und bestimmt würde sich niemand um den Unterhalt der Pumpe kümmern, meinte er und brachte mich dadurch erst recht in Wut! Als ich von ihm das Geld zurückverlangte, sagte er, dass er das Geld *nicht da* habe.

Was immer das hiess, ich war zornig und musste mich ganz schön zurückhalten, um ihn nicht mit unschönen Worten zu betiteln! In einer Woche würde ich wiederkommen, sagte ich, dann müsste ich das Geld wiederhaben, um den Brunnen zu bezahlen!

Kaum war ich aus dem protzigen Haus, klang der Zorn ab. Mit einer versöhnlichen Stimmung trug ich die Spielsachen ins Waisenhaus hinüber und gab sie den Kindern. Es war beklemmend zu sehen, wie die Kleinen die farbigen Sachen fassungslos anstarrten und nicht wussten, ob sie sich vor den Plüschtieren fürchten oder sich an ihnen freuen sollten ...

Danach suchte ich den Fahrer und bat ihn, mich sofort wieder zurückzufahren. Ich war nicht in der Fassung, um mit dem Pfarrer in Frieden zu essen.

In Jobat suchte ich den Baumeister auf, der die Paulus-Küche gebaut hatte, und fragte ihn, ob er einen Bohrmeister kenne. Natürlich kannte er den Bohrmeister, der die Brunnen in dieser Gegend bohrte. Am nächsten Abend sass der Mann in Begleitung von zwei seiner Hilfskräften in meiner Wohnung und ein paar Tage später sassen wir zusammen im Jeep, auf der Fahrt nach Amkhut. Dort wies ich den Fahrer an, den Wagen nicht zum Missionshaus, sondern geradewegs ins Dorf zu steuern.

Ich suchte den Dorfältesten auf und fragte ihn, was er zu einem Grundwasserbrunnen meine. Er war überrascht, spürte jedoch, da ich in Begleitung des Bohrmeisters erschien, dass es mir ernst war. Er fand vorerst keine Worte ...

Da erklärte ihm der Bohrmeister, dass er mit seinem grossen Fahrzeug die schmale und steile Strasse, die vom Fluss hinauf ins Dorf führte, nicht befahren könne. Sie sei zu uneben. Der arme Mann brauchte noch einige Zeit, um die Sprache wiederzufinden, doch dann rief er einige Männer zusammen und gemeinsam schritten wir den Fahrweg ab. Sie versprachen, den Weg genau nach den Anweisungen des Bohrmeisters auszubessern.

Eine Woche später fuhr ich wieder nach Amkhut. Ein riesiger, gelber Lastwagen stand keine hundert Meter vom Missionshaus entfernt. Anstelle einer Ladefläche befanden sich auf seinem Rücken diverse Stangen, Treibstoffkanister, kettenbetriebene Zahnräder, Druckschläuche und Druckzylinder. Und zuoberst thronte der heruntergeklappte Bohrturm. Die fünf kräftigen und neben den Adivasis einwenig verwegen aussehenden Männer der Bohr-Equipe lehnten gelangweilt an der vorderen Stossstange und warteten auf die Anweisungen.

"Wo sollen wir bohren?" fragte mich der Chef der Equipe. Ja, wo sollten sie bohren? Die Dorfbewohner diskutierten untereinander, welcher Standort für alle einigermassen gerecht sei. Als ob man einen Grundwasserbrunnen wie ein Ofenhaus mitten im Dorf plazieren könnte. Sie überlegten sich anscheinend nicht, dass da gebohrt werden müsste, wo mit der grössten Wahrscheinlichkeit mit Grundwasser gerechnet werden konnte. Der Bohrmeister war daran gewöhnt, dass ihm der Auftraggeber sagte, wo er zu bohren habe und kümmerte sich ebenfalls nicht um das Grundwasser. Seine Aufgabe bestand darin, die Bohrmaschine im unebenen Gelände so zu befestigen, dass sie trotz der starken Vibrationen während des Bohrens nicht verrutschte. Zudem musste das Bohrloch, egal wie schräg die Maschine stand, schön senkrecht in den Boden getrieben werden.

Plötzlich verstummte die Diskussion und alle Augenpaare waren auf mich gerichtet. Sie erwarteten von mir, dass ich den Standort bestimmte. Ich kam mir in dieser Situation ganz schön hilflos und allein vor und – bitte lachen Sie nicht! – hoffte verzweifelt auf eine göttliche Eingebung! So kniff ich denn die Augen zusammen, drehte mich langsam einmal um die eigene Achse und versuchte herauszufinden, wo der abschüssige Geländeverlauf und die mächtigen, alten Bäume Wasser andeuteten. Nach kurzer Zeit schritt ich – grosse Sicherheit vortäuschend – in die Richtung der Schule und blieb in der Nähe eines Baumes, der weit ausladende Äste hatte, stehen.

Für die Mannschaft war dies das Zeichen: Sie brachten das riesige Ungetüm an dem von mir bestimmtem Standort in Position, stellten den Bohrturm senkrecht auf und trieben die Bohrspitze mit dröhnendem Motor in die Erde. Viele Menschen, vielleicht die ganze Dorfbevölkerung, standen daneben – die Kinder natürlich zuvorderst – und beobachteten jeden Handgriff der fünf Männer. Immer wieder zogen sie den Bohrschaft hoch, setzten eine Verlängerung ein und trieben die Bohrspitze immer weiter in den Untergrund.

Doch dann, am nächsten Tag, kurz vor Mittag, änderte sich der Motorenlärm plötzlich ganz leicht. Es schien, als ob sich die Bohrspitze in einem leeren Raum drehe, als ob sie keinen Widerstand mehr habe. Auf einen Wink des Bohrmeisters drosselte ein Helfer den Motor und zog die Spindel langsam hoch. Kaum war die Bohrspitze aus dem Loch, sprudelte Wasser nach. Zuerst war es dunkel und trüb vom Bohrstaub, doch nach und nach wurde es klar. Die Menschen jubelten richtiggehend, gratulierten der Bohrmannschaft und die Kinder stürzten sich auf die immer grösser werdende Lache und schöpften das kühle Nass zusammen mit dem genetzten Staub der Erde, mit den Händen auf. War das eine Freude!

Danach wurde die Handpumpe montiert und schliesslich ein „Teller" aus Zement, mi einem Durchmesser von zwei Metern, hingegossen. Ein paar Tage später fand schliesslich eine Einweihung statt, zu der ich auch eingeladen wurde und an der mir der Pfarrer das Geld wieder zurückgab, womit ich den Bohrmeister für seine Arbeit bezahlen konnte.

„In 108 Fuss Tiefe sitzt die Rohrspitze der Grundwasserpumpe", sagte er an der schlichten Feier.

Noch am selben Tag gab ich ihm den Auftrag für einen zweiten Brunnen: Im Krankenhaus war mir aufgefallen, dass viele Patienten, die oft stundenlang auf den Bänken vor dem Untersuchungsraum warten mussten, sich gerne die Hände gewaschen oder die Stirn gekühlt hätten, oder sogar unter Durst litten und gern ein Glas Wasser getrunken hätten. Es gab jedoch kein Wasser in der Nähe des Hauptgebäudes. Die Kinderküche befand sich ebenfalls nur wenige Schritte von dem Haupteingang entfernt und die Frauen, die für die Kinder kochten, mussten das Kochwasser ziemlich weit herholen.

Als wir wieder in Jobat waren, zeigte ich ihm eine Stelle, wenige Meter vom Hauptgebäude entfernt, und bat ihn dort zu bohren und einen Brunnen einzurichten.

* * *

Der junge Mann, der an Lepra erkrankt war und dem ich ein Ochsengespann gekauft hatte, war eines morgens erschienen. Seine drei Kinder sassen herausgeputzt und gut gelaunt auf dem Wagen, seine Frau trug einen neuen, bunten Stoff und er selber hatte einen neuen, gelben Turban um sein Haupt gewickelt. Zusammen mit dem Wagen bot die Familie ein eindrückliches, ein idyllisches Bild. Zumal er seinen Ochsen die kleinen Hörner gelb und blau angefärbt und ihnen noch das kurzhaarige Fell gebürstet hatte.

Er war gekommen, um mir zu zeigen, dass es möglich war, mit einem Ochsenwagen eine Familie zu ernähren. Jeden Tag war er unterwegs, um für andere Leute Sachen unterschiedlichster Art zu transportieren. Das Einkommen war nicht riesig und die Arbeit hart, aber der Wagen robust, und die Ochsen genügsam. Mit der Zeit verdiente er genug Geld, um seine Hütte zu vergrössern und später reichte es sogar, um seine Kinder zur Schule zu schicken.

Später besuchte ich den taubstummen Baba, seine geisteskranke Frau und ihren Sohn. Vor ein paar Monaten hatte ich ihnen eine Ziege geschenkt und seither nichts mehr von ihnen gehört. Baba sass zusammen mit seiner Frau in der Hütte. Sein Sohn, erklärte er mir, zog jeden Morgen in die Stadt, um eine Arbeit zu suchen. Ich setzte mich zu Baba auf den Boden und fragte ihn: „Und die Ziege?"

Da hob er seine Augenbrauen, machte ein sorgenvolles, ein ängstliches Gesicht, stiess zwei „Ohh, ohh!" aus und deute mir

an, genau aufzupassen! Er hob seinen linken Arm, streckte ihn aus und deutete mit ihm eine Ziege an. Seinen rechten Arm legte er flach neben sich auf den Boden und führte ganz sachte schlangenartige und geräuschlose Bewegungen aus. Langsam glitt er mit dem rechten Arm in die Nähe der „Ziege", hob die rechte Hand leicht an, imitierte einen Schlangenkopf, zielte in Richtung der Ziege und stiess plötzlich rasch und energisch zu und „biss" die „Ziege" in den „Nacken", bis sie sich zur Seite neigte und starb.
Ich war sicher, dass er die Ziege verkauft hatte. Aber er war ein amüsanter Schauspieler und in den folgenden Jahren habe ich ihn oft besucht und mich bei ihm jeweils, trotz der Armut in der er lebte, vortrefflich unterhalten.

Ich war bereits zwei Monate in Jobat, als ein Brief vom Frachtbüro in Vadodara bei mir eintraf. Darin stand, dass die Operationslampe eingetroffen sei und abgeholt werden könne.
Sehr früh am Morgen fuhren wir los und fanden das riesige Gebäude in Vadodara noch kurz vor Mittag. Die junge Frau bei der Anmeldung empfing uns recht freundlich und führte uns unverzüglich in ein kleines Büro. Hinter dem Schreibtisch sass ein Mann, der irgendwie unsympathisch wirkte. Er sah ungepflegt aus und hatte ein eigenartiges, ja fast schmieriges Lächeln. Als wir eintraten, stand er auf, wies meine beiden Begleiter an, schon mal zur Auslieferungsrampe zu gehen, schloss die Tür hinter ihnen, nahm meine Belege und sagte, ohne die Papiere lang zu studieren, ich hätte noch Zolltaxen zu bezahlen. Ich fühlte mich in seiner Nähe unbehaglich und war nicht sicher, ob tatsächlich noch weitere Taxen fällig waren. Als ich ihn fragte, wieviel ich noch zu bezahlen hätte, beugte er sich leicht über den Tisch und nannte leise und vorsichtig eine hohe Summe. Ich hatte das Gefühl, dass etwas nicht stimmte, protestierte und zeigte ihm die Quittung, die bescheinigte, dass ich in Bombay bereits erhebliche Taxen bezahlt hatte. Da sprach er plötzlich nicht mehr von einer Taxe, sondern von

Frachtgebühren. Aha, dachte ich, jetzt haben wir's: Er will ein Schmiergeld! Vermutlich hätte er mit sich verhandeln lassen, aber ich war nicht gewillt einem widerlichen Beamten auch nur ein kleines Trinkgeld zu geben. Ich stand auf, schimpfte, nannte ihn auf Schweizerdeutsch einen „unverschämten Kerl" und sagte, er soll die Lampe in die Schweiz zurücksenden. „Ich will die Lampe nicht mehr!" lärmte ich, wieder in englischer Sprache, und fuhr fort: „Senden Sie sie zurück und schreiben Sie dazu, dass ich nicht gewillt gewesen war, die *Frachtkosten* zu bezahlen!" Bevor ich die Tür aufreissen und hinausstapfen konnte, war er bei mir, drückte mir die Papiere in die Hand, bat mich inständig ruhig zu sein, deutete zum Fenster hinaus und meinte: „Alles in Ordnung, Misses! Sehen Sie, ihr Fahrer hat die Lampe bereits erhalten."
Und wirklich: Durch das Fenster sah ich, wie meine beiden Begleiter daran waren die Kiste im Jeep zu verstauen. Ich grüsste den Mann knapp und verliess das Büro, ohne Aufsehen zu erregen.
Im Jeep öffneten wir die Kiste. Die Lampe befand sich darin, aber sonst war sie leer. Die Leute in der Apotheke in St. Gallen hatten ein Blutdruckmessgerät dazugelegt und die Leerräume mit Unmengen Verbandsmaterial ausgestopft, um die beiden Geräte vor Transportschäden zu schützen. Alles weg! Waren die Sachen bereits in Bombay oder erst in Vadodara herausgenommen worden? Ich weiss es nicht.

Ich liess mich zum Hotel fahren, in welchem ich bei der Anreise jeweils eine Nacht verbringe, und klagte mein Leid dem Hotelmanager. Während meine beiden Begleiter zu Mittag assen, musste ich die Geschichte jemandem erzählen und meinem Ärger Luft machen. Vielleicht wäre es für mich besser gewesen, wenn ich ebenfalls etwas gegessen hätte ...
Kurz nach dem Mittag machten wir uns auf den Weg, um noch vor dem Eindunkeln wieder in Jobat zu sein. Etwa auf halbem Weg – wir hatten immer noch knapp drei Stunden Fahrt vor uns

– und weit ab von jeglicher Behausung, sahen wir ein Ambulanzfahrzeug am Strassenrand stehen. Wir stoppten und ich stieg sofort aus. Zwei Männer trugen ein blutüberströmtes Kind auf einer Bahre zum Fahrzeug und schickten sich soeben an, es einzuladen. In etwa dreissig Meter Entfernung sah ich ein demoliertes Motorrad liegen und wenige Meter daneben einen verletzten Mann. Den Turban hatte er beim Sturz verloren.

Die Strasse war übersät von Maiskörnern – und dies ausgerechnet in einer Kurve. Der Motorradfahrer war vermutlich mit hoher Geschwindigkeit auf den Körnern ausgeglitten und hatte gewiss schwer auf den Steinen im Feld aufgeschlagen. Möglicherweise hatte er das Kind sogar vor sich, also auf dem Benzintank sitzend, mitfahren lassen (man sieht das oft in Indien) und war dadurch gehindert gewesen, den Ausrutscher mit der Lenkstange richtig aufzufangen.

Da sich niemand um den Mann kümmerte, eilte ich zu ihm hin. Er bewegte sich nicht, aber seine Augen! Er starrte mich mit schreckerfülltem Gesicht und weit aufgerissenen Augen an und folgte mit seinem Blick meinen Bewegungen! Ich beugte mich zuerst über ihn, erkannte, dass er noch lebte, trat einen Schritt zurück, wandte mich um und rief meinen beiden Begleitern zu: „Los kommt, er lebt noch! Wir müssen ihm helfen!" Und als ich sah, wie sie erstarrt stehen blieben und zu mir hinsahen (wunderte ich mich zwar), rief ich erneut: „Los kommt! Auf was wartet Ihr noch?" Da spürte ich in meinen Kniekehlen eine Hand, dann über meinem Gesäss und schliesslich auf meiner rechten Schulter: Der verletzte Mann versuchte sich an meinem Rücken hochzuziehen! Ich wagte nicht, mich zu bewegen, sah aber, wie die beiden Gesichter meiner Begleiter ungläubiges Entsetzen ausdrückten. Dann, bevor der Mann aufrecht stand, ging ein grässliches Zittern durch seinen Körper, das sich auf mich übertrug und das ich nie mehr vergessen werde; und kurz darauf spürte ich, wie er zurückfiel und hörte deutlich, wie er auf dem Boden aufschlug. Als ich mich nach ihm umdrehte, erkannte ich mit einem Blick, dass er nun nicht mehr lebte!

Das war zuviel für mich! Meine beiden Begleiter mussten mich zum Wagen begleiten und zu Hause legte ich mich ins Bett. Dr. Deborah erzählte mir später, sie hätte meinen Puls kaum noch gespürt und der Blutdruck sei sehr tief gewesen. „Zuerst glaubte ich nicht, dass Du diesen Kreislaufzusammenbruch überleben würdest!" gestand sie. Meine Köchinnen sorgten sich liebevoll um mich, brachten mir Tee und Früchte ans Bett, aber der Schreck sass mir sehr tief in den Knochen. Und das verletzte Kind? Ich habe nie in Erfahrung bringen können, ob es überlebt hat.

Ich brauchte zwei Tage, um mich einigermassen zu erholen. Und während ich schwach im Bett lag, wünschte ich mir nichts sehnlicher als möglichst bald reisefähig zu werden. Ich beschloss, nach Hause zu fliegen und nahm mir vor, danach *nie mehr nach Jobat zu reisen!*

Als ich wieder aufstehen konnte und im Morgenrock im Wohnzimmer sass, kamen viele Menschen zu Besuch. Kinder, Frauen, Männer, ich glaube alljene, denen ich in den Jahren einmal auf irgend eine Weise geholfen hatte, besuchten mich. Einige brachten ein Huhn mit, eine Frucht oder eine Blumengirlande und alle gaben mir die Hand und wünschten mir mit offenem Blick und einem freundlichen Lächeln gute Besserung. Bei so viel Anteilnahme und Herzlichkeit blieb mir nichts anderes übrig, als meinen Entschluss abzuschwächen und noch bevor ich im Flugzeug sass und nach Hause flog, hatte ich ihn geändert: Ich beschloss, nie mehr allein nach Jobat zu reisen!

Übrigens hatte ein Elektriker aus Jobat die Operationslampe über dem Operationstisch montiert und da hängt sie noch heute und versieht ihren Dienst.

XIII

Meine Tochter Ines bat ihren Arbeitgeber um einen dreimonatigen Urlaub und begleitete mich auf meiner nächsten Reise nach Jobat.
Bei unserer Ankunft hatte ich das Gefühl, dass Dr. Deborah, meine Helferinnen und die Krankenschwestern uns noch freundlicher, noch herzlicher begrüssten, als sonst. Vielleicht hatten sie nicht mehr damit gerechnet, dass ich wiederkommen würde ...
Ines war mir bei jeder Tätigkeit eine grosse Stütze. Wir besuchten stets gemeinsam die Patienten im Krankenhaus , die Paulus- und die Kinderküche und verteilten wie gewohnt vor unserer Wohnung zweimal in der Woche Mais an die Armen. Aus unserem Vorraum machten wir wieder eine kleine Erstehilfe-Station und jeden Tag erschienen Frauen und Kinder, um sich die kleineren oder grösseren Wunden verbinden zu lassen. Männer kamen selten vorbei, und wenn, dann meistens, um Arbeit zu suchen.
Wir fanden sogar wieder vermehrt Zeit, um in die Dörfer hinauszugehen und dabei suchte ich immer noch die Antwort auf die Frage, weshalb mitten im Vormittag so viele Kinder auf dem Feld oder bei den Hütten anzutreffen waren. Warum sassen sie nicht in der Schule? Sie blieben der Schule bestimmt fern, weil den Eltern das Geld für die Bücher und die Uniform fehlte, doch das konnte nur zum Teil der Grund sein. In anderen Ländern legen arme Familien das ganze Geld zusammen und versuchen wenigstens einem Kind eine Ausbildung zu finanzieren. Dieses Kind ist später wiederum moralisch verpflichtet, das heisst, wenn es dank der Bildung eine Arbeit findet, seinen Geschwistern finanziell zu helfen.
Eine junge Lehrerin nannte mir schliesslich den wahren Grund: „Die Kinder der Armen haben einen zu geringen Wortschatz!

Sie verstehen die Erklärungen des Lehrers oder der Lehrerin nicht, können dem Unterricht nicht folgen, langweilen sich und bleiben nach ein paar Tagen einfach zu Hause."
Ich erinnerte mich an die Zeit, als in der Schweiz der Kindergartenbesuch für obligatorisch erklärt wurde. Genau dieses Argument war unter anderem auch in der Schweiz angeführt worden: Der Kindergarten verbessert den Wortschatz und bereitet die Kinder auf die Schule vor!
Ich sprach mit Ines darüber: „Wie wär's, wenn wir die Kinderküche in einen Kindergarten ändern würden?" fragte ich sie. Sie war mit mir einig: Wir sollten den Versuch wenigstens wagen!
Wir beschlossen zwei Frauen zu suchen, die Freude und das Geschick hatten, um mit Kindern im Vorschulalter, oder knapp darüber, umzugehen und ihnen den lückenhaften Wortschatz aufbessern konnten.
Ich erinnerte mich an die beiden jungen Frauen, die im Waisenhaus von Amkhut aufgewachsen waren, aber keine Arbeit gefunden hatten und deshalb im Haus geblieben waren. Die Leiterin hatte eine Köchin und eine Putzfrau zur Seite, sie war auf die Hilfe der beiden jungen Frauen nicht angewiesen. Die beiden waren auch nicht angestellt, sie bekamen kein Gehalt; sie lebten einfach da und kümmerten sich deshalb auch kaum um die Waisenkinder. Sollte ich ihnen nicht eine Chance geben?
Ich liess mich vom Ambulanzfahrer ein paar Tage später hinfahren, ohne vorher jemandem den Grund meines Besuches genannt zu haben. Als ich im Waisenhaus in den geräumigen Saal trat, wurde ich erst einmal enttäuscht: Die Spielsachen, die ich den Kindern vor ein paar Monaten mitgebracht hatte, waren weg! Kein Ball, keine Puppen waren mehr zu sehen, auch keine Farbstifte. Die kleinen Kinder sassen gelangweilt am Boden und beschäftigten sich wieder nur mit sich selbst. Einige streckten sich drei, vier Finger in den Mund, lutschten daran und bewegten dazu den Oberkörper monoton vor und zurück.

Als ich die Leiterin fragte, wo die Sachen hingekommen seien, wurde sie verlegen und gab mir keine Antwort. Ich tröstete mich mit dem Gedanken, dass vielleicht andere Kinder damit spielten.

Und dann fragte ich die beiden Frauen, wo die Sachen hingekommen seien – und wurde zum zweiten Mal enttäuscht: Sie antworteten so leise, dass ich sie nicht verstehen konnte, schauten beschämt zu Boden und rührten sich kaum. Da wurde mir klar, dass ich sie nicht einstellen konnte. Die Ausdruckslosigkeit in ihren Gesichtern, ihre betont langsamen Bewegungen und die kraftlosen Stimmen schreckten mich ab. Ich setzte mich betrübt in den Jeep und gab dem Fahrer den Auftrag, auf direktem Weg nach Jobat zurückzufahren.

Er fuhr zügig aus dem Dorf heraus, hinunter zum Fluss, schaltete kurz davor in den ersten Gang zurück, fuhr langsam durch das fliessende Wasser und folgte auf der anderen Seite, wieder zügig, der holperigen Landstrasse hinauf auf den Hügelkamm. Ich schaute aus dem Seitenfenster und versuchte mich durch die malerische Landschaft ablenken zu lassen, doch die beiden Gesichter wollten mir nicht aus dem Kopf gehen. Je weiter wir uns von Amkhut entfernten, desto mehr hatte ich das Gefühl, dass sie nicht beschämt, sondern traurig gewesen waren. Die beiden hatten die Spielsachen bestimmt nicht weggegeben! Und wie konnten sie Freude zeigen, wenn ihnen noch nie jemand eine Freude gemacht hatte?

Als der Fahrer vor der zweiten Furt in den ersten Gang zurückschaltete und sich anschickte, den Wagen in das seichte Flusswasser zu steuern, bat ich ihn, zu wenden. „Bitte fahren Sie zurück, nach Amkhut!" sagte ich zu ihm.

„Warum?" fragte er, „Haben Sie etwas vergessen, Sister Margrit?" und meinte, wir könnten es doch das nächste Mal mitnehmen.

„Nein, nein", sagte ich, „ich muss noch etwas Dringendes erledigen! Bitte wenden Sie! Fahren Sie rasch zurück nach Amkhut!"

Diesmal nahm ich die beiden Frauen einwenig zur Seite und fragte sie, ob sie gemeinsam in Jobat einen Kindergarten leiten könnten. Welch blitzartige Veränderung! Beide richteten sich augenblicklich auf, sahen einander an und mit was für freudigen Gesichtern! Ihre Augen begannen zu glänzen, sie nickten mir energisch zu, verschwanden plötzlich, ohne zu sagen wohin, und standen nach zehn Minuten – jede mit einer halbvollen Plastiktüte in der Hand – wieder vor mir: Reisefertig!
Der Fahrer hatte vorhin leicht erstaunt und etwas widerwillig gewendet. Jetzt liess er sich von der erwartungsvollen und fast überschäumenden Freude der beiden Frauen anstecken und lachte mit ihnen.
In Jobat gab ich beiden einen Vorschuss und bat sie, am nächsten Morgen um neun Uhr wieder herzukommen. Sie begaben sich ins Städtchen, kauften sich einen neuen Sari und suchten sich eine Unterkunft.

Am nächsten Morgen waren sie kaum wiederzuerkennen! Sie waren bestimmt sehr früh aufgestanden, hatten ihre schwarzen, hüftlangen Haare gewaschen und sie sich gegenseitig zu dicken Zöpfen geflochten. Und ihre neuen Saris hatten sie angelegt! Wie ihre Gesichter strahlten!
Beide sind bis heute stille, aber frohgestimmte und liebevolle Mitarbeiterinnen geblieben und beide gehen mit den Kindern unübertroffen herzlich um.
Das Umstellen der Kinderküche in einen Kindergarten dauerte nur zwei Tage. Von nun an erschienen jeden Morgen um neun Uhr sechzig bis siebzig Kinder, machten nach den Anweisungen der Leiterinnen Wortspiele, sangen Kinderlieder oder lernten gewissenhaft das Alphabet. Und am Mittag assen sie einen Teller voll Reis, übergossen mit einer Linsen-Currysauce, und dazu ein Fladenbrot. Oder Rabdi, ein Eintopfgericht aus Hirse, etwas Öl und braunem Zucker.
Drei Monate lang verpflichteten wir eine ausgebildete Lehrerin, die den beiden zeigen musste, mit welcher Art von Spielen

und Übungen sie die Kinder vorteilhaft auf die Schule vorbereiten konnten. Die Kinder machten begeistert mit.

* * *

Der Bohrmeister hatte während meiner Abwesenheit auf dem Areal der Station, wenige Schritte vom Haupteingang entfernt, ein Loch gebohrt und einen Grundwasserbrunnen montiert. Er besuchte uns an einem der ersten Abende, um den vereinbarten Betrag abzuholen, und um zu fragen, ob wir einen neuen Auftrag für ihn hätten. Ich dachte damals an das Dorf nordwestlich von Jobat, in das ich zum ersten Mal zu Fuss hingelaufen war, aber vorerst musste ich mit der Bevölkerung sprechen und erklärte ihm deshalb, dass wir vorläufig keinen neuen Auftrag für ihn hatten.
Ein paar Tage später fuhr ich erneut nach Amkhut, diesmal mit Ines, um ihr den Brunnen dort zu zeigen. Wir kamen vor elf Uhr im Dorf an und da fiel mir auf, dass auch in Amkhut viele Kinder nicht in der Schule sassen, wo sie um diese Zeit eigentlich hingehört hätten. Da beschloss ich, ohne den Erfolg oder Misserfolg des Kindergartens in Jobat abzuwarten, in Amkhut ebenfalls einen Kindergarten einzurichten.
Es dauerte eine geraume Zeit, bis wir ein passendes Zimmer in einem kleinen Haus, eine Lehrerin und zwei Köchinnen gefunden hatten und mit dem Kindergarten starten konnten. Doch als es soweit war, gaben wir ihm den Namen *Ines-Kindergarten*. Schon nach wenigen Tagen erschienen zwischen fünfunddreissig und fünfundvierzig vier- bis siebenjährige Kinder aus der weiten Umgebung.

Ines unterstützte mich nicht nur tatkräftig, sie nahm mir sogar einzelne Arbeiten vollständig ab. Zum Beispiel besuchte sie den Apotheker von Zeit zu Zeit und bezahlte ihm jeweils die offenen Rechnungen.
Eines Tages kam sie nach Hause und erzählte mir, der Apothe-

ker habe zu ihr gesagt: „Deine Mutter muss *sehr reich* sein! Oder", habe er gefragt, „ wie ist es sonst möglich, dass Sie so vielen Menschen helfen kann?"

Ines gab ihm zur Antwort: „Meine Mutter ist überhaupt nicht reich. Das ganze Geld ist ihr lediglich von anderen Menschen aus der Schweiz anvertraut worden, um damit armen Menschen hier in Indien zu helfen."

Da habe der Mann staunend gesagt: „Dann ist sie ja noch viel reicher, als wir gedacht haben!"

Ines half mir noch, die obligate Party für die Angestellten der Station zu organisieren und auch durchzuführen, doch danach wurde sie schwer krank und musste bis zu unserer Heimreise das Bett hüten.

* * *

In der Schweiz war ich hin und her gerissen: Einerseits hatte ich Heimweh nach Jobat, andererseits wollte ich nicht mehr allein reisen. Aber konnte ich mit gutem Gewissen wieder jemanden fragen, mich zu begleiten? Oder hatte ich bisher die Gefahr, in Jobat zu erkranken, unterschätzt? Eine Zeitlang wusste ich nicht mehr weiter.

Dann bekam ich einen Telefonanruf von drei jungen Frauen, die in einer Zeitschrift von meinen Tätigkeiten in Jobat gelesen hatten. Sie fragten mich nach meinen künftigen Reiseplänen, denn: „Wir würden Sie gern einmal begleiten ..." sagten sie. Da wog ich nicht mehr lange ab, sondern setzte mit ihnen zusammen gleich das nächste Reisedatum fest.

In Jobat begleiteten mich die drei überall hin, und waren vom Land und von den Menschen so begeistert, dass sie hernach, an ihrem Wohnort in der Schweiz, einen Basar organisierten. Sie kochten für die Besucher indisches Essen und sammelten Kleider und Geld. Ein Jahr später fuhren sie mit den Sachen allein nach Jobat und halfen auf ihre Art vielen Menschen.

Bei meinem nächsten Aufenthalt begleitete mich eine Frau, die ebenfalls einen Zeitungsartikel über meine Reisen gelesen hatte. Auch sie unterstützte mich bei allen Arbeiten und auch sie schloss die Menschen in und um Jobat in ihr Herz. An den langen Abenden sprachen wir oft über die Wurzeln der Armut und was wir dagegen tun könnten.

Eines Morgens besuchte uns ein frisch verheiratetes Paar und fragte uns, ob wir keine Arbeit für sie hätten. Als ich den jungen Mann fragte, womit er denn bisher sein Geld verdient habe, erzählte er traurig, dass er bis vor zwei Tagen in einem kleinen Teeshop in Jobat Tee aufgegossen und ausgeschenkt habe. Nun habe der Besitzer seinen eigenen Schwager eingestellt und ihn dafür entlassen. Er erzählte uns noch, dass er während mehr als zwei Jahren in diesem Shop gearbeitet und Tee an die Passanten, oder an die Kunden der umliegenden Läden verkauft habe.

Er versteht etwas vom „Teegeschäft", dachte ich und beschloss, ihn nicht einzustellen, sondern ihm zu seinem eigenen Teeshop zu verhelfen. Ich sagte ihm, er soll eine Liste von allen Dingen zusammenstellen, die er benötige, um einen kleinen, eigenen Ausschank zu eröffnen.

Er brachte die Liste noch am selben Abend. Er hatte wirklich nur die allernötigsten Dinge aufgeschrieben und sich sogar bereits nach einem günstigen und möglichen Standort im Städtchen umgesehen.

Nach ein paar Tagen hatte er seinen Teeshop. Als wir ihn besuchten, stand er strahlend hinter seiner kleinen Theke, schenkte flink zwei Tassen starken, zuckersüssen und mit Büffelmilch angereicherten Tee ein und stellte ihn vor uns hin. Er führte seinen Stand sehr sauber und gepflegt und hatte nach kurzer Zeit einen stattlichen Kundenkreis. Sein Verdienst ermöglichte ihm, eine kleine Wohnung zu mieten und heute hat die glückliche Familie vier Kinder, die alle in Jobat zur Schule gehen.

An einem anderen Morgen, als die Taglöhner den bestellten
Mais zu unserer Wohnung brachten, krachte direkt vor unserer
Treppe ein Tischwagen zusammen. Der Wagen war alt gewesen
und hatte seinen Dienst längst getan, trotzdem war der
Besitzer traurig, da der Tischwagen ihm zu einem, wenn auch
sehr bescheidenem Auskommen verholfen hatte. Als Taglöhner,
dazu noch ohne festen Wohnsitz, war es ihm nicht möglich
gewesen, regelmässig etwas Geld zur Seite zu legen, um eines
Tages den Wagen durch einen neuen zu ersetzen. Als ich die
vier Männer fragte, wo solche Wagen hergestellt werden, führten
sie mich in die selbe Werkstatt, in der auch die Ochsenwagen
produziert wurden. Ich bestellte beim Werkstattbesitzer
gleich mehrere Tischwagen und verschenkte sie später an junge
Männer, die keine Arbeit hatten.

In der Folge machte mich die Frau, die mich damals begleitete,
darauf aufmerksam, dass ich immer nur *Männer* zu einer
Selbstständigkeit verhelfe. Sie hatte recht: Rikschas, Ochsenwagen,
Tischwagen und der Teeshop – ich hatte immer Männer
berücksichtigt. Frauen hatte ich eingestellt, oder ihnen mit Geld
ausgeholfen. Wir überlegten lange, womit wir auch Frauen zu
einer selbstständigen Verdienstmöglichkeit verhelfen könnten.
Doch das ist in Indien nicht so einfach. Die sogenannte Rollenverteilung
ist – zumindest auf dem Land – noch viel strenger
und traditioneller, als bei uns. Ich glaube, es gibt in Jobat kein
einziges Geschäft, das von einer Frau geführt wird. Frauen
arbeiten „bestenfalls" als Lehrerin oder als Krankenschwester,
sofern sie nicht den Haushalt besorgen und Kinder aufziehen.
Damals wagte ich einen Versuch: Ich fand einen älteren Herrn,
der lange Zeit ein Schneidergeschäft geführt und es nun seinem
Sohn übergeben hatte. Ich mietete in Jobat einen kleinen Raum,
stattete ihn mit acht fussbetriebenen Nähmaschinen aus und bat
den alten Schneider, Frauen im Nähen zu unterrichten. Nach
einem Jahr musste ich den Versuch abbrechen: Der Mann hatte
versucht, in den Kursen den Frauen zu zeigen, wie man Hem-

den und Hosen näht. Er hatte schliesslich damit jahrzehntelang seinen Lebensunterhalt verdient, doch die jungen Frauen wussten genau, dass sie niemals ein Schneidergeschäft eröffnen würden. Kein Mann würde bei ihnen jemals ein Hemd nähen lassen. Nein, die Frauen wollten wissen, wie man Kinderkleider näht, und dies wiederum lag dem alten Schneider nicht. Die acht Nähmaschinen schenkte ich den Frauen, den Raum gab ich auf und den Mann musste ich wieder entlassen. Später verschenkte ich noch mehr Nähmaschinen, aber soviel ich weiss, hat nie eine Frau damit ihren Lebensunterhalt bestritten.

Meine Begleiterin reiste fünf Wochen vor mir zurück in die Schweiz. Eigentlich hatte ich ursprünglich vor gehabt, vier Wochen nach ihr abzureisen, doch aus irgend einem Grund hatte sich meine Abreise um eine Woche verschoben.
Normalerweise hatte ich Dr. Deborah und den Verwalter immer genau über meine Ankunftszeiten und Abreisepläne informiert, doch damals hielt ich es nicht für wichtig, sie über die Verschiebung zu unterrichten. Gewöhnlich liess ich mich an einem Donnerstagmorgen vom Ambulanzfahrer nach Vadodara bringen, von dort flog ich am nächsten Nachmittag nach Bombay und in der Nacht darauf in die Schweiz.
Ausser meinen Helferinnen wusste also niemand, dass ich eine Woche später als vorgesehen abreisen würde. Am Freitagmorgen erschienen die beiden Kindergärtnerinnen ziemlich aufgeregt kurz nach acht Uhr in meiner Wohnung. Sie sagten, an der Tür des Kindergartens hänge ein grosses Vorhängeschloss und sie könnten nicht hinein. Ich begab mich augenblicklich hinunter zu dem Gebäude und musste feststellen, dass tatsächlich jemand unseren Kindergarten geschlossen hatte. Als ich dem Gebäude entlang ging und durch die vergitterten Fenster hinein spähte, glaubte ich meinen Augen nicht zu trauen: Buchstäblich über Nacht hatte jemand sechs grosse, uralte Webstühle hineingestellt. Der Raum war vollständig belegt.
Ich eilte sofort zum Verwalter und wollte von ihm wissen, wer

dies angeordnet habe und weshalb niemand mit mir darüber gesprochen habe. Er wich meinen Fragen kleinmütig aus und traute sich nicht, mir in die Augen zu sehen. Mir wurde klar, dass er trotz seiner Aufgabe keinerlei Befugnisse besass.

Traurig und enttäuscht suchte ich Dr. Deborah auf und fand sie im Untersuchungszimmer an der Arbeit. Zwischen der Untersuchung von zwei Patienten nahm sie sich kurz Zeit für mich und erklärte mir, dass der Grund dazu bei der Missionsgesellschaft in Kanada liege. Das Krankenhaus könne künftig nicht mehr so viel Geld aus Kanada erwarten und sei deshalb gezwungen, die Ausgaben zu senken und wenn möglich Dinge zu produzieren, die sich verkaufen liessen. Sie hätten deshalb beschlossen, ab sofort die Bettlaken für das Krankenhaus selber zu weben und für den Verkauf einfache Baumwollteppiche.

Das konnte ich verstehen, doch weshalb hatte niemand mit mir darüber gesprochen? Dr. Deborah war sichtlich überrascht, als ich ihr die Frage stellte. Sie meinte etwas unsicher, dass Miss Braun vor über einem Monat versprochen habe, mir den Beschluss mitzuteilen.

Musste ich da nicht an ihrer Aufrichtigkeit zweifeln? „Hättet Ihr die Webstühle auch über Nacht hineingestellt, wenn jemand mit mir darüber gesprochen hätte? Und hättet Ihr den Raum auch dann abgeschlossen? Und das alles, nachdem Ihr glaubtet, ich sei abgereist?" fragte ich sie erbost, wandte mich um und wollte den Raum verlassen. Doch bevor ich aus der Tür war, fragte sie mich allen Ernstes noch, ob ich ihnen die künftig gewobenen Teppiche abkaufen werde. Das war zuviel für mich. Die Trauer und die Enttäuschung schlug augenblicklich in eine entsetzliche Wut um. Vorhin hatte ich daran gedacht, Miss Braun aufzusuchen, um ihr einen höheren Mietzins anzubieten, doch jetzt musste ich davon absehen. Meine Wut hätte mich bestimmt dazu verleitet ihr Dinge zu sagen, die sich nicht schickten.

Am Abend lag ich lange wach in meinem Bett. Ich musste einen neuen Raum finden. Deshalb betete zu Gott: Er möge mir helfen, so rasch wie möglich ein anderes Gebäude zu finden.

Am nächsten Morgen fielen mir die Überreste eines Gebäudes auf. Die „Ruine" befand sich ebenfalls auf dem Areal der Missionsstation und ebenfalls nicht weit von meiner Wohnung entfernt. Sie bestand aus einem überwucherten Fundament und einer einzigen, teilweise eingestürzten Mauer. Ich zeigte den Platz dem Baumeister aus Jobat. Er besah sich das Fundament und meinte, dass es nach wie vor intakt sei und sich darauf ohne weiteres ein neues, einfaches Haus erstellen liesse. Ich gab ihm einen Vorschuss und den Auftrag, so rasch wie möglich ein Gebäude nach dem Muster des „alten" Kindergartens zu bauen.
„Es eilt also wieder einmal", lachte er, nahm das Geld und versprach, sich darum zu kümmern.

In der Bibel steht: Liebet eure Feinde! Ja, dachte ich, es sind die Feinde, die versuchen, dich von deinen Zielen abzubringen, die versuchen, deine Werke zu zerstören und es sind die Feinde, die dich zwingen vorsichtiger, überlegter und entschlossener vorzugehen. Ich denke, dass es viele Menschen vielmehr ihren Feinden als ihren Freunden zu verdanken haben, dass sie es zu etwas gebracht haben. Manch Theologe mag mit meiner Auslegung des Zitats nicht einverstanden sein, für mich hat es diese Bedeutung!

* * *

Nach vier Monaten reiste ich erneut nach Jobat – diesmal wieder allein. Zwei Frauen, die ich gut kannte, waren allerdings ein paar Tage zuvor nach Goa[19] gereist und hatten versprochen, mich drei Wochen später in Jobat zu besuchen. Ich reiste also mit der Gewissheit, nur die ersten drei Wochen allein zu sein.

---

[19] Goa ist der kleinste Bundesstaat in Indien, liegt im Südwesten, direkt am Meer und weist wunderschöne Strände auf. Goa ist aber auch kulturell und landschaftlich eine Reise wert.

Das Haus, welches nun als Kindergarten dienen sollte, war bezugsbereit. Voll Stolz führte mich der Baumeister durch den Raum, zeigte mir die Küche, die drei Stufen höher angelegt war, da das Gebäude leicht am Hang stand, und den Vorratsraum, der mit einer soliden Tür versehen war und abgeschlossen werden konnte.

Obschon das Haus etwas kleiner war, als das Haus, aus dem wir so unerwartet ausgeschlossen worden waren, war es für unsere Zwecke ideal. Der Baumeister hatte gute Arbeit geleistet. Ich bezahlte ihn dafür ordentlich und der Verwaltung bezahlte ich ab jenem Tag monatlich einen zuvor neu ausgehandelten Mietzins.

Doch bevor ich irgend etwas anderes tat, begab ich mich zur nächsten Eisenwarenhandlung und kaufte zwei massive Vorhängeschlösser, händigte sie den beiden Leiterinnen aus und ermahnte sie, die Tür zur Vorratskammer sowie die Eingangstür jeden Nachmittag gewissenhaft abzuschliessen.

Während der vergangenen vier Monate hatte kein Kindergarten stattgefunden, trotzdem brauchten wir nicht lange einzuladen: Die Kunde, dass ein neuer Raum zu Verfügung stand, verbreitete sich rasch und ab der zweiten Woche erschienen wieder jeden Morgen sechzig bis siebzig Kinder, um etwas zu lernen, um sich zu amüsieren und nicht zuletzt, um zu essen.

Einzelne Kinder hatten in den vergangenen vier Monaten über Mittag die Paulus-Küche aufgesucht, und dort gegessen. Dies hatte die drei Köchinnen auseinandergebracht. Eine Köchin hatte nichts dagegen und hatte den Kindern vorbehaltlos Essen ausgegeben, die beiden anderen Frauen fanden jedoch, die Paulus-Küche sei ausschliesslich für alte Menschen da, und wollten deshalb den Kindern kein Essen abgeben.

Zufälligerweise hatte ich zuvor in der Schweiz einen Artikel über Altersheime in Japan gelesen. In jenem Artikel stand, dass die alten Leute in den Heimen versuchsweise regelmässig mit Kindern im Vorschulalter zusammengebracht worden seien. Es war ausführlich beschrieben, wie bereichernd diese gemein-

samen Nachmittage für die Alten, wie für die Kinder gewesen waren.
Ich sprach mit meinen Helferinnen darüber und so kam es, dass wir die Paulus-Küche ganz aufhoben und die alten Menschen einluden, im neuen Kindergarten, gemeinsam mit den Kindern, zu essen. Einzelne ältere Menschen, vor allem Frauen die eigene Kinder gehabt hatten, freuten sich sehr, erschienen jeden Morgen zeitig, verhielten sich erstaunlich still und schauten der lebendigen und manchmal etwas lärmigen Meute aufmerksam zu. Einige ältere Menschen, vor allem Männer, waren nicht sonderlich begeistert, aber sie störten sich auch nicht daran und erschienen trotzdem regelmässig zum Essen.
Wir haben es bis heute so belassen.

Für die leerstehende Paulus-Küche hatte ich bald eine andere Idee: Der sympathische Schreiner, der meine Holzstühle angefertigt hatte, besass eine kleine und von mir aus gesehen höchst unpraktische Werkstatt. Ich zeigte ihm das Haus und schlug ihm vor, seine Maschinen in den rund dreimal so grossen Raum zu verschieben. Natürlich war mein Vorschlag mit einer Bedingung verknüpft: Er musste mir versprechen, stets zwei Lehrlinge auszubilden! Er war von meinem Vorschlag begeistert und besorgte sich auf der Gemeindeverwaltung die Lizenz, mit der er das Recht erhielt, Lehrlinge einzustellen und auszubilden. Die Gemeinde sicherte ihm sogar monatlich eine erstaunlich hohe Unterstützung zu!
Dr. Deborah hatte unterdessen erfahren, dass ich gedachte, das Haus einem Schreiner zur Verfügung zu stellen, besuchte mich eines abends und bat mich, davon Abstand zu nehmen und ein paar Tage zu warten. Sie sagte, sie seien in der Missionsleitung am diskutieren und sie würden bestimmt eine bessere Lösung für das Haus finden. Zuerst war mir überhaupt nicht klar, weshalb sie sich darum kümmerten, schliesslich hatte ich das Haus bauen lassen und der Vertrag sicherte mir noch weitere elf Jahre Nutzung zu.

Zwei Tage später erschien kurz nach dem Frühstück Herr Reisings Sohn und sagte mir ziemlich unfreundlich, dass ich den Vertrag gebrochen hätte, indem ich die Alters-Küche aufhob. Er sagte mir, und dies in einem unmissverständlichen Ton, dass ich *ab morgen früh gerechnet drei Tage Zeit hätte, alles was in und am Haus mir gehörte, abzuholen.* Danach würde das Haus vollumfänglich seiner Familie zufallen.

Ich war wieder einmal verzweifelt, fühlte mich allein und überlegte lange, was ich noch retten könnte. Obwohl der junge Mann keine zwanzig Jahre alt war, hatte er mich durch sein selbstbewusstes Auftreten ganz schön eingeschüchtert. Doch was hatte er gesagt? Ich könnte alles, was in und am Haus mir gehört, abholen?

Ich eilte in jenes Dorf, in dem ich zum ersten Mal zu Fuss gewesen war und in dem ich inzwischen nahezu alle Menschen kannte. Ich rief die Frauen und Männer zusammen und bat sie, mir zu helfen, ein Haus abzubrechen. Es dauerte lange, bis sie verstanden, was ich meinte, doch dann zogen ein paar Männer mit mir zurück in die Stadt. Ich zeigte ihnen das Haus und erklärte ihnen, dass sie es innerhalb von drei Tagen bis auf die Grundmauern abbrechen sollten. Als Lohn für ihre Arbeit könnten sie die Materialien behalten.

Jetzt hatten sie endgültig verstanden und damit ihnen ja niemand zuvor kam, übernachteten die meisten gleich im Haus und sandten lediglich zwei Männer zurück ins Dorf. Diese beiden sollten die restliche Dorfbevölkerung, zusammen mit den Ochsenwagen, morgen früh herführen.

Am Tag eins der dreitägigen Frist begab ich mich sehr früh und schweren Herzens an den Ort. Die gesamte Dorfbevölkerung war bereits da und mehr als zwanzig Männer kletterten auf dem Dach herum, lösten die Wellbleche behutsam von den Dachbalken und reichten sie hinunter. Die Frauen nahmen sie entgegen und luden sie auf die bereitstehenden Ochsenwagen. Jemand hängte die schwere Metalltür aus den Angeln und klopfte vorsichtig den Türrahmen heraus. Danach lösten sie Stein für Stein

aus den Mauern, klopften oder schabten den Mörtel ab und luden sie ebenfalls auf. Sogar die Kinder waren da und sorgten dafür, dass die Ochsen trotz des Abbruchlärms ruhig standen.
Es freute mich riesig zu sehen, wie sorgfältig die Menschen das Haus in die Einzelteile zerlegten und die Materialien, die für sie durchaus noch wertvoll waren, wegkarrten. Trotzdem konnte ich die Tränen nicht zurückhalten. Weshalb immer wieder diese Rückschläge? Und ausgerechnet immer wieder von der Verwaltung!
Nach dem Mittagessen überbrachte mir ein Junge ein kleines Stück Papier, auf dem stand: *Bitte komm um vier Uhr ins Sitzungszimmer!* Es war von Dr. Deborah unterzeichnet.
Als ich um vier Uhr in das geräumige Besprechungszimmer trat, waren Dr. Deborah, Miss Braun, der Verwalter, der Wäscher und einige ältere Schwestern versammelt. Sie sassen alle auf einem Stuhl und schauten ernst in meine Richtung. Für mich war hingegen kein Stuhl mehr vorhanden, ich musste mitten im Raum stehen bleiben und kam mir vor wie auf einem Tribunal!
Dr. Deborah begrüsste mich ungewohnt förmlich, nannte mir den Grund der Besprechung und sagte: „Wir haben einen christlichen Lehrer gefunden, der mit seiner Familie in dem Haus wohnen wird. Leider haben wir kein Geld – wir können Dir das Haus deshalb nicht abkaufen, aber Du brauchst künftig auch keinen Baurechtszins mehr zu bezahlen!"
Als sie vom christlichen Lehrer sprach, wurde mir endlich klar, weshalb sie gegen meine Idee gewesen waren: der Schreiner war ein Hindu!
Ich mochte nicht lange im spannungsgeladenen Raum stehen bleiben, liess sie deshalb nicht ausreden und sagte, dass das Haus in drei Tagen ohnehin nicht mehr existiere. Dr. Deborah und auch die anderen schauten mich verdutzt an; da fügte ich hinzu, dass der Sohn von Herrn Reising mir drei Tage Zeit gegeben habe, um alles was in und am Haus mir gehöre, abzuholen. Ich sagte, ich hätte nichts weiter getan, als ihn beim

Wort zu nehmen. Ich sah gerade noch, wie Herr Reising rot anlief, da sich alle Blicke ihm zuwandten und verliess danach das Sitzungszimmer ohne Gruss.
Nach diesem unerfreulichen Ereignis verliefen die Kontakte zwischen mir und der Missionsverwaltung frostig.

XIV

Durch die Auseinandersetzung hatte ich den Elan einwenig verloren, trotzdem reiste ich im folgenden Frühjahr abermals für drei Monate nach Jobat. Eine Bekannte aus der Schweiz begleitete mich und blieb fünf Wochen bei mir.
Als wir ankamen, begrüssten uns meine Helferinnen mit dem bezaubernden indischen Charme und legten uns zahlreiche Blumengirlanden um den Hals. Dr. Deborah, die Buchhalterin und zahlreiche Schwestern erschienen ebenfalls und begrüssten uns so, als ob das Verhältnis zwischen der Verwaltung und mir nie getrübt gewesen wäre.

Ich besuchte die Patienten im Krankenhaus wie gewohnt. Allerdings durchschritt ich auf dem Weg ins Bettenhaus nicht mehr wie gewohnt das Verwaltungsgebäude, sondern wählte den etwas längeren Weg, aussenherum, über die trockene und staubige „Grünfläche". Wenigstens die ersten Tage, bis eines morgens eine Adivasifamilie ziemlich aufgeregt zwei ihrer Kinder in das Krankenhaus brachte. Es waren zwei Knaben; der ältere mochte zwölf, der jüngere halb so alt gewesen sein. Die beiden waren von einem Hund gebissen worden. Die Spuren der Bisse waren kaum zu sehen und deswegen hätte sie die Familie bestimmt nicht ins Krankenhaus gebracht, aber die gebissene Hand des jüngeren Knaben und der verletzte Fuss des älteren waren sehr stark gerötet. Beide Kinder waren aschfahl im Gesicht, atmeten in kurzen, schnellen Stössen und hatten weit aufgerissene, fiebrige Augen. Die Mutter, der Vater, einige Verwandte und Freunde aus dem Dorf bedrängten Dr. Deborah und flehten sie an, die beiden Kinder zu retten.
Die Ärztin untersuchte den jüngeren Knaben mit sehr ernstem Gesicht. Nach wenigen Minuten schrieb sie hastig ein Rezept, drückte es dem Vater in die Hand und sagte, er soll so schnell wie möglich zum Apotheker laufen und dieses *Serum* herbrin-

gen. Zu mir gewandt sagte sie, die beiden Kinder seien von einem Hund gebissen worden, der vermutlich *rabies* gehabt habe (der Vater hatte nach dem Unfall den Hund getötet). Danach desinfizierte eine Schwester die Wunden und als der Vater zurückkam, spritze Dr. Deborah beiden Kindern von dem gebrachten Serum.

Am Mittag suchte ich die deutsche Übersetzung zu dem englischen Wort rabies: *Tollwut,* stand im Wörterbuch!

Ich weiss nicht, ob in Indien die Tollwut tatsächlich vorkommt, aber in den kleinen Körpern steckte ein starkes Gift, das war absolut klar: Sie kämpften dagegen, sie bogen den Rücken durch, sie knirschten schauderhaft mit den Zähnen und sie stöhnten markerschütternd. Dr. Deborah überwachte die kleinen Geschöpfe pausenlos und kämpfte mit ihnen.

Nach vierundzwanzig Stunden war das grosse Ringen vorrüber, danach kamen die Anfälle noch wellenartig und jedesmal weniger stark. Und nach drei Tagen lagen die beiden Jungen ermattet, ja regelrecht ausgebrannt, aber mit entspannten Gesichtern auf ihren Betten. Die Eltern, die den beiden nie von der Seite gewichen waren, freuten sich, und mit ihnen freuten sich Dr. Deborah, die Schwestern und viele der anwesenden Patienten! Natürlich freute ich mich auch! ... und vergass die Geschichte mit der Martha-Küche und die damit zusammenhängenden Unannehmlichkeiten!

Meine Bekannte half mir, die zahllosen Erwachsenen und die Kinder zu pflegen, die uns täglich aufsuchten und eine Verletzung vorzeigten oder krank waren. Sie half mir auch, zweimal in der Woche Mais an die Armen abzugeben, vier weitere Ochsenwagen zu kaufen (verschenkt habe ich sie später) und zweimal begleitete sie mich sogar hinaus in die Dörfer. Danach reiste sie ab und ich blieb noch acht weitere Wochen in Jobat.

* * *

Eines Abends besuchte mich Bala zusammen mit ihrem Mann. Kaum sassen wir im Wohnzimmer am Tisch, brach das Stromnetz zusammen. Beim gemütlichen Schein von zwei weissen Haushaltskerzen erzählte mir Bala, dass sie ein Stück Land kaufen und darauf ein Haus bauen möchten. Sie hätten einiges zusammengespart, meinte Bala, aber es wäre nicht genug für das Land und das Haus. Sie fragte mich, ob ich ihnen nicht einen Kredit geben könnte.
An jenem Abend war ich sicher, dass ich ihnen kein Geld ausleihen würde. Dazu hatten mir die Spender aus der Schweiz das Geld nicht anvertraut. Aber Bala liess nicht locker und führte mich einige Tage später auf den Platz. Er lag am westlichen Stadtrand, direkt an der Hauptstrasse, auf der man von Vadodara herkommend in die Stadt hineinfährt. Der Platz gefiel mir irgendwie ...
Ich fragte Bala, ob es nicht möglich wäre, auf dem Platz zwei Häuser zu bauen. Ein Haus für sie und ein Haus für die Indienhilfe.
„Wir könnten hier den dritten Kindergarten einrichten!" sagte ich zu ihr.
Sie war sofort einverstanden, und so versprach ich ihnen den Kredit.
Der Anwalt in Jobat half uns, alles vertraglich zu regeln und der Baumeister versprach mir, während meiner Abwesenheit ein Reihenhaus mit zwei Wohnungen und einem grossen Kindergartenraum zu bauen. Die östliche Hälfte des Hauses würde Bala mit ihrer Familie bewohnen, die westliche Hälfte würde für mindestens zwanzig Jahre uns zur Verfügung stehen.

In jener Zeit erzählten mir meine Helferinnen die traurige Geschichte von einer jungen Frau, welche sich im Alter von sechzehn Jahren unsterblich in einen vier Jahre älteren Jungen verliebt hatte. Sie war von zu Hause ausgerissen und hatte zwei Tage und zwei Nächte bei ihrem Liebsten verbracht. Als sie wieder nach Hause zurückkehrte, fiel ihr Vater zornig über sie

her, schlug sie hart und regte sich so sehr auf, dass er noch in der selben Nacht an einem Herzversagen starb. Nun schob die ganze Familie die Schuld am Tod des Vaters der Tochter zu, und um sie zu strafen, sprach niemand mehr ein Wort mit ihr. Als ob sie sich nicht selber genug Vorwürfe gemacht hätte!
Ich wollte weder die indische Kultur noch die strengen Sitten ändern; aber die junge Frau tat mir leid. Deshalb suchte ich sie auf und fragte sie, ob sie nicht für mich arbeiten möchte. Durch die unmenschliche Behandlung, die nun schon über ein Jahr dauerte, war sie in höchstem Grade eingeschüchtert und hatte die Sprache selber weitgehend verloren. Erst beim zweiten Besuch sagte sie zu und begann am nächsten Morgen in der Kindergarten-Küche auszuhelfen.
Bevor ich nach Hause reiste, lud ich – wie immer – alle Helferinnen zu einer kleinen Party in meine Wohnung ein. Da konnte ich sehen, dass die junge Frau, obschon sie immer noch sehr wenig redete, von den anderen als Mitarbeiterin angenommen worden war. Daraus schloss ich, dass niemand dagegen war, dass ich sie eingestellt hatte und reiste beruhigt ab.
Die junge Frau heiratete übrigens zwei Jahre später ihre grosse Liebe, brachte bald darauf einen Sohn zur Welt und arbeitet heute noch bei uns.

* * *

Im Spätsommer reiste ich wieder nach Indien. Diesmal allein. Eine Bekannte hatte versprochen, sie würde mich in Jobat besuchen, fünf Wochen bei mir bleiben und schliesslich mit mir nach Hause reisen.

Als ich ankam, war das Doppelhaus gebaut und nach zwei Wochen konnten wir unseren dritten Kindergarten einweihen. Meine Helferinnen schlugen vor, ihm den Namen *Stefan-Kindergarten* zu geben. Auch diesmal brauchten wir keine Werbetrommel zu schlagen; es sprach sich rasch herum und nach wenigen Tagen kamen jeden Morgen zwischen vierzig und sechzig Kinder zu lehrreichen Spielen, zu fröhlichen Reigen und zum Essen.

Ein paar Tage vor der Eröffnung hatte mich ein junger arbeitsloser Lehrer aufgesucht. Da ich gerade keine Zeit für ihn hatte, bat ich ihn, zusammen mit seiner Frau am Abend wiederzukommen.

Sie erschienen sorgfältig gekleidet und lächelten scheu, als sie bei mir am Wohnzimmertisch sassen. Ich musste die beiden bewundern: Sie waren frisch verheiratet, hatten kein Geld, besassen nicht viel mehr, als sie auf sich trugen, wohnten in einem kleinen, düsteren Zimmer in Jobat und hatten keine Aussichten auf eine bessere Zukunft. Trotzdem hinterliessen sie keinen verzagten oder eingeschüchterten Eindruck. Im Gegenteil: Sie sassen aufrecht am Tisch, lächelten zuversichtlich und erzählten mir ungezwungen, wo sie aufgewachsen waren.

Ich stellte gleich beide ein. Sie brachten am nächsten Morgen ihre wenigen Sachen in die kleine, aber helle und freundliche Wohnung im Doppelhaus und halfen mir, die Einweihung vorzubereiten. Danach kochte die Frau jeweils für die Kinder, während ihr Mann die grosse und lebendige Schar zum Singen und zum Lernen der Hindi-Vokabeln animierte.

Die junge Frau, die immer noch wenig redete, bat ich, ihren Arbeitsplatz zu wechseln und künftig dem jungen Lehrer und seiner Frau zu helfen.

Nun arbeiteten bereits elf Frauen und ein Mann für die Indienhilfe. Während meinen Abwesenheiten bezahlte jeweils Frau Rufus ihre Gehälter. Sie war, wie bereits früher erwähnt, die Buchhalterin der Missionsstation und arbeitete nebenbei für mich. Nun bat ich sie, meinen Mitarbeiterinnen und meinem Mitarbeiter die Gehälter auch zu bezahlen, während ich da war. Dadurch gewann ich Zeit und konnte wieder vermehrt in die Dörfer hinausgehen.

Die Bevölkerung des Dorfes, das ich zum ersten Mal zu Fuss aufgesucht hatte, schöpfte das Wasser aus einem kleinen Bach. Als ich das Rinnsal sah, war ich froh, von dem Wasser, das mir die Frau damals angeboten hatte, nicht mehr als einen einzigen Schluck getrunken zu haben!

Mit der Übersetzungshilfe von Bala redete ich mit den Menschen und bot ihnen an, einen Grundwasserbrunnen einzurichten. Sie waren sofort begeistert, konnten sich aber nicht einigen, wo der Brunnen platziert werden sollte. Die einzelnen Hütten waren sehr weit voneinander verstreut und niemand mochte künftig so weit zu Fuss gehen, um den täglichen Wasserbedarf nach Hause zu tragen. Beim Bach war das etwas anderes gewesen, dessen Verlauf konnte man nicht ändern. Aber über den Standort eines Brunnens konnte man „feilschen". Dieses hin und her, die ziemlich hitzig geführte Diskussion in der für mich unverständlichen Sprache, begann mich zu ärgern. Was mich dabei am meisten störte, war die Tatsache, dass die *Männer* über den Standort stritten, wo ich doch bisher überall nur *Frauen* und *Kinder* beim Wasserholen beobachtet hatte!

Als es mir zu bunt wurde, fuhr ich dazwischen und sagte: „Wenn Ihr Euch nicht einigen könnt, dann lasst es eben bleiben!"

Die Frauen, oh, es waren die Adivasifrauen die ihre Köpfe betrübt hängen liessen, nachdem ihnen Bala meine Worte übersetzt hatte. Weshalb hatte ich so übertrieben hart reagiert? Im Grunde genommen konnte ich das Ringen ja verstehen und vielleicht hätten sie sich nach einiger Zeit auch tatsächlich auf einen Standort geeinigt!

Das Spendenkonto in der Schweiz war trotz den steigenden Ausgaben leicht angewachsen – Geld war folglich genug da. Deshalb, und auch um den Frauen das tägliche Wasserholen zu erleichtern, bot ich ihnen versöhnlich an, zwei Brunnen bohren zu lassen. Vorhin waren es die Frauen gewesen, die mich durch ihre traurige Reaktion umgestimmt hatten, jetzt waren es wie-

der die Frauen, die mir dankbare und glückliche Blicke zuwarfen.
Die zwei Standorte waren rasch gefunden. Glücklicherweise stiess die Bohr Equipe an beiden Orten auf ausreichend Grundwasser, sodass zwei leistungsfähige Brunnen gebohrt und installiert werden konnten.

Bei meinem letzten Aufenthalt hatte ich in der Werkstatt vier Ochsenwagen bestellt. Inzwischen kannte ich vier Familienväter denen ich die Gespanne schenken wollte.
Ich suchte also den Wagenmacher auf, um nachzusehen, ob die Wagen fertig gestellt und abholbereit waren. Als ich den hinteren Eingang benutzte, um in die Werkstatt zu treten, waren drei Arbeiter damit beschäftigt, bei einem Karren die Seitenwände zu befestigen. Die drei legten ihre Werkzeuge sofort ab, begrüssten mich freundlich und führten mich quer durch den über und über mit schwerem Holz verstellten Raum nach vorn, in das kleine Büro. Dort erklärten sie mir, dass der Besitzer der Werkstatt für ein paar Minuten weg musste.
Sie boten mir einen Stuhl an. Ich trug den Stuhl vor das Büro hinaus und setzte mich auf dem erhöhten Vorplatz an den Schatten. Von dort konnte ich die belebte Strasse weit hinauf überblicken, bis zu der Ecke, an der der Markt begann und weit hinunter, bis zu der Steinbrücke an der südlichen Stadtgrenze. Zwei der Männer holten sich einen Hocker und leisteten mir Gesellschaft, der dritte eilte weg, um vier Tassen Tee zu besorgen.
Plötzlich fiel mir auf, dass in einem grossen Gebäude ständig uniformierte Polizisten ein- und ausgingen. Das Gebäude befand sich etwa vierhundert Meter weiter südlich und war, da es ein schönes Stück von der Strasse zurückversetzt lag, von meinem Platz aus nur zu einem kleinen Teil sichtbar.
Ich fragte die Arbeiter, ob dies eine Polizeistation sei.
„Nein", gaben sie zur Antwort, „das ist das Gefängnis!"
Ein Gefängnis in Jobat? Davon hatte mir nie jemand erzählt!

Ich überlegte, wie das Gefängnis innen aussehen musste, da der Staat das Geld für viele grundlegende Dinge, wie genügend Schulen, ausreichend viele Trinkwasserstationen oder eine Kanalisation, fehlte. Ich beschloss, die Gefangenen bei der nächsten Gelegenheit zu besuchen.
Der Besitzer der Werkstatt liess noch eine Weile auf sich warten. Als er erschien, konnten wir die Übergabe auf die folgende Woche festlegen.

Bereits am nächsten Morgen machte ich mich zu Fuss auf den Weg in das Gefängnis. Erst als ich von der Strasse in die dreissig Meter lange Zufahrt einbog und senkrecht auf die breite Gebäudefront zuging, konnte ich erkennen, dass es tatsächlich ein Gefängnis war: Das Hauptportal bestand aus einem riesigen und solid aussehendem Gitter und der ganze Gebäudekomplex war mit einer drei Meter hohen Steinmauer umgeben. Rechts vom Tor, ausserhalb des Gefängnisses, stand ein kleines Haus. Links, innerhalb des Gefängnisses, befand sich ein kleiner Raum mit einem vergitterten Fenster, einem flachen Dach auf der Höhe der Mauerkrone und einem kleinen Wachtturm über der linken Ecke.
Ich trat vor das Portal und grüsste die beiden uniformierten Wärter, die auf der anderen Seite standen, sich mit den Ellbogen bequem auf einer Querverstrebung aufstützten und die Unterarme durch das Gitter gestreckt hielten. Sie grüssten zwar freundlich zurück, machten aber keine Anstalten, mich hineinzulassen. Erst als ich sie wiederholt und immer gleich höflich fragte, ob ich den Direktor sprechen könne, schloss der ältere Mann mit einem riesigen Schlüssel auf, öffnete das Tor, liess mich hinein und seinen Kollegen hinaus. Der Kollege verschwand in dem Haus vor der Mauer und kam kurze Zeit später mit dem zivil gekleideten Direktor zurück.
Dieser führte mich in das kleine, vergitterte Büro und bot mir einen Stuhl an. Er selber klemmte sich hinter den Schreibtisch, fasste einen meterlangen und zweifingerdicken Holzstab mit

beiden Händen und fragte mich, was mich herführe. Ich fragte ihn, ob ich einmal das Gefängnis besichtigen könne und ob ich etwas für die Gefangenen tun könne. Sein ernster Gesichtsausdruck hellte sich nicht auf, im Gegenteil! Ziemlich finster blickend meinte er: „Wie stellen Sie sich das vor? Woher kommen Sie? Was machen Sie in Jobat? Arbeiten Sie für eine Organisation? Können Sie sich überhaupt ausweisen?"
Ich sah ein, dass es für ihn nicht einfach war, eine Ausländerin so ohne weiteres im Gefängnis herumzuführen. Deshalb stand ich wieder auf und sagte: „Entschuldigen Sie bitte, ich wollte nur fragen, ob ich etwas für Sie und Ihre Gefangenen tun kann. Ich arbeite für niemanden und ich möchte nicht, dass Sie meinetwegen Schwierigkeiten bekommen!" Danach verabschiedete ich mich, verliess das Büro, trat vor das Portal und wartete, bis der Wärter aufgeschlossen hatte. Bevor ich durch das offengehaltene Tor schlüpfte, wandte ich mich nochmals um und blickte zu dem kleinen Büro zurück. Der Direktor stand unter der Tür, den Stab hielt er immer noch, wie die Lenkstange eines Fahrrads, in beiden Händen. Da sagte ich zu ihm: „Herr Direktor! Nicht wahr, Sie benutzen diesen Stab nicht, um die Gefangenen zu schlagen?!"
„Nein!", jetzt huschte ein ehrliches Lächeln über sein Gesicht und er schüttelte energisch den Kopf, „Nein, wir schlagen unsere Gefangenen nicht!"

Am selben Abend – die Stromversorgung war wieder einmal zusammengebrochen und ich sass am Tisch und hatte soeben begonnen beim Schein von zwei Kerzen einen Brief nach Hause zu schreiben – hörte ich den Nachtwächter meinen Namen rufen: „Sister Margrit! Sister Margrit!"
Mit der Taschenlampe in der Hand trat ich zur Tür und öffnete. Der Nachtwächter grüsste mich und sagte aufgeregt: „Sister Margrit, Besuch für Dich!" Hinter ihm stand der Gefängnisdirektor in Begleitung des Maishändlers, der vor zwei Jahren seinen Laden vergrössert hatte.

Ich liess die beiden Männer herein und bot ihnen im Wohnzimmer einen Stuhl an. Während ich in der Küche Wasser auf dem Gasherd aufsetzte, um einen Tee aufzugiessen, hörte ich, wie sie sich in Hindi unterhielten. Der Direktor war etwa fünfunddreissig Jahre alt und hatte einen leichten Sprachfehler. Er sah durchaus nicht streng oder rücksichtslos aus, aber vielleicht war es dieser Sprachfehler, der ihn zusätzlich so sympathisch, so menschlich machte.

Beim Tee entschuldigte er sich für sein Verhalten im Gefängnis. Er sagte: „Sister Margrit, ich hab schon viel von Ihnen gehört, aber heute morgen habe ich Sie leider nicht erkannt. Selbstverständlich können Sie das Gefängnis besichtigen. Wann immer Sie wollen! Ich werde Ihnen alles zeigen!"

Das brauchte er mir nicht zweimal zu sagen: Am nächsten Morgen stand ich mit ihm auf dem Dach des vergitterten Büros und blickte aus über drei Metern Höhe in das Gefängnisareal hinunter. Fünf Schritte hinter dem Hauptportal befand sich ein zweites Gittertor. Erst wer durch dieses zweite Tor trat, befand sich auf dem eigentlichen Gefängnisareal. Ein meterbreiter Pfad, links und rechts eingesäumt von einem kargen Blumenbeet, führte in den hinteren Bereich. Rechts, in der Nähe des Eingangs, stand ein kleines, blechbedecktes Haus.

„Die Küche", wie mir der Direktor erklärte.

Weiter hinten befand sich ein Ziehbrunnen. Über dem runden Loch war eine grosse, hölzerne Rolle angebracht, über die ein rauhes, faseriges Seil in die Tiefe führte. Zwei Gefangene hielten den Stab, an dem das obere Ende des Seils befestigt war, quer vor ihrer Brust und schritten kräftig ziehend, oder besser gesagt, schiebend, vom Brunnen weg. Der Entfernung nach zu schliessen, die sie zurücklegten, bis der schwere und randvolle Metalleimer sichtbar wurde, mochte das Loch gut fünfzehn Meter tief sein. Zwei Gefangene, die auf den Eimer gewartet hatten, erfassten ihn, gossen das Wasser in einen grossen Bottich und liessen ihn danach zurückbaumeln.

Links, ebenfalls im hinteren Bereich, stand ein Haus, das die

Grösse und die Form einer kleinen Kapelle hatte. „Der Schlafsaal", wie mir der Direktor weiter erklärte. Er fügte hinzu, dass sich zur Zeit zweiundsiebzig Häftlinge den Platz teilen mussten. Um mir zu veranschaulichen wie eng es für die Insassen jede Nacht wurde, hielt er seine linke Hand hoch. Er presste die vier Finger der linken Hand dicht aneinander und zeigte mit dem Zeigefinger der rechten Hand darauf: „So nah müssen sie nebeneinander liegen, damit alle im Haus Platz haben ..."

Unmittelbar unter uns, in der linken Ecke des Areals, befand sich ein zehn auf fünfzehn Meter grosser, betonierter Platz. „Hier lernen die meisten Lesen und Schreiben." betonte der Direktor.

Das Gefängnis war, wie bereits gesagt, umzäunt von einer über drei Meter hohen Steinmauer. Die ganze Anlage hatte die Grösse eines halben Fussballfeldes und sah aus, wie eine kleine mittelalterliche Burg.

Später gestand mir der Direktor, dass es der Gefängnisverwaltung vor allem an Geld fehlte.

Sie hatten kein Geld für Früchte: Die Gefangenen kochten selber und den Reis, das Salz, die Linsen, den Curry und etwas Gemüse erhielten sie wöchentlich in abgewogenen Mengen. Aber Früchte gab es nie.

Sie hatten keine Möglichkeit, die Männer irgendwie zu beschäftigen. Auch dazu fehlte der Verwaltung das Geld. Aus Langeweile stritten sich die Häftlinge häufig und es kam vor, dass sie sich gegenseitig bei Handgreiflichkeiten verletzten.

Die Verwaltung hatte auch kein Geld für Kleider: Viele Gefangene wurden nie besucht von ihren Angehörigen, die ihnen gelegentlich neue Kleider hätten bringen können. Deshalb sassen viele Männer in zerrissenen Lumpen herum.

Ein paar Tage später durfte ich die Häftlinge zum ersten Mal besuchen. Wir hatten zwanzig Dutzend Bananen dabei. (In Jobat verkaufen die Früchte Händler die Bananen dutzendweise.) Zudem brachten wir jedem Insassen einen Lunghi und ein Leibchen und ein Radiogerät für die „Kapelle".

Der Direktor liess die Gefangenen im Schlafsaal versammeln und führte uns in Begleitung von drei Wärtern zu ihnen. Sie sassen in der Hocke am Boden und trauten kaum, mich anzusehen. Als ich ihnen im gleichen Raum gegenüberstand, konnte ich erkennen, dass die meisten noch nicht zwanzig Jahre alt waren. Ja, es sassen Burschen im Raum, die bestimmt weniger als vierzehn Jahre alt waren. Alle hatten geduscht, ihre Kleider gewaschen und sich sorgfältig auf den Besuch vorbereitet. Selbst die Männer, die nur noch traurige „Lumpen" besassen, hatten diese frisch gewaschen.
Wir stellten die Taschen mit den Lunghis und den Leibchen bei der Tür ab. Mit einem roten Leibchen in der Hand trat ich auf den ersten Jugendlichen hin. Er stand sofort auf, sodass ich ihm das Kleidungsstück vor die Brust halten und sehen konnte, ob es etwa seine Grösse hatte. Es passte, also fragte ich in Hindi: „Möchten Sie das?" In seinen Augen blitzte es ganz kurz, als er mich ansah und sagte: „Ja, gern!" Dann nahm er es wie ein wertvolles Geschenk in beide Hände und setzte sich wieder.
Fast zwei Stunden brauchten wir, um die Sachen zu verteilen.
Damit die zwölf angestellten Wärter nicht etwa missgünstig wurden, hatten wir ihnen auch einen Lunghi mitgebracht. Bei der Übergabe der Lunghi an die Wärter, draussen im Wachtlokal, bat ich sie eindringlich, die Gefangenen immer anständig zu behandeln. Sie lachten, aber sie versprachen es mir so, dass ich es glauben konnte.
Zuletzt lud mich der Direktor zu einer Tasse Tee in sein Haus ein. Ich fragte ihn, ob er, wenn ich ihm das Geld dazu geben würde, die Gefängnismauern von den Insassen neu streichen lassen würde. Er sagte sofort zu. Daraufhin gab ich ihm das Geld und als ich ein paar Tage später vorbeiging, sah ich, wie einige Häftlinge gutgelaunt auf Leitern standen und die riesige Mauer innen wie aussen mit weisser Farbe neu anstrichen.

Übrigens: Die Idee mit dem Radio kam vom Direktor. Er sagte, die jungen Männer seien aus Langeweile und auch, weil sie so eng zusammengedrängt leben mussten, streitsüchtig und unruhig. Er meinte, ein Radiogerät könnte etwas Farbe und Abwechslung in den Alltag bringen. Sie montierten das Gerät, das wir ihnen gebracht hatten, im Schlafsaal und dort wurde es jeden Morgen eingeschaltet und lief durchgehend bis zur vorgeschriebenen Nachtruhe um zehn Uhr. Bei unserem nächsten Besuch, einige Monate später, erzählte mir der Direktor wie beliebt das Radio unter den Gefangenen war. „Am beliebtesten sind Live-Übertragungen von Cricket-Spielen." gestand er lachend, „Das sollten Sie sehen! Bei einer Übertragung sitzen alle Insassen friedlich im Schlafraum und hören gespannt zu!"

* * *

Jeden Morgen warteten viele Frauen, Männer und Kinder vor meiner Tür. Oft waren wir bis zum Mittag damit beschäftigt, die Sorgen der Menschen anzuhören, ihre Wunden zu verbinden, oder Schwerkranke an das Krankenhaus weiterzuleiten.
Da war zum Beispiel diese junge Mutter, die ein Mädchen in ihren Armen hielt, das kaum noch drei Kilogramm schwer war.
„Ich weiss nicht mehr was ich machen soll, es leidet ständig an Durchfall!" sagte die Frau verzweifelt.
„Dagegen habe ich keine Medizin", sagte ich zu ihr, „gehen Sie mit dem Kind in das Krankenhaus!"
Da begann die Frau zu weinen und stammelte: „Ich habe kein Geld!"
Ich kannte sie vom Sehen, sie hatte öfters Mais geholt. Aber selbst wenn ich sie nicht gekannt hätte, hätte ich ihr geholfen, denn man konnte sehen, dass sie sehr arm war: Das Kindchen war in ein graues Tuch gewickelt und die Mutter trug selber ausgediente Kleider. Und das deutlichste Zeichen: Sie besass keinen Schmuck mehr! Die Adivasifrauen geben ihre silberne Halsspange wirklich nur weg, wenn sie in grösster Not sind.
Ich gab ihr ein Blatt Papier, auf das ich in wenigen Worten geschrieben hatte, dass ich die Kosten für die Behandlung und

die Medikamente übernehmen werde. Sie nahm das Blatt und das Kind und begab sich zögernd ins Krankenhaus. (Das Kind wurde aufgenommen und geheilt.)

Als nächstes trat ein Mann mit vier kleinen Buben ein. Ein Junge hatte sehr starke Ohrenschmerzen. Auch dagegen besass ich keine Medikamente und musste ihn ebenfalls an das Krankenhaus überweisen.

Dann trat eine Frau ein, die den rechten Arm gebrochen hatte. Dick geschwollen war ihr Arm und oliv-grüne Flecken schimmerten unter der bronzefarbenen Haut durch. Es sah aus, als ob der Unfall bereits vor mehreren Tagen geschehen war. So oder so, ich konnte sie nur an das Krankenhaus überweisen.

Die nächste Frau schlüpfte flugs herein, setzte sich auf den Stuhl und begann jämmerlich zu weinen. Bala übersetzte mir ihr Klagen: „Ich habe keinen Vater mehr, ich habe keine Mutter mehr!"

Sie war nicht krank oder verletzt, sie war nur unsäglich traurig und wollte einwenig getröstet werden. Ich tat dies so gut ich es eben konnte und nach kurzer Zeit verliess sie uns wieder einigermassen bemutigt.

Kaum war sie aus der Tür, trat ein sehniger Bauer mit einem breit gewickelten, gelben Turban ein. Ich hatte ihm vor etwa einem Jahr einen Ochsenwagen samt zwei Ochsen geschenkt. Er begrüsste mich freundlich, jammerte dann aber, dass ein Ochse krank geworden und vor zwei Tagen gestorben sei.

„Nein, nein", sagte ich, „Sie haben ein Jahr lang Geld verdient, mit dem Gespann. Jetzt sollten Sie genug Geld haben, um einen neuen Ochsen zu kaufen! Ich kann Ihnen nicht schon wieder einen Ochsen geben!"

Zu meinem Erstaunen war er nicht einmal enttäuscht sondern zog friedlich davon ... Ein paar Tage später begegnete ich ihm auf der Strasse. Er hatte soeben auf dem Viehmarkt ein Öchslein erworben und führte es an einer Schnur nach Hause.

Nach dem Bauer war die Reihe an einem jungen Burschen. Er blieb allerdings vor der Tür stehen und streckte mir wortlos ein kleines Stück Papier hin. Darauf stand in englischer Sprache: *Jemand hat uns bestohlen. Schmuck und alles weg. Jetzt nichts zum essen. Bitte helfen Sie uns.* Darunter stand eine unleserliche Unterschrift.

„Morgen", sagte ich zu dem Jüngling, „morgen werden wir wieder Mais verteilen. Wenn Euch der Schmuck gestohlen wurde, werdet Ihr für heute wohl noch etwas zu essen haben. Morgen könnt Ihr vorbeikommen und drei Kilogramm Mais abholen. Einverstanden?" „Einverstanden!" sagte er und ging. Ich sah ihn nie wieder.

Danach trat ein älterer Mann ein. Auf dem Arm trug er einen hübschen Säugling. Das Kindlein war bestimmt erst drei Monate alt, aber es staunte mich mit seinen grossen dunklen Augen an. Der Mann bat mich um Geld, damit er für das kleine Pulvermilch kaufen könne.

„Wo ist denn die Mutter?" fragte ich ihn.

„Sie ist nach der Geburt gestorben." antwortete er betrübt. Doch irgendwie war mir die Situation nicht ganz klar – der Mann hätte leicht der Grossvater des Kindes sein können – deshalb wies ich ihn an, bis zum Schluss zu warten.

Danach bat ich einen älteren Mann herein, der einen dick geschwollenen Fuss hatte und nur mühsam gehen konnte. Wir fanden tief in der geschwollenen Ferse einen vereiterten Dorn. Mit etwas Zugsalbe und täglich einem frischen Verband brachten wir den Dorn heraus und die Wunde innerhalb weniger Tage zum heilen.

Der nächste Mann hatte sich bei der Arbeit aus Versehen mit dem Buschmesser ins Schienbein geschlagen. Die Schnittwunde sah grässlich aus. Auch da konnte ich nicht helfen; die Verletzung musste genäht werden.

Der nächste Mann torkelte herein, verbreitete den üblen Geruch von billigem Fusel und lallte unsinniges Zeugs. Wir schafften es nur mit der Hilfe des älteren Mannes, der draussen sass und wartete, ihn wieder zur Tür hinaus zu bugsieren.

Kaum stand der Betrunkene auf der Steintreppe, wurde er von

den restlichen Wartenden mit Schimpfwörtern überschüttet und davongejagt.

Danach trat eine ältere Frau ein. Sie öffnete sorgfältig einen farbigen Stoffbeutel, angelte drei kleine Eier heraus und legte sie behutsam auf das Tischchen. „Die sind für Sie, Sister Margrit", sagte sie, „Sie haben mir vor langer Zeit, als ich schwer krank war, die Medizin bezahlt. Ich bin gekommen, um Ihnen zu danken!"

Es zog sich hin bis zum Mittag. Als ich Dr. Deborah von der Station heraufkommen sah, ging ich ihr ein paar Schritte entgegen und fragte sie, ob sie den Mann mit dem kleinen Mädchen kenne. „Er behauptet, seine Frau sei gestorben. Stimmt das?" frage ich sie.

„Ja und nein", antwortete sie, kam bis zu meiner Wohnungstür und grüsste den Mann herzlich. „Es ist so:" erklärte sie mir endlich, „Die Mutter des Mädchens ist bei der Geburt gestorben. Da sie keinen Mann hatte, haben wir das Kind zur Adoption freigegeben. Dieser Mann hier ist verheiratet, aber die beiden hatten nie eigene Kinder. Jetzt haben sie das kleine Mädchen adoptiert. Sie sind sehr lieb zu dem Kind, aber sie sind sehr arm!" Obschon sie in englischer Sprache mit mir redete, und der Mann wohl kaum ein Wort davon verstand, hatte sie mir die zweite Hälfte des letzten Satzes zugeflüstert.

Ich gab dem Mann Geld für die Pulvermilch, zwei Baumwollleibchen für das Kindlein und bat ihn, jeden Monat vorbeizukommen. Ich versprach, dass ich ihn weiterhin unterstütze, wenn er regelmässig vorbeikomme und das Mädchen mitbringe.

Danach zog ich mich ins Haus zurück, um zu essen. Da mich die Leute über Mittag selten in Ruhe lassen, hatte ich seit einiger Zeit einen älteren Mann eingestellt, der für mich den „Tagwächter" spielte. Das heisst, er sass vor meiner Wohnung und sorgte dafür, dass ich ungestört essen und danach eine Stunde ruhen konnte. Ich war inzwischen fünfundsechzig Jahre alt geworden und brauchte in dieser Hitze über Mittag einfach einwenig Schlaf. Seine Aufgabe war es auch, die Menschen wieder nach Hause zu schicken, wenn ich früh morgens in ein Dorf hinausgefahren war, oder sonst etwas unternahm.

Doch an diesem Tag gelang es ihm nicht meine Mittagsruhe zu bewahren: Kaum war ich auf meinem Bett eingenickt, wurde ich von einer Frauenstimme geweckt, die sich seinen Anweisungen energisch widersetzte. Als die Stimme lauter wurde und die Frau schliesslich dicht vor der Haustür zu schreien begann, stand ich auf, um nachzusehen, wer da draussen so lärmte.
Ich sah eine ältere Frau, die sich mit dem Tagwächter stritt. Sie war ausser sich, aber nicht aus Wut sondern aus Verzweiflung! Als sie mich sah, liess sie den Wächter stehen, wandte sich mir zu und begann herzbewegend zu weinen. Obschon sie eine Adivasi-Frau war, klagte sie mir ihr Leid in Hindi. Zum Glück, denn damals konnte ich mich mit den Menschen in Hindi einigermassen unterhalten, aber Bhil, die Sprache der Adivasis in der Umgebung, konnte ich noch nicht verstehen. Und Bala, meine Übersetzerin, war über Mittag nach Hause gegangen.
Die Frau erzählte mir, dass sich ihre Tochter heute morgen umgebracht hatte. Sie hätte sich in der Hütte erhängt, sagte die Frau traurig und fügte hinzu, dass ihr Mann vor langer Zeit gestorben sei und der Schwiegersohn sie schon vor über einem Jahr verlassen habe. „Nun bin ich allein mit den fünf Kindern!" weinte sie, „Was wird bloss aus den fünf ..." Die restlichen Worte gingen im Schluchzen unter.
Was konnte ich tun? Ich begab mich ins Haus zurück, wusch mir den Schlaf aus dem Gesicht, steckte etwas Geld ein und folgte ihr zu ihrem Haus. Sie wohnte am östlichen Stadtrand. Die tote Frau lag aufgebahrt in der Hütte und die Kinder sassen zusammengedrängt und fassungslos in einer Ecke. Das jüngste mochte etwa zwei Jahre alt gewesen sein.
Weil sich viele Menschen – Freunde, Nachbarn und bestimmt

auch Neugierige – in und um die Hütte drängten, konnte ich der traurigen Grossmutter kein Geld zustecken. Ich sagte ihr, dass ich in einer Stunde wiederkomme und eilte nach Hause.
Dort suchte ich einige Kinderkleider zusammen, legte sie zusammen mit einer Seife und einem Frotteetuch in eine Schachtel, steckte etwas Geld in einen Briefumschlag und brachte alles zusammen der Frau und den Kindern.
Ein paar Tage später erstand ich zwei Ziegen auf dem Tiermarkt und schenkte sie den Kindern. Zudem unterstützte ich die Familie weiterhin, so dass alle Kinder die Schule besuchen konnten.

Hier muss ich noch etwas einflechten: Viele Frauen heiraten mit sechzehn Jahren oder sogar früher und bringen mit siebzehn oder achtzehn Jahren ihr erstes Kind zur Welt. Die Frau, die sich umgebracht hatte, war trotz den fünf Kindern noch nicht dreissig Jahre alt gewesen, und ihre Mutter mochte etwa fünfzig gewesen sein.
Es ist Ihnen bestimmt aufgefallen, dass ich das Alter der Menschen immer als Schätzung wiedergebe. Das hat seinen Grund, denn kaum jemand der Adivasis weiss genau wann er geboren wurde. Einmal sass eine junge Mutter auf der Treppe vor meiner Wohnung. Sie hielt ein Kind auf ihren Armen. Als ich sie fragte, wie alt sie sei, antwortete sie, und zwar eher fragend als überzeugt: „Drei Jahre?"
„Nein!" sagte ich zu ihr, „Du kannst nicht drei Jahre alt sein. Dein Kind ist etwa drei Jahre alt. Du bist bestimmt zweiundzwanzig Jahre alt!"
„Kann sein ..." meinte sie und es hätte mich nicht erstaunt, wenn sie noch hinzugefügt hätte: *Spielt es eine Rolle?*

* * *

Meine Bekannte besuchte mich am vereinbarten Datum. Nach fünf Wochen reisten wir zusammen zurück in die Schweiz. Auch sie war beeindruckt von der tiefen Armut und der gleichzeitigen Herzlichkeit und Offenheit der Menschen. Wir unterhielten uns oft über die Situation der Adivasis. Ihr war aufgefallen, dass sie, oftmals trotz schwersten Schicksalsschlägen, kein Selbstmitleid an den Tag legten.

Das war mir auch schon aufgefallen. Selbstmitleid ist ein grosses Leid – das aber nicht getröstet werden kann, da es ja nicht getröstet werden will. Die Mitmenschen, die dieses Selbstmitleid spüren, werden eher mit versteckter Schadenfreude als mit ehrlichem Mitleid reagieren. Die Adivasis zeigen nie Selbstmitleid, sie tragen auch schwere Schicksalschläge tapfer.

XV

Auf meiner nächsten Reise begleitete mich meine Schwester Inge. Sie hatte an einigen Konzerten mitgewirkt und deren Erlös an die Indienhilfe weitergegeben. Ab und zu hatte sie mich an eine Gesprächsrunde, an einen Vortrag in einer Kirchgemeinde, oder an eine Andacht in einer Kirche begleitet, und wusste daher sehr viel von Jobat. Ich war froh und auch einwenig stolz, Inge zeigen zu können, an welchen Orten und womit ich in den letzten Jahren so viel Zeit verbracht hatte. Sie schloss die Menschen in Jobat sogleich in ihr Herz und unterstützt mich seither noch stärker.

Danach begleitete mich mein ältester Sohn Martin. Er war verheiratet, die beiden hatten zwei Kinder, aber seine Frau Ruth liess ihn vertrauensvoll für einen Monat nach Indien reisen. Nach unserer Ankunft begaben wir uns zum Telefon-Office und riefen zu Hause an. Martin erklärte seiner Frau, dass wir gut angekommen seien; ich berichtete dasselbe meiner Tochter Ines. Martin hatte mich oft von Jobat erzählen hören, trotzdem war er bestürzt über die grosse Armut, in der die Menschen lebten, als er sie mit eigenen Augen sah. Ich führte ihn zu Beginn durch das Spital und zeigte ihm die beiden Kindergärten in Jobat und an den Abenden sprachen wir ausführlich über die bescheidenen Möglichkeiten, die wir hatten, um den bedürftigen Menschen zu helfen. Einmal fuhren wir in ein Dorf hinaus, doch er suchte nach einer Aufgabe in der Nähe und so kamen wir eines Abends auf das leerstehende Schwesternheim zu sprechen. Er besah sich das verlassene Gebäude am nächsten Morgen und sprach danach mit der Spitalverwaltung. Es ist mir ein Rätsel, wie er sie dazu brachte, aber sie versprachen ihm, wieder Krankenschwestern auszubilden, wenn er das Gebäude renovieren würde und der Verwaltung ein Startkapital zur Verfügung stellen könnte. Sie brauchten Schürzen, Bücher und allerlei Übungsmaterial für die Schülerinnen.

Martin suchte daraufhin in der Stadt einen Dachdecker, stieg mit ihm auf das undichte Dach und gab ihm den Auftrag, alle angerosteten Wellbleche zu ersetzen und die Löcher im First auszubessern. Danach führte er den Schreiner durch die Zimmer und gab ihm den Auftrag, alle Türen, die sich nicht mehr schliessen liessen, zu reparieren oder nötigenfalls zu ersetzen. Bei der Galerie, im oberen Stock, war ein Metallgeländer lose und bot keine Sicherheit mehr; er fand einen Schmied, der es wieder befestigte. Er gab einigen Adivasi-Männer den Auftrag, alle Löcher und Ritzen in den Böden, den Treppen und den Wänden mit Zement auszubessern und zuletzt verteilte er Pinsel an einige Taglöhner, stellte Farbkübel auf und wies die Männer an, sämtliche Wände neu zu streichen.

Er liess die verschiedenen Handwerker am Gebäude arbeiten und begab sich währenddessen in die Stadt, um vierundzwanzig neue Betten, vierundzwanzig Matratzen und Kissen zu bestellen und kaufte gleich die nötigen Bettlaken und -decken dazu. Es gelang ihm, das Schwesternheim innerhalb von den vier Wochen, die er in Jobat weilte, instandzustellen. Der Spitalverwaltung gab er den versprochenen Kredit, verlangte jedoch, dass sie ihm die Ausgaben nachträglich belegten.

Das eiserne Gittertor, das verbogen seitlich im dürren Gestrüpp lag – dieses Gartentor war ihm entgangen! Nachdem Martin abgereist war, holte ich den Schmied nocheinmal her und bat ihn, ein neues zu schmieden und es so bald als möglich anzubringen.

Noch im selben Jahr zogen zwölf junge Frauen im Schwesternheim ein und traten ihre zweijährige Ausbildung an. Im folgenden Jahr zogen abermals zwölf Lernschwestern ein und übernahmen die Bücher und die Aufgaben der älteren, die nun in die zweite Klasse vorrückten. Zu der ersten Diplomfeier Ende des zweiten Jahres war ich eingeladen worden. Es war eine besinnliche, aber auch heitere Feier gewesen. Alle Schwestern trugen neue Schürzen, versammelten sich vor der Kirche zu

einem Gruppenfoto und sangen vor dem Festessen noch einige indische Lieder.
Seither werden jedes Jahr zwölf Schwestern nach ihrer zweijährigen Ausbildung diplomiert und im fünften Diplomjahr gelang es dem Spital sogar, die staatliche Anerkennung wieder zu erlangen.

Martin überlegte sich damals lange, wie auch den kleinen Kindern geholfen werden könnte. Etliche junge Frauen, die am Dienstag- oder Freitagmorgen Mais abholten, trugen auf ihren Armen ein Kind. Die meisten Kinder waren offensichtlich mangelernährt, hatten dicke Bäuchlein (Würmer), oder litten durch den Mangel an Hygiene an entzündeten Augen oder schlecht heilenden Wunden an den Füssen, den Beinen oder am Po. Sehr viele Kinder der Armen sterben, bevor sie das Schulalter erreicht haben.
Er suchte nach einer Möglichkeit, die schreckliche Situation der Kleinkinder der Armen zu ändern und kam schliesslich zum Schluss, dass wir eine Küche für die Kleinsten einrichten sollten. „Eine Art *Milchküche*", sagte er ernst, „bei der die jungen Mütter mit ihren Kleinkindern vorbeikommen und und ihren Schützlingen täglich ein Glas gesunde Milch geben können! Bei dieser Gelegenheit könnten unsere Angestellten die Kinder untersuchen, kleine Verletzungen pflegen oder, wenn nötig, die kleinen Patienten an das Spital weiterleiten."
Doch die Zeit reichte ihm nicht mehr, um die Idee zu verwirklichen, die Renovationsarbeiten am Schwesternheim nahmen viel Zeit in Anspruch.

Wenige Tage nachdem Martin abgereist war, brachte eine junge Frau im Spital ein Kind zur Welt. Es war ein überaus hübscher Junge und die Mutter gab ihm den passenden Namen Anand.[20]

---

[20] Anand bedeutet auf Deutsch: Freude.

Die Frau war jedoch nicht verheiratet und hätte kaum für Anand sorgen können, deshalb gab sie ihn zur Adoption frei und verliess nach drei Tagen das Spital; das Kind liess sie zurück. Dr. Deborah wollte den Säugling bei der nächsten Gelegenheit ins Waisenhaus nach Amkhut bringen lassen.

Als ich mit Martin telefonierte, um zu fragen, ob er gut nach Hause gekommen sei, erzählte ich ihm von Anand, der inzwischen eine Woche alt war. Zwei Tage nach dem Telefongespräch brachte mir der Postbote ein Telegramm: *Bitte sorge für Anand! Wir möchten ihn adoptieren! Bis bald! Martin und Familie,* stand darin.

Zum Glück hatte er in englischer Sprache telegrafiert. Ich zeigte Dr. Deborah das Telegramm und bekam vorläufig das Sorgerecht über den lieben kleinen Jungen. Ich nahm ihn zu mir und als ich sechs Wochen später ebenfalls in die Schweiz zurückreiste, übernahm eine meiner Helferinnen seine Pflege.

Das Beschaffen der erforderlichen Ausweise und Dokumente war aufwendig und dauerte mehrere Monate. In der Zwischenzeit war ich erneut nach Jobat gereist. Leider hatte meine Angestellte während meiner Abwesenheit nicht gut für Anand gesorgt: Der Arme wog fünf Monate nach der Geburt lediglich noch drei Kilogramm. Ich nahm ihn wieder zu mir und sorgte bis zu unserer gemeinsamen Ausreise für meinen künftigen Enkel. Im Alter von sieben Monaten traf Anand schliesslich in Buchs ein und wurde von der ganzen Familie sofort herzlich aufgenommen.

Leider konnte mein Sohn den kleinen Anand nur etwas mehr als ein Jahr geniessen: Martin wurde schwer krank und starb kurze Zeit nach seinem vierzigsten Geburtstag!

Bei wolkenlosem Sommerwetter beerdigten wir in Buchs meinen ältesten, geliebten Sohn! Ich war sehr, sehr traurig und werde es heute noch, wenn ich an seinen frühen Tod denke! Es war alles viel zu schnell gegangen; seine Krankheit, sein Sterben – ich konnte es lange Zeit nicht fassen!

Daraufhin gab ich das Miethaus in Abtwil auf und zog nach Buchs. (Meine jüngste Tochter Annette war, als letztes meiner Kinder, kurz zuvor ebenfalls ausgezogen.) Ich wollte Ruth, die selber nie in Indien gewesen war, bei ihren Freuden und Sorgen mit Anand beistehen, und ich wollte in der Nähe des Grabes von Martin sein.

Ruth hat übrigens durch ihren unermüdlichen Einsatz und ihre grosse Liebe zu Anand das Sorgerecht sehr bald erhalten und ist heute seine Mutter.

* * *

Über die Zeit, da Martin krank wurde und schliesslich seinem schrecklichen Leiden erlag, weilte ich ohne Unterbruch in der Schweiz und nach seinem Tod brauchte ich mehrere Monate, bis ich mich zu einer weiteren Reise aufraffen konnte.

Aber seine Idee, eine Milchküche für Kinder einzurichten, sass fest in meinem Kopf. Wieder in Jobat, suchte ich einen passenden Raum und einen Bauer, der die nötige Milch produzierte. Als ich meinen Helferinnen von der Idee erzählte, machten sich alle auf die Suche und nach ein paar Tagen zeigten sie mir einfaches Haus, nur einige Hundert Meter vom Spital entfernt, an der Hauptstrasse in Jobat. Das Haus konnten wir nicht mieten, aber daneben war Platz für ein zweites, gleichgrosses Gebäude. Der Besitzer willigte ein und der Baumeister plante schliesslich ein schmuckes, zweckmässiges Häuschen. Auch diesmal sicherte ich uns die Benutzerrechte für die nächsten zwanzig Jahre zu. (Wie bereits erwähnt, kann ein Ausländer oder eine Ausländerin kein Bauland erwerben.)

Jetzt galt es noch den Bauer zu finden, der die Milch produzierte. Für die Ochsengespanne und die Arbeiten mit dem Pflug auf dem Feld dienen den Bauern kleine, zebuartige Rinder. Diese Tiere sind fahl, schlank, haben kleine Hörner und einen sonderbaren Höcker auf dem Widerrist. Sie sehen zierlich aus, sind aber überaus zäh und widerstandsfähig.

Zur Milchproduktion verwenden die Bauern hingegen ausschliesslich Wasserbüffel. Wer kennt sie nicht, diese langsamen und genügsamen Tiere? Sie sind schwarz, grösser als die Zebus – vor allem dicker – und haben sichelförmig, nach hinten geschwungene Hörner. Den Kopf tragen sie im Gehen ständig waagrecht und sehen dadurch im wahrsten Sinne des Wortes *hochnäsig* aus.

Wir fanden einen Bauer, der zwei Büffelkühe besass und sie auch regelmässig melkte. Er versprach uns, sobald wir das Haus gebaut und die Milchküche eröffnet hätten, jeden Morgen einige Liter von dieser kostbaren Flüssigkeit zu liefern.

Die Idee nahm langsam Gestalt an: Ich konnte beruhigt nach Hause reisen.

* * *

Als ich vier Monate später wieder in Jobat eintraf, war das Haus gebaut. Der Baumeister führte mich stolz durch die drei Räume: Vorne, gegen die Strasse hin, lag der grosse Aufenthaltsraum. Da war Platz für die Kinder. Hier, so hoffte ich, würden sie jeden Morgen auf kleinen Teppichen am Boden sitzen und einen Becher Büffelmilch trinken. Im zweiten Raum befand sich die Küche. Auf einer kleinen, offenen Feuerstelle würden meine Helferinnen die frische Milch sorgfältig aufkochen, damit keine krankmachenden Keime übertragen werden. Hier würden sie nach der Milchabgabe die Trinkbecher reinigen und in einem Schrank aufbewahren. Zuhinterst lag der Waschraum: Dort könnten die Kinder von ihren Müttern wenn nötig gewaschen werden, dort würden allenfalls auch kleine Wunden versorgt.

Ich war sehr zufrieden. Der Baumeister hatte einmal mehr bewiesen, dass er verstanden hatte, wozu das Gebäude dienen sollte. Nun mussten noch ein Tisch und einige Utensilien, wie Töpfe, Trinkbecher und die Sitzteppiche angeschafft werden. Deshalb schoben wir die Einweihung ein paar Tage hinaus.

Und natürlich mussten wir drei neue Helferinnen einstellen, aber die waren rasch gefunden.

In jenen Tagen erzählte mir jemand, dass eine Mitarbeiterin, die in einem Kindergarten für den Einkauf der Esswaren zuständig war, die Nahrungsmittel einen Monat lang bezogen, aber nicht bezahlt habe.
Bevor ich die Mitarbeiterin zur Rede stellte, wollte ich herausfinden, ob sie das Geld dazu erhalten hatte. Ich begab mich am nächsten Tag auf die Bank und musste leider feststellen, dass sie den Check eingelöst und das Geld abgehoben hatte. Weshalb hatte sie die Lebensmittel nicht bezahlt? Hatte sie Sorgen in der Familie gehabt und das Geld dafür benötigt? Weshalb hatte sie mir gegenüber nichts davon erwähnt?

Nach der Bank begab ich mich auf direktem Weg zum Händler. Als ich ihm für seine Grosszügigkeit danken und den ausstehenden Betrag begleichen wollte, sagte er, dass nicht *ein,* sondern *vier* Monate ausstehend seien. Zu meiner Bestürzung legte er alle offenen Belege auf den staubigen Tresen. Der Betrag belief sich auf umgerechnet über siebenhundert Schweizerfranken! Ich bezahlte die Schulden und versicherte ihm, dass dies nicht wieder vorkommen werde.
Die Frauen, die in den anderen Küchen für den Einkauf verantwortlich waren, hatten mich regelmässig an einem Abend besucht und mir ihre Kassenbücher zur Einsicht vorgelegt. Doch diese Helferin hatte ich bisher immer auffordern müssen, mit dem Kassenbuch vorbeizukommen, und meistens waren die Ausgaben unsauber eingetragen, oder fehlerhaft aufgelistet gewesen. Da sie immer zuvorkommend freundlich war und mit den Kindern ausgezeichnet umzugehen verstand, hatte ich sie bisher nie ernsthaft gerügt. Doch diesmal nahm ich mir vor, sie zur Rede zu stellen. Ich besuchte den Stefans-Kindergarten, wo sie arbeitete, und forderte sie auf, mit dem Kassenbuch umgehend bei mir vorbeizukommen.

Sie erschien spät am nächsten Nachmittag. Ich sprach sie ohne Umschweife auf die Untat an und fragte sie, wofür sie das Geld verwendet habe. Sie gab keine Antwort auf meine Frage. Sie gab weder zu, Nahrungsmittel auf Kredit bezogen zu haben, noch bestritt sie meine Anschuldigungen. Sie reagierte statt dessen laut und ungehalten.

„Sie lieben mich nicht mehr!" rief sie und meinte weiter, „Sie vertrauen mir nicht mehr! Sie glauben mir nicht mehr! Sister Margrit, so kann ich nicht arbeiten! Ich werde sie verlassen!"

Die Situation war neu für mich! Nie hätte ich es für möglich gehalten, dass eine Mitarbeiterin Geld unterschlagen würde! Und dann, bei der Aussprache, diese ungewohnt heftige Reaktion. Was sollte ich tun? Wen hätte ich beiziehen und um Rat fragen können? Ich fühlte mich wieder einmal sehr einsam und auf mich selbst gestellt.

Während sie lärmte und sich ereiferte, klopfte es an der Tür. Ich wollte eigentlich nicht gestört werden, bevor ich mit ihr abgeschlossen hatte, öffnete aber trotzdem. Eine junge Frau trat sofort ein. Sie weinte bitterlich und konnte kaum sprechen. Erst als ich ihr einen Stuhl angeboten und sie einwenig beruhigt hatte, sagte sie schluchzend: „... mein Sohn ist gestorben ... er musste plötzlich erbrechen ... bekam Durchfall ... hohes Fieber ... starb in der vierten Nacht! ... war mein einziges Kind!"

Ich hatte den Jungen gekannt. Er hatte vor einem Jahr den Paulus-Kindergarten besucht und dort hatte ich ihn sogar einmal fotografiert. Die Frau tat mir leid! Ich versuchte sie zu trösten, doch, obschon ich wusste wie sehr es schmerzt, wenn man einen Sohn verliert, gelang es mir nicht.

Während ich mich um sie kümmerte und mit ihr um das Kind trauerte, drückte sich meine Angestellte an uns vorbei und verliess die Wohnung grusslos. Sie erschien von jenem Tag an nicht mehr zur Arbeit und zog nach einigen Monaten sogar aus Jobat weg. (Innerhalb weniger Tage hatte ich eine andere Frau gefunden, die ihren Platz einnahm.)

In der folgenden Nacht wurde ich krank: Ich bekam Durchfall, musste erbrechen und der Blutdruck fiel auf einen sehr tiefen Wert. Ich fühlte mich schwach und elend, konnte drei Tage lang nichts essen und wünschte mir nur eines: Möglichst rasch wieder gesund werden!

Meine Angestellten weihten am elften November (Martins-Tag) zusammen mit dem Baumeister, aber ohne mich, die Milch-Küche ein und gaben ihr den Namen *Martins-Küche*.

Am vierten Morgen, als es mir wieder besser ging, stand ich zeitig auf und begab mich direkt zu der Martins-Küche. Zwei Helferinnen waren bereits da. Die jüngere der beiden Frauen hatte soeben auf der Strasse einer Frau ein Bündel Feuerholz abgekauft und war daran, die Feuerstelle in Gang zu bringen. Die ältere Mitarbeiterin schüttete die frische Milch aus zwei kleinen Kannen in den grossen Topf. Danach setzten sie den Topf über das lustig prasselnde Feuerchen, der helle Rauch stieg senkrecht auf und zog durch die kleinen, quadratischen Löcher in der Wand, unmittelbar unter der Decke, hinaus ins Freie.

Gegen neun Uhr erschienen die ersten Mütter mit ihren Sprösslingen; die kleineren auf ihren Armen und die grösseren im Schlepptau. Alle liessen die Pantoletten vor der Tür stehen und traten barfuss ein.

Einige der Frauen kannte ich vom Verteilen des Maises, an andere konnte ich mich schwach erinnern – vielleicht hatte ich sie im Spital einmal getroffen.

Elf Frauen erschienen. Daneben insgesamt vierundzwanzig Kinder! Einige Kinder waren nicht in Begleitung ihrer Mutter, sondern mit einer älteren Schwester oder einem älteren Bruders hergekommen. Viele Kinder hatten stark verfilztes Haar, eine rauhe Haut und blickten ziemlich skeptisch auf mich und die Helferinnen.

Zusammen mit den Frauen und Kindern war auch die dritte Helferin erschienen. Sie unterhielt sich mit den Müttern über ihre Kinder, untersuchte vorsichtig kleine Verletzungen einiger

Kinder und wusch schliesslich, hinten im Waschraum, drei Mädchen.

Nach und nach setzten sich alle der Wand entlang auf die kleinen, dünnen Baumwollteppiche und warteten. Die metallenen Trinkbecher wurden verteilt. Zwei Helferinnen trugen zusammen den schweren und immer noch warmen Topf aus der Küche in den Aufenthaltsraum und stellten ihn auf den Tisch. Danach schöpfte eine Angestellte mit einem Literbecher die süsslich schmeckende Büffelmilch aus dem Topf und goss den Kindern ihre, mit beiden Händen gehaltenen Becher zur Hälfte voll. Niemand trank; wie auf ein Kommando stellten sie die Becher vor sich auf den Boden, legten die Hände senkrecht zusammen, hielten sie vor die Stirn, schlossen die Augen und sprachen leise ein kurzes Gebet. Es war beeindruckend zu sehen, wie selbst die Zweijährigen die Gesten der etwas älteren Kinder nachahmten und dabei ihre grossen, dunklen Augen für einen Moment andächtig schlossen.

Die Mütter führten die Becher an den Mund der Kleinen in ihrem Schoss; die älteren Kinder führten die Becher an den Mund der jüngeren Geschwister und ermunterten sie, zu trinken. Und sie tranken! In kleinen Schlückchen, so, wie wenn es ein heilsames Getränk wäre. Die Helferin goss da und dort etwas Milch nach, bis alle genug hatten.

Und dann verliessen „die Gäste" das Haus, so wie sie gekommen waren: Die Mütter in kleinen Gruppen, ihre Schützlinge auf den Armen und die Kinder, die gehen konnten, folgten ihnen auf den Fersen.

Die Mitarbeiterinnen wuschen anschliessend das Geschirr, räumten auf, reinigten die Räume und schlossen die Küche kurz vor zwölf Uhr.

Ich wünschte, Martin hätte dabei sein können, er hätte sich gefreut!

* * *

Auf meiner nächsten Reise begleitete mich Karin, eine junge Arztgehilfin aus Buchs. Sie hatte zehn Tage vorher geheiratet, doch statt mit ihrem Mann in die Flitterwochen zu fahren, stieg sie mit mir in Zürich ins Flugzeug! Wir hatten das Ausreisedatum drei Monate zuvor festgelegt und von ihren Hochzeitsplänen hatte ich erst kurz vor dem Fest erfahren; wenn ich eher davon gewusst hätte, hätte ich ihr vielleicht geraten, ein Jahr später mitzukommen, aber sie bestand darauf und ihr Mann liess sie – ungern zwar, aber doch im Vertrauen, dass es für sie ein sinnreicher Aufenthalt werden würde – für vier Wochen nach Indien reisen.

Ich war natürlich gespannt auf die Martins-Küche! Frau Rufus hatte mir in die Schweiz geschrieben, dass alles *sehr gut vor sich geht,* doch das besagte nichts: Sie hatte in den Jahren nie etwas anderes geschrieben, auch damals nicht, als eine Köchin vier Monate lang Nahrungsmittel bezogen, aber nicht bezahlt hatte – obschon sie davon gewusst hatte, wie sie mir später gestand!

Ich erwachte am ersten Morgen trotz der Reisemüdigkeit sehr früh. Wir frühstückten kurz und begaben uns gegen acht Uhr in die Martins-Küche. Meine Helferinnen waren bereits da. Sie kochten die Milch, füllten im Waschraum zwei Waschbecken mit Wasser und stellten im Aufenthaltsraum die Trinkbecher bereit. Und dann sahen wir sie kommen: Einzeln oder in Gruppen tauchten die jungen Mütter mit den kleinen Gästen vor dem Gartentor auf. Eine Helferin begab sich nach draussen, öffnete das Tor und begrüsste die Ankömmlinge freundlich. Während die Frauen auf dem kurzen Weg zwei, drei Worte mit meiner Mitarbeiterin wechselten, rissen sich die Kinder los und stürmten auf den Eingang zu. Die wenigsten Kinder in Jobat tragen Sandaletten, doch die, die welche an den Füssen hatten, schleuderten diese übermütig vor der Tür in eine Ecke und hüpften übermütig herein! Als sie Karin und mich erblickten, erschraken sie einwenig und wurden unsicher. Die beiden anderen Helferinnen nahmen die Kleinen sofort in Empfang, begrüssten sie und erklärten ihnen wer wir waren. Dreizehn Frauen und vierundzwanzig Kinder waren gekommen.

Wie sich die Kinder verändert hatten! Sie waren immer noch ärmlich gekleidet, aber ihre schwarzen Haare hatten einen seidenen Glanz bekommen, ihre bronzene Haut war glatt geworden und Hungerbäuche sah ich keine mehr. Welch ein Unterschied zu vorher! Die Wurmkuren, die Pflege der kleinen Verletzungen, das Waschen der Haare und nicht zuletzt die Milch zeigten ihre Wirkung! Ich ertappte mich dabei, wie ich dachte: *Schade, dass ich die Kinder kurz nach der Eröffnung nicht fotografiert habe! Diese Veränderung wird mir kein Mensch glauben.* Doch dann musste ich lachen. *Wem* musste ich *welche* Veränderung beweisen? Die Milch-Küche war den jungen Müttern, die aus irgend einem Grund am Rande der ohnehin schon armen Gesellschaft in Jobat und Umgebung lebten, eine sehr grosse Hilfe. Die jungen Frauen hatten einen harten Alltag, ihnen war die Veränderung der Kinder aufgefallen, sonst wären sie nicht mehr hergekommen! Martins Idee funktionierte, was wollte ich mehr?

Karin fühlte sich in Jobat rasch zuhause und kümmerte sich fürsorglich um die Menschen, die uns täglich aufsuchten. Sie wusch Wunden aus, legte Verbände an, begleitete Schwerkranke ins Spital, besorgte für sie in der Apotheke die nötige Medizin und gewann mit ihrem offenen und herzlichen Wesen in sehr kurzer Zeit das Vertrauen der Adivasis.

Hin und wieder wurden wir sogar nachts von Menschen aufgesucht. Da, wie bereits erwähnt, die Stromversorgung am Abend oft ausfällt, steht das Leben nach der Dämmerung praktisch still. In den Metropolen Indiens pulsiert das Leben nachts weiter – wie in allen Grossstädten der Welt – aber in Jobat wird es ruhig. Manchmal dringen exotische Klänge von einem ausgelassenen Hochzeitsfest durch die Nacht, oder man vernimmt die langgezogenen und eigentümlichen Rufe eines Esels in der

Nachbarschaft, oder man hört das heisere Kläffen einiger Hunde, aber sonst ist es nachts ruhig.

Wenn also, wie eines nachts, der Nachtwächter zu später Stunde an die Tür klopft und „Sister Margrit, Sister Margrit!" ruft, dann muss etwas Besonderes vorgefallen sein. Als wir schlaftrunken öffneten, sahen wir ihn im Schein unserer Taschenlampen und hinter ihm vier Männer, die ein Mädchen auf einem Bett hergetragen hatten.

Ohne zu fragen hoben die vier das Bett an, trugen es die Treppe herauf, zwängten sich damit durch die offene Tür und stellten es mitten in unser Wohnzimmer.

Das zwölf Jahre alte Mädchen lag wimmernd auf der dünnen Matte. Es hatte dicke, hässliche Brandblasen an den Beinen, den Oberschenkeln, am Bauch und an den Händen. Einer der Männer, vermutlich der Vater, erklärte uns müde und wortkarg: „Sie ist ins Feuer gefallen."

„Wie lange ist das her?" fragte ich ihn.

„Drei Tage!" war die Antwort.

„Wo kommt Ihr her?" fragte ich weiter.

Da nannte der Mann den Namen eines Dorfes, das mindestens zwölf Kilometer entfernt lag. Sie hatten das Mädchen in einem über dreistündigen Marsch hergetragen und wirkten erschöpft. Als das Mädchen auf dem Bett in unserer Wohnung lag, glaubten sie sie gerettet und wollten uns sogleich wieder verlassen.

„Halt!" rief ich, „das Mädchen braucht dringend ärztliche Hilfe! Rasch, tragt es hinunter, ins Spital!" Karin führte die Männer mit dem Mädchen hinunter ins Bettenhaus, ich weckte unterdessen Dr. Deborah.

Die Ärztin untersuchte das entsetzlich leidende Kind und verordnete ihm eine Infusion mit einem Schmerzmittel und einem Antibiotika. Karin lief sofort in die Stadt hinunter, weckte den Apotheker und brachte nach erstaunlich kurzer Zeit alles Nötige.

Am nächsten Morgen besuchten wir das Mädchen und veranlassten, dass es am Mittag etwas Milch bekam. Der Vater und die anderen drei Männer waren mit dem Bettgestell ins Dorf zurückgezogen. Später erschien die Mutter der kleinen Patientin. Sie blieb fortan an der Seite ihres Kindes und am dritten Morgen lächelte uns das Mädchen zum ersten Mal zu. Es war noch sehr schwach, aber sein Gesicht sah nicht mehr schmerzverzerrt aus.

Die Köchin der Paulus-Küche brachte dem Mädchen und seiner Mutter täglich etwas zum Essen. Als sie ihnen einmal Reis und Linsen brachte, sagte die Mutter, sie habe noch nie in ihrem Leben Reis gegessen. Sie genoss ihn sichtlich; ihr Strahlen über die Genesung ihres Kindes und das Festessen dazu, werde ich nie vergessen! Schon nach kurzer Zeit durfte das Mädchen in den Rollstuhl sitzen und tagsüber ins Freie fahren. Damit ihr die Zeit nicht lang wurde, schoben wir sie manchmal hinüber, in den Kindergarten, wo sie mit den anderen Kindern singen, oder ihnen einfach bei den Spielen zusehen konnte.

* * *

Durch Zufall erfuhr ich eines Tages, dass alle Familien, die in Jobat und Umgebung unter dem Existenzminimum lebten, auf der Gemeindeverwaltung registriert waren. Sie erhielten von der Verwaltung einen Ausweis, mit der sie in bestimmten Läden Grundnahrungsmittel verbilligt kaufen konnten. Als ich davon erfuhr, sagte ich zu Karin: „Was meinst Du? Sollen wir von den Menschen einmal verlangen, dass sie zur nächsten Maisabgabe ihren Ausweis mitbringen? So könnten wir feststellen, ob wirklich nur die Armen zu uns kommen, um den Mais abzuholen." Sie war einverstanden.

In den vergangenen acht Jahren hatten wir Unmengen von Mais an unzählige Menschen verteilt. Trotzdem achteten wir nach wie vor darauf, dass es niemandem gelang, am selben Morgen eine zweite Ration zu ergattern und verlangten nach wie vor, dass sie ihren Daumen auf einem Stempelkissen abrollten. Am besagten Morgen sassen über dreihundert Frauen und

Männer vor dem Haus, nicht mehr und nicht weniger als sonst, und warteten auf uns. Ich fragte jede Frau und jeden Mann, die an mir vorbei mussten, nach dem Ausweis. Das Resultat war ungeheuer eindrucksvoll: Alle besassen eine kreditkartengrosse Karte! Zum Teil waren sie zerknautscht, angerissen oder von Mäusen angefressen, aber jede Frau und jeder Mann zeigte mir ihre Karte! Es waren also wirklich die Armen, die vor unserer Wohnung zwei Stunden lang auf zwei Kilogramm Mais warteten ...

Karin war beeindruckt von der Landschaft und den Menschen in und um Jobat und begleitete mich zwei Jahre später ein weiteres Mal. Inzwischen hat sie eine Tochter und verzichtet deshalb, zumindest vorläufig, auf weite Reisen.

Die Aktion mit den Karten hatte mich auf eine Idee gebracht. In Buchs gibt es eine Firma, die Visiten- und Kreditkarten herstellt. Ich fragte dort, ob sie mir fünfhundert plastifizierte Kärtchen machen könnten – ich war es leid, den Menschen bei der Maisabgabe jedesmal den Daumen mit dem Stempelkissen anzufärben. Nachdem ich dem Verkaufsleiter der Firma erklärt hatte, wozu ich sie brauche, schenkte er mir fünfhundert einheitliche, auffällig rote Kärtchen! Ich nahm sie auf meiner nächsten Reise mit nach Jobat.

Seither verteilen wir die Kärtchen am Morgen unter die Anwesenden, und beginnen hernach mit der Abgabe des Maises. Auf der Treppe muss jede Frau und jeder Mann das Kärtchen gleich wieder zurückgeben – wer keine Karte besitzt, hat entweder bereits bezogen, oder ist zu spät gekommen!
Dieses Vorgehen hat einen weiteren Vorteil: Anhand der abgegeben Kärtchen wissen wir vor der Abgabe genau, wieviele Menschen anwesend sind und können die Ration so festlegen, dass zum Schluss noch etwas Mais übrig bleibt – für die Zuspätgekommenen.

Den Bekannten und Freunden, die mich nach Jobat begleiteten, hatte ich vor der Reise von der tiefen Armut, in der die Menschen dort leben müssen, erzählt. Viele, die es mit eigenen Augen sahen, waren tief bestürzt! Einigen Bekannten machte der riesige Unterschied, gegenüber dem Wohlstand, in dem wir in der Schweiz leben, schwer zu schaffen. Sie sassen abends verzweifelt am Tisch, konnten kaum etwas essen, kämpften mit den Tränen, fanden nachts keinen Schlaf und standen am Morgen übernächtigt wieder auf.

Es gab aber auch solche, die blieben unbeeindruckt, machten zwei Wochen Ferien und zogen wieder ab, ohne auch nur zu fragen, ob sie zumindest für die Unterkunft und Verpflegung etwas schuldig seien ...

Die meisten versuchten jedoch sofort mit den Menschen ins Gespräch zu kommen und halfen entweder in einem Kindergarten tatkräftig mit, begleiteten meine Helferinnen in die Dörfer, oder kümmerten sich um die vielen Leute, die uns täglich aufsuchten.

Auf einer meiner nächsten Reisen begleitete mich eine junge Frau, die ebenfalls in Buchs wohnte und Logopädie studiert. Sie hatte bereits Erfahrungen im Unterricht von Kindern und besuchte jeden Morgen einen der drei Kindergärten. Sie sprach kein Hindi und die Kinder und auch die Leiterinnen sprachen kein Wort Englisch. Trotzdem gelang es ihr mit ihrer motivierenden und herzlichen Art den Kindern Spiele und Tänze, die wir alle kennen, beizubringen.

Die Kinder liebten sie und liessen sie nur ungern gehen, als die vier Wochen um waren. Sie ist gleich alt, wie mein ältester Enkel – ich hätte also leicht ihre Grossmutter sein können, trotzdem verstanden wir uns ausgezeichnet und auch ich liess sie nur ungern heimreisen.

Obschon inzwischen zwanzig Frauen und drei Männer in Jobat für die Indienhilfe arbeiteten, sammelte ich nach wie vor nicht aktiv Spendengelder.

Eine Journalistin die mich einmal begleitete, trug hingegen viel dazu bei, dass vermehrt Spendengelder überwiesen wurden. Sie hatte mir vorher erklärt, dass sie viel gereist sei und auf der Welt einiges an Elend und tiefer Armut gesehen habe. Trotzdem war sie bestürzt, als sie sah, wie die Menschen in der Gegend von Jobat leben. Nachdem ich ihr die Kindergärten, die Martins-Küche und einige Dörfer mit den neuen Brunnen gezeigt hatte (zu jener Zeit hatte ich bereits zwölf Brunnen bohren lassen), fand sie, ich hätte in den Jahren ein kleines aber wirksames Hilfswerk aufgebaut. Sie beschrieb ihre Eindrücke später in einigen ostschweizer Tageszeitungen und ihre Berichte lösten jedesmal eine neue kleine Spendenwelle aus.

Jede Spende, oder zumindest die, bei denen ich den Absender identifizieren konnte, verdankte ich mit einer Karte oder einem kurzen Brief. Jeder Beitrag freute mich riesig und das schrieb ich den Spendern! Sie gaben mir Mut und Schwung, ungeachtet meines Alters weiterhin regelmässig nach Jobat zu reisen.

XVI

Die spannend und bildhaft geschriebenen Berichte der Journalistin brachten noch mehr Leute auf die Idee, mich zu begleiten. So wie Annelies, eine pensionierte Krankenschwester aus St. Gallen. Sie war die erste Begleiterin, die mit mir aufbrach, zehn Wochen in Jobat weilte und wieder mit mir zurückreiste. Sie begleitete mich überall hin: In die Martins-Küche, in die Kindergärten, in das Gefängnis, in die Dörfer hinaus, nach Amkhut und natürlich in das Krankenhaus. Sie staunte, als sie sah, mit welch einfachen Mitteln die Ärztin und die Schwestern die Krankheiten der Menschen bekämpften und manchmal verriet sie mir und auch den Schwestern hilfreiche Tips in der Wundbehandlung oder ganz allgemein im Umgang mit Verletzten.
Am meisten freute sie sich jedoch an den Kindern. Als wir wieder in der Schweiz waren, sammelte sie in St. Gallen gebrauchte Kinderkleider, sandte sie per Post nach Jobat und verteilte sie ein Jahr später, bei ihrem nächsten Aufenthalt. Sie begleitete mich innerhalb der nächsten fünf Jahre insgesamt fünf Mal.
Annelies hatte in den langen Jahren bei ihrer Arbeit als Krankenschwester einiges erlebt und war nicht so leicht aus der Fassung zu bringen – ausser an jenem Morgen, als der taubstumme Baba uns aufsuchte! Er lebte, wie bereits erwähnt, zusammen mit seiner geisteskranken Frau und seinem Sohn in einer kleinen, schäbigen Hütte vor der Stadt. Eines morgens stand er plötzlich auf dem Hausplatz vor unserer Wohnung. Auf den Armen trug er seine Frau. Erst als er sich auf den untersten Tritt der Steintreppe hinkniete und seine Frau behutsam auf die Treppe legte, konnten wir erkennen, dass sie tot war. Wenn ich ihn richtig verstanden hatte, war sie in der vergangenen Nacht gestorben. Annelies und ich, wir waren entsetzt ob der toten Frau auf der Treppe, aber zugleich empfanden wir ein tiefes Mitgefühl für den Mann, der verzweifelt vor der Leiche kniete und mit den Tränen kämpfte. Wir gaben ihm ein Leintuch,

damit er den Leichnam einwickeln konnte, und etwas Geld, damit er die Einäscherung bezahlen konnte. Später besuchten wir ihn in seiner Hütte und brachten ihm eine Ziege.

Für die Fahrten in die Dörfer mussten wir jedesmal einen Jeep aus dem Städtchen mieten, denn das Ambulanzfahrzeug, das ich vor acht Jahren gekauft hatte, stand defekt in der Nähe des Verwaltungsgebäudes im Freien und rostete still vor sich hin. Dr. Deborah fragte mich einmal beiläufig, ob ich der Missionsstation ein neues Fahrzeug kaufen könnte. Ich versprach ihr, es mir zu überlegen.
Einige Tage danach besuchte uns Mister Aniel, der frühere Ambulanzfahrer. Er hatte ein schmerzhaftes Rückenleiden, konnte nicht mehr chauffieren und war deswegen kurzerhand entlassen worden. Er war früher nicht nur ein zuverlässiger Fahrer gewesen, sondern auch ein freundlicher und stets gutgelaunter Reisebegleiter. Als er bei uns zu Besuch war und mit uns einen Tee trank, konnte er seine Enttäuschung über seine frühe Entlassung, ohne jegliche Entschädigung oder Rente, nicht ganz verbergen. Trotzdem liess er keine Bitterkeit aufkommen und erzählte Annelies nicht ohne Stolz, wo er mit mir überall gewesen war und was er dabei alles erlebt hatte.
Ich musste ihn sachte korrigieren: „Ja, früher sind wir gelegentlich zusammen nach Vadodara, nach Amkhut oder in die Dörfer hinaus gefahren, aber in letzter Zeit war das Fahrzeug immer reserviert gewesen und ich musste mehr und mehr auf einen Jeep, samt Fahrer, aus der Stadt ausweichen." Mein Sohn Martin hatte an der Tankstelle in Jobat für den Ambulanzwagen sogar vier neue Pneus und eine neue Batterie gekauft, trotzdem war er für uns immer seltener verfügbar gewesen.
„Das stimmt!" gab Mister Aniel zu, „In letzter Zeit musste ich Miss Braun oder Dr. Deborah öfters nach Indore, nach Vadodara oder sogar nach Bhopal fahren." Und dann fügte er noch hinzu: „Für private Besorgungen versteht sich, nicht im Auftrag der Station!"

„Das ist nicht verboten", sagte ich, „solange das Krankenhaus dafür entschädigt wird."
„Entschädigt?" rief er, „glauben sie nur nicht, dass ausser Ihnen noch jemand je einmal etwas für die private Benützung des Ambulanzwagens bezahlt hat! Nein!" sagte er und jetzt war die Bitterkeit in seiner Stimme nicht zu überhören, „Die beiden haben nie eine Fahrt bezahlt, das kann ich bezeugen!"
Mister Aniel war nicht nur zuverlässig und pünktlich, sondern auch immer aufrichtig und ehrlich gewesen; ich sah keinen Anlass, ihm nicht zu glauben. Im Grunde konnte es mir egal sein, wie weit die Verwaltung private Fahrten mit dem Ambulanzwagen zuliess und wie sie die Kosten dafür abbuchte, aber die Antwort auf die Frage von Dr. Deborah konnte nach diesem Gespräch nur ein deutliches Nein sein!

Aniels Rücken hatte wahrscheinlich auf den zahllosen Fahrten über die unebenen und steinigen Strassen Schaden genommen. Er konnte nur noch mit Hilfe von Achselkrücken gehen und als er uns wieder verliess, stand er mühsam auf, klemmte die beiden oberen, bananenförmigen Krücken-Enden unter seine Achseln, stützte sich darauf und humpelte langsam zur Tür hinaus. Annelies meinte, ein paar Stöcke, so wie sie bei uns in Gebrauch sind, wären besser für ihn, als diese Krücken, die bei jedem Aufstützen die Blutbahnen unter den Achseln quetschen und so die Blutzirkulation in den Armen behindern.
In der Schweiz erhielt ich von einer Bekannten zwei Paar Stöcke. Ich brachte beide nach Jobat und schenkte Aniel ein Paar davon.

* * *

Eine Tante war begeistert von meinen Einsätzen in Jobat und sammelte in ihrer Umgebung in Näfels angestrengt Kinderkleider. Jedesmal, wenn ich wieder in der Schweiz weilte, rief sie mich an und bat mich, sie zu besuchen. Ich musste ihr Fotos zeigen und ihr erzählen, was ich bei meinem letzten Aufenthalt alles erlebt hatte. Während wir zusammen die bunten Kleider sortierten und einpackten, seufzte sie manchmal: „Schade, dass ich schon so alt bin! Ich würde zu gern einmal mitkommen und die Kinder sehen, die diese Kleider bekommen." (Sie war weit über achtzig Jahre alt.)
Bevor sie starb, vermachte sie der Indienhilfe einen Teil ihres Vermögens. Eine grossartige Geste!

Inzwischen durfte ich meinen zweiundsiebzigsten Geburtstag feiern. Zeitweise dachte ich daran, die Indienhilfe in andere, jüngere Hände zu legen, aber meine Kinder hatten alle eine Arbeit und eine eigene Familie und konnten nicht die Zeit aufbringen, die nötig gewesen wäre, um die Indienhilfe auf dem gleichen Stand weiterzuführen. Deshalb reise ich weiterhin zweimal im Jahr, jeweils für zehn oder zwölf Wochen, nach Jobat und fand nahezu jedesmal jemanden, der mich begleitete.

Der nächste, der mit mir kam, war mein älterer Bruder Emil. Anfangs November stiegen wir in Zürich ins Flugzeug. Er hatte vor, vier Wochen in Jobat zu bleiben und ich hatte vor, Weihnachten in Jobat zu verbringen und erst im Februar wieder zurückzureisen.
Auch Emil war tief beeindruckt, von der Armut der Menschen, aber er liess sich dadurch nicht entmutigen, sondern zog nach kurzer Zeit selbstständig ins Städtchen und fand eigene Wege um mittellosen Menschen zu helfen. Er liess sich auf der Bank in Jobat ein eigenes Konto einrichten und unterstützt heute noch von der Schweiz aus (über dieses Konto) alleinerziehende Mütter, die ohne seine monatlichen Beiträge ihre Kinder nicht zur Schule schicken könnten.

In einem Dorf verhalf er einer Witwe zu einer raffinierten Bewässerung für ihr Gemüsefeld.

Die Adivasis hatten es ihm ebenfalls angetan: Er brachte ihnen und ihrer einfachen und naturnahen Lebensweise grosse Achtung entgegen. Obschon er ihre Sprache nicht sprechen konnte, fand er durch seinen ausgeprägten Humor rasch Zugang zu ihnen und verschenkte im Laufe der vier Wochen, die er in Jobat weilte, einige Ochsenwagen und mehrere Ziegen.

Einmal hatten wir zwei Bauern, die in einem ziemlich weit entfernten Dorf wohnten, je einen von diesen urtümlichen Karren versprochen. Die Übergabe hatten wir auf einen Mittwoch festgelegt und am besagten Morgen standen die beiden Bauern mit ihren Ochsen vor unserer Tür. Wir marschierten mit ihnen hinunter in die Stadt und führten sie zu der Werkstatt.

Von weitem konnten wir erkennen, dass vor dem Gebäude ungewöhnlich viele Menschen versammelt waren. Klagelaute waren zu hören und als wir ankamen, teilte uns jemand mit, dass die Frau des Wagenmachers in der vergangenen Nacht gestorben sei. An eine Übergabe war jetzt nicht zu denken. Doch was sollte aus den Bauern werden? Sollten wir sie zusammen mit ihren vier Ochsen den langen Weg zurückschicken, und sie in drei oder vier Tagen wieder herkommen lassen?

Nein! Ich führte sie zu unserem Milchbauer und bat ihn, die vier Ochsen zwei Tage lang zu versorgen. Er sagte sofort zu und wies seine beiden Melkerinnen an, die vier Tiere neben seinen Wasserbüffeln festzubinden. Dabei stellte ich fest, dass er seinen Unterstand vergrössert hatte und inzwischen acht Büffelkühe besass. Auf meine Frage gestand er lachend, dass es sich im Jobat herumgesprochen habe, dass er die Milch für die Martins-Küche liefere und seither sei sein Absatz gestiegen.

Die beiden Bauern suchten sich eine Unterkunft in Jobat.

Am Freitagvormittag standen die neuen Wagen abholbereit vor der Werkstatt. Die beiden Männer spannten ihre Öchslein an,

rückten ihren Turban zurecht, hockten sich auf die Deichsel und zogen glücklich winkend davon.
Emil reiste wenig später müde, aber begeistert und mit der Absicht wiederzukommen, nach Hause.

In der restlichen Zeit konnte ich in drei Dörfern je einen Brunnen bohren lassen und über Weihnachten besuchte ich das Gefängnis und schenkte jedem Häftling ein neues Leibchen und einen Lunghi. Und an der Decke des Schlafsaales liess ich zwei Deckenventilatoren montieren. Die langsam rotierenden Flügel wälzen nachts die Luft um, und halten dadurch die Moskitos von den Schlafenden fern.
Im Februar reiste ich zurück in die Schweiz.

* * *

Im folgenden November begab ich mich seit langem wieder einmal allein auf die Reise nach Jobat. Beim Verlassen des Zuges in Kloten stürzte ich auf den Bahnsteig und fiel dabei unglücklich auf meinen rechten Arm. Eine Frau vom Flughafenpersonal kümmerte sich sofort fürsorglich um mich und brachte mich zu einem Sanitäter. Der freundliche junge Mann meinte, der Arm sei vermutlich gebrochen und wollte mich nicht ausreisen lassen. Früher hätte ich seinen Rat befolgt und wäre nach Hause zurückgekehrt, aber nach all den Jahren wußte ich, daß in Jobat ein hilfsbereites und gut eingespieltes Team wartet. So gab er mir ein Mittel gegen die Schmerzen, band meinen Arm vorsichtig und fachmännisch ein und ließ mich gehen.
Während des Fluges ließen die Schmerzen nicht nach, im Gegenteil, sie wurden unerträglich! Deshalb suchte ich in Bombay das nächste Krankenhaus auf und dort brachte es eine Röntgenaufnahme an den Tag: Mein rechter Oberarm war gebrochen. Der indische Arzt, der mich untersuchte, verpasste mir einen Gipsverband vom Handgelenk bis zu den Schultern.

Nun konnte ich keine praktische Arbeit mehr verrichten und auch keine Briefe mehr schreiben; ich war sogar beim Essen und bei der täglichen Körperpflege auf fremde Hilfe angewiesen.

Trotzdem reiste ich wie vorgesehen mit dem nächsten Flugzeug weiter nach Vadodara, übernachtete dort und fuhr am nächsten Morgen mit einem Taxi nach Jobat. Ich war bisher jedesmal froh gewesen, wenn wir die unebene Landstrasse hinter uns hatten – immerhin dauert die Fahrt fünf Stunden –, aber so froh wie damals war ich zuvor nie gewesen ...

Meine Angestellten staunten nicht schlecht, als sie meinen Gipsverband sahen. Dr. Deborah meinte: „Zum Glück hast Du Dich in Bombay röntgen lassen! Unser Röntgenapparat ist nämlich schon seit geraumer Zeit defekt."

Meine beiden Köchinnen kümmerten sich vom ersten Moment an fürsorglich um mich. Eine Woche lang kam eine der beiden Frauen früh am Morgen, dafür blieb die andere etwas länger am Abend, und in der folgenden Woche wechselten sie.

An einem Abend, ich hatte bereits gegessen und meine Köchin hatte mich soeben verlassen, klopfte jemand an die Tür: Ein zehn Jahre alter Junge stand draussen und sagte, er habe Hunger. Ich begab mich in die Küche, gab den restlichen Reis in einen grossen Teller, goss zwei Schöpfer voll Linsensauce dazu, legte zwei Fladenbrote darüber und zwei Bananen daneben und händigte es ihm aus. Er nahm den Teller und die Bananen und verschwand in der Nacht. Daraufhin schloss ich die Tür wieder, setzte mich ins Wohnzimmer an den Tisch und begann in einem Buch zu lesen. Wenige Minuten später klopfte es erneut. Als ich die Tür zum zweiten Mal öffnete, stand der Junge wieder da. Er sagte: „Das Essen war gut!"[21] und fuhr

---

[21] Die Adivasis kennen kein Wort für *Danke!*

fort, „Tante, gibst Du mir noch Geld für den Haarschneider? Meine Haare sind so lang."
Sie waren in der Tat ungewöhnlich lang und sahen verfilzt und struppig aus. Ich ging zurück ins Wohnzimmer, holte fünf Rupien – umgerechnet zwanzig Rappen – und gab sie ihm. Er nahm das Geld und flitzte davon; und ich schloss wieder ab, setzte mich ins Wohnzimmer und las weiter.
Vielleicht dreissig Minuten später klopfte es zum dritten Mal. Als ich öffnete, stand wieder dieser Junge vor der Tür. Im ersten Moment hatte ich ihn nicht wiedererkannt: Sein Gesicht war gewaschen, seine Haare auch und zudem millimeterkurz geschnitten. Richtig hübsch sah er aus, strahlte und sagte: „Siehst Du, Tante? Meine Haare?"

* * *

Auf meiner nächsten Reise begleiteten mich mein Sohn Gabriel, der bekanntlich in Kalkutta einmal dabei gewesen war, und Jakob. Jakob wohnt in Buchs, ist ein Elektriker-Fachmann und hatte vor etlichen Jahren für das Rote Kreuz in Bangladesch gearbeitet. Er begab sich jeden Tag in das Krankenhaus und reparierte den Röntgenapparat, den Dampferzeuger zur Sterilisierung der Instrumente und etliche andere elektronische Geräte.

Gabriel begleitete mich am ersten Morgen zu den Patienten im Krankenhaus. In einem separaten Zimmer, abgesondert von den anderen, lag eine junge Frau mit schweren Verbrennungen. Sie hatte an ihrer Feuerstelle mit Petrol hantiert, dabei hatte ihr Sari Feuer gefangen.
Sie wies Verbrennungen von den Brustbögen an abwärts bis zu den Oberschenkeln auf und lag bereits vier Tage auf der Station. Alles was sie sich „leisten" konnte, war eine billige Wundsalbe und ein paar Aspirintabletten gegen die unsäglichen Schmerzen. Die Schwestern hatten ihr die versengten und auf

der verbrannten Haut festgeschmolzenen Kunstfaserstoffe abgezerrt und einfache Gazen auf die offenen Wunden gelegt. Diese Gazen verklebten natürlich und verursachten der Frau beim täglichen Wechseln zusätzliche Schmerzen. Zudem hatte sich die Wunde entzündet: Die Frau hatte hohes Fieber und seitlich tropfte Eiter auf das Bettlaken hinunter ...
Sie lag hilflos da und wimmerte vor Schmerzen. Als ich ihre Hand fasste, hauchte sie mir zu, dass sie jetzt sterben müsse und bat uns unter Tränen für sie zu beten! Sie liess meine Hand nicht mehr los und bat mich weiter, künftig für ihre drei Kinder zu sorgen. Dabei hatte sie mit der anderen Hand in den hinteren Teil des Zimmers gedeutet. Dort sassen drei Mädchen im Alter von fünf, sechs und acht Jahren zusammengekauert und ziemlich verstört am Boden.
Später erfuhren wir, dass sie mit den drei Mädchen allein in einem Zimmer in Jobat lebte.
Die Frau tat mir leid und ich musste meine Tränen zurückhalten. Obschon ich zu diesem Zeitpunkt noch nicht wusste, wie schwer die Verbrennungen waren, versuchte ich sie zu trösten und sagte: „Sie brauchen keine Angst zu haben, Sie werden nicht sterben! Mein Sohn wird die nötigen Medikamente besorgen und ich werde Ihnen einen neuen Verband anlegen, danach werden Sie wieder gesund, glauben Sie mir!"
Sie zog mich näher zu sich hin und flüsterte ganz schwach: „Wenn ich wirklich wieder gesund werde, kann ich dann bei Ihnen arbeiten, Schwester Margrit?"
Jetzt konnte ich meine Tränen nicht mehr zurückhalten, ihr Überlebenswille war einfach überwältigend! Weinend versicherte ich ihr: „Ja, natürlich können Sie bei mir arbeiten!"
Wir suchten Dr. Deborah und baten sie um das Rezept für die Patientin. Gabriel eilte damit in die Apotheke und brachte kurze Zeit später ein Antibiotika, starke Schmerzmittel, zwei Beutel Infusionslösung und eine gute Salbe.
Ich hatte vor einem Jahr in der Schweiz von einer Firma grosse Mengen Verbandsstoff geschenkt erhalten. Darunter waren

auch einige Packungen Gazen gewesen, die speziell für die Behandlung von Brandwunden gedacht waren. Den grössten Teil der Verbandsrollen und der Gazenpackungen hatte ich dem Krankenhaus gebracht. Einige Packungen hatte ich jedoch in meiner Wohnung zurückbehalten und genau diese Gazen holte ich jetzt. Zuerst sorgte ich dafür, dass der Frau die Infusion angelegt wurde, danach wechselte ich mit der Hilfe einer Schwester und mit der grössten Sorgfalt den Verband. Als ich die riesige Wunde sah, wunderte ich mich einen Moment lang, weshalb die Frau nicht längst gestorben war. Es sah schrecklich aus!
Ihr Überlebenswillen war buchstäblich unbändig, doch ohne den ausgezeichneten Gazen und den richtigen Medikamenten wäre sie qualvoll gestorben.
Nach zwei Wochen intensiver Pflege bildete sich sogar an den ärgsten Stellen eine neue Haut und nach einer weiteren Woche konnte sie bereits wieder aufsitzen. Heute arbeitet sie in der Martins-Küche.

In jenen Tagen waren mir beim Verteilen des Maises vor unserer Wohnung zwei Männer aufgefallen. Sie kamen jeweils zusammen her, warteten nebeneinander in der Hocke auf den Mais und gingen hinterher auch wieder zusammen fort. Was mir besonders auffiel, war die Art, mit der der ältere Mann, offensichtlich der Vater des jüngeren, jede Bewegung des anderen kontrolliere.
Eines Morgens bat ich die beiden, nach der Verteilung nicht wegzugehen, sondern für einen Augenblick ins Haus zu kommen. Als sie wenig später im Vorraum standen, fragte ich den jüngeren, aus welchen Dorf sie stammen und weshalb nicht ihre Frauen hergekommen seien, um den Mais zu holen. Der vielleicht fünfundzwanzig Jahre alte Mann gab keine Antwort ohne vorher seinen Vater fragend anzusehen, und dieser mischte sich ständig ein und versuchte dauernd an Stelle seines Sohnes zu antworten.

Im Laufe des Gesprächs stellte es sich heraus, dass der junge Mann nicht verheiratet und seine Mutter, die Frau des Vaters also, vor einiger Zeit gestorben war. Die beiden lebten allein in einem Dorf. Während dieses Gesprächs fiel mir auf, dass der junge Mann eine solide Eisenkette um den Hals trug. Bisher hatte ich mir nichts dabei gedacht, da viele Menschen, die kein Geld für echten Schmuck haben, alles Mögliche um den Hals oder die Handgelenke tragen. Als er jedoch vor mir stand, fiel mir auf, dass die Kette kein Schloss hatte: Sie war zugelötet! Der Mann konnte sie nicht ablegen! Ein schrecklicher Gedanke formte sich in meinem Kopf und ohne zu wissen was ich tat, fasste ich die Kette an, zog leicht daran und fragte ihn, ob ihn sein Vater zu Hause jeweils ankette. Er gab mir keine Antwort, sondern schaute nur verzweifelt zu seinem Vater und wieder schaltete sich dieser ein. Er sagte, sein Sohn sei nicht richtig im Kopf, deshalb müsse er ihn anbinden und zudem sei er nachts immer so unruhig, dass er, der Vater, nicht schlafen könne.
Dieses ständige Einmischen ärgerte mich! Ich wollte die Antworten vom jungen Mann hören und versuchte deshalb, den Vater vor die Tür zu bugsieren. Doch es gelang mir nicht – die beiden waren unzertrennlich!
Ich bohrte weiter, bis alles aufgedeckt war: Der Vater kettete seinen Sohn jeden Abend an, weil er Angst hatte, der Sohn könnte ihm davonlaufen und ihn allein lassen. Der Vater brauchte ihn. Der junge Mann war keineswegs geisteskrank – als ich ihn zwischendurch fragte, ob er zählen könne, lachte er und zählte locker und rasch bis zwanzig – und nachdem das schreckliche Verhalten des Vaters aufgedeckt war, gab der Sohn auf jede weitere Frage eine klare Antwort.

Ich gab beiden ein neues Leibchen, einen Lunghi und etwas Geld. Danach redete ich ein ernstes Wort mit dem Vater: „Gehen Sie zum Schmied in der Stadt und lassen Sie Ihrem Sohn die Kette abnehmen! Ich möchte Ihren Sohn morgen sehen, und zwar ohne Kette! Haben Sie mich verstanden?"

„Ja!" versprach er mir kleinlaut, „Wir gehen jetzt gleich zum Schmied."
„Ich weiss jetzt wo Ihr wohnt", drohte ich ihm weiter, „wenn Ihr Sohn morgen nicht hier vorbeikommt, werde ich Euch besuchen!"
Am nächsten Morgen erschien der Sohn tatsächlich und zeigte mir stolz, dass er von der Kette befreit war. Wir schenktem ihm einige Tage später eine Ziege.

Nach drei Wochen reisten Gabriel und Jakob zurück, dafür kam Annelies, um die restlichen sechs Wochen bei mir zu bleiben.
Eines morgens stand ein junger Mann auf dem Platz vor dem Haus. Er wartete geduldig auf der Seite, bis wir den Mais verteilt hatten, trat danach heran und fragte uns freundlich, ob wir keine Arbeit für ihn hätten. Er war westlich gekleidet, sah gepflegt aus und sprach einwandfrei Englisch. War es sein offener Blick, sein freundliches, ehrliches Lächeln, oder seine ruhige Art? Ich weiss nicht, weshalb ich ihm sofort vertraute; ich gab ihm Geld und den Auftrag, die offenen Rechnungen beim Apotheker zu begleichen.
Noch vor dem Essen war er zurück und händigte mir die Quittungen und den Restbetrag aus. Da fragte ich ihn, ob er für die Indienhilfe arbeiten möchte. Seine Antwort: „Ja, gern!" kam so begeistert, dass ich ihn bat, am Abend wiederkommen.
Am Abend erzählte uns Sanjey, so heisst er, zuerst einmal von sich: Sein Vater war Anwalt gewesen und hatte ihn in von der ersten Klasse an in eine Privatschule geschickt. Nach der Grundschule hatte er das Gymnasium besucht und vor einem Jahr erfolgreich abgeschlossen. Danach war er nach Indore gezogen und hatte dort mit dem Medizinstudium begonnen. Leider war sein Vater plötzlich gestorben und nun fehlte der Familie das Geld, um ihn weiter studieren zu lassen.
„Möchten Sie nicht zurück nach Indore und weiter Medizin studieren?" fragte ich ihn.
„Nein!" meinte er entschieden, „ich möchte lieber bei Ihnen

arbeiten und nebenher die Sozialschule besuchen. Wissen Sie", ergänzte er, „es war der Wunsch meines Vaters gewesen, dass ich Arzt werde."

Endlich hatte ich jemanden gefunden, der nicht nur die drei Sprachen Hindi, Bhili und Englisch sprach, sondern auch Englisch schreiben konnte. Noch am selben Abend stellten wir ein Pflichtenheft zusammen und einigten uns auf die Arbeitsbedingungen.
In den folgenden Tagen führte ich ihn herum, zeigte ihm die Kindergärten, die Martins-Küche und die beiden Frauengruppen, die regelmässig in die Dörfer hinauszogen, und in der letzten Woche lud ich, wie immer, alle Angestellten zu einer kleinen Party ein und stellte ihnen Sanjey als ihren neuen Vorgesetzten vor. „Er wird mich während meiner Abwesenheit vertreten." erklärte ich ihnen.
Er schaffte es in kurzer Zeit, durch seine ehrliche, unparteiische aber auch gewissenhafte Art, das Vertrauen der meisten Angestellten zu erlangen.
Wieder einmal konnte ich beruhigt in die Schweiz zurückreisen.

* * *

Sanjey schrieb mir regelmässig in die Schweiz und teilte mir mit, wieviele Kinder die einzelnen Kindergärten besuchten, wieviele Kinder jeden Morgen in die Milchküche kamen, schrieb gelegentlich etwas von der Arbeit der Frauengruppen, die in die Dörfer zogen, und gab mir eine Übersicht, welche Angestellten frei machten oder Ferien bezogen und regelte deren Ablösungen. Daneben kontrollierte er die Kassenbücher der Köchinnen und bezahlte monatlich die Löhne.

Als ich vier Monate später, wieder in Begleitung von Annelies, in Jobat ankam, machte er mich auf eine Unaufrichtigkeit einer

Kindergärtnerin aufmerksam. Sie arbeite bei der Missionsschule zu hundert Prozent als Lehrerin, sagte er mit ernster Miene, und sei in unserem Kindergarten kaum je anzutreffen!
Ich besuchte daraufhin den Kindergarten unangemeldet. Die Kindergärtnerin war tatsächlich nicht anwesend, statt dessen bewältigten die beiden Köchinnen die ganze Arbeit: Sie wechselten sich in der Küche ab und unterhielten nebenbei die Kinder. Obschon die beiden von dem Doppelspiel der Kindergärtnerin offensichtlich nicht profitierten, hätte ich es von ihnen wohl nie erfahren.
Enttäuscht suchte ich am Nachmittag die unehrliche Frau in ihrer Wohnung auf und wollte sie zur Rede stellen. Sie reagierte ähnlich ungehalten und laut wie die Köchin, die einmal Geld unterschlagen hatte, doch diesmal brachte mich die Reaktion nicht aus der Fassung: Ich entliess sie fristlos!

Sanjey war jedoch nicht nur als Aufseher tätig. Zusammen mit den Helferinnen, die sich regelmässig in die Dörfer hinaus begaben, hatte er Namen von Familien und Einzelpersonen aufgeschrieben, die in grosser Armut lebten. Achthundertelf Namen und Adressen hatte er zusammengetragen. Wir beschlossen, über die kommende Weihnacht all diesen Menschen eine Tragtasche gefüllt mit Lebensmitteln abzugeben.
Anfangs November kauften wir in Jobat die verschiedenen Nahrungsmittel und liessen sie uns ins Haus liefern. Das Wohnzimmer gab schon bald das Bild eines Lagerhauses ab: 60 Säcke Reis und 25 Säcke Linsen lagen aufgestapelt neben einigen Schachtel Schwarztee und fünfhundert Kilogramm braunem Zucker. Wir baten unsere Angestellten, uns beim Abfüllen der Taschen zu helfen. Als sie sahen, was wir alles eingekauft, und hörten, was wir damit vor hatten, machten sie sich begeistert ans Werk: Jeden Nachmittag sassen sechs oder sieben Frauen zwischen den Jutesäcken und Schachteln, schöpften mit Tassen und Messbechern Reis, Linsen, Schwarztee und braunen Zucker in kleine Säckchen, gaben alles in eine stabile

Tragtasche und legten einen Block gehärtetes Pflanzenfett, ein Päckchen Biskuits, einige Bonbons, eine Seife und ein Tuch dazu. Zuoberst in die vollen Taschen legte ich jeweils noch zwei einfache, weisse Kerzen und eine Schachtel Streichhölzer.

Trotz der zeitraubenden Arbeit beim Abwägen und Abfüllen der Taschen durften wir diese Weihnacht die Gefängnisinsassen nicht vergessen! Zusammen mit Annelies und Sanjey besuchte ich sie ein paar Tage vor dem grossen Feiertag und brachte ihnen Früchte, Biskuits und Kleider.
Sie freuten sich über die Sachen. Es herrschte eine erstaunlich heitere Stimmung, als wir den jungen Männern in ihrem Aufenthalts- und Schlafraum gegenüberstanden.
Als sich ein junger, grossgewachsener und auffallend kräftiger Häftling erhob, um sein XXL-Leibchen entgegenzunehmen, sagte ich in scherzendem Ton zu ihm: „Sie sind bestimmt hier, weil Sie jemanden verprügelt haben! Stimmt's?"
Ein Kurzes „Jawol Sister" gab er zur Antwort, allerdings nicht lachend, sondern eher betrübt.
Da er so unerwartet bedrückt geantwortet hatte, fragte ich ihn ernst: „War es schlimm? Musste der andere ins Krankenhaus?"
„Ja, er musste ins Krankenhaus", sagte er, ergänzte jedoch sofort, „aber es war nicht schlimm! *Er* ist längst wieder zu Hause und *ich* sitze immer noch hier!"
Jetzt war mir klar, weshalb er so reagiert hatte; der Gefängnisdirektor erläuterte mir später bei einer Tasse Tee, dass der Mann wegen Körperverletzung drei Monate Gefängnis erhalten hatte. Die Strafe habe er abgesessen, erklärte er mir weiter, da er jedoch dem anderen umgerechnet zwölf Schweizerfranken Schmerzensgeld schulde, das Geld aber nicht aufbringen könne, müsse er eben zusätzlich drei Wochen absitzen. Ich bezahlte die zwölf Franken für den jungen Mann auf der Stelle und ersuchte den Direktor, uns eine Liste von ähnlichen Fällen zusammenzustellen.
Noch am selben Nachmittag kam der Grossgewachsene bei uns

vorbei und dankte freudestrahlend für die Hilfe. Ich ermahnte ihn, künftig bei Streitereien nicht gleich handgreiflich zu werden. „Mit Ihrer Kraft können Sie leicht jemanden töten!" sagte ich zu ihm, „Wenn Sie wieder einmal mit jemandem Krach haben, dann drohen Sie meinetwegen, aber schlagen Sie nicht zu! Sehen Sie, so!" Ich versuchte so finster wie möglich dreinzublicken und schwang drohend meine rechte Faust.
Jetzt lachte er, hob abwehrend seine Hände und versprach: „Ist gut, Sister Margrit, ich werde Sie nicht vergessen!" Obschon er als Adivasi einen anderen Glauben hat und nicht wie wir Weihnachten feiert, wünschte er uns allen frohe Weihnachten und zog, immer noch lachend, davon.

Über eine Woche dauerte es, bis alle Familien, Frauen und Männer ihre Taschen bei uns abgeholt hatten. Alle freuten sich riesig und es war für mich, für Annelies und für alle unsere Helferinnen und Helfer ein grossartiges Erlebnis.
Jemand erzählte uns ein paar Tage später, dass eine Frau auf dem Heimweg eine der beiden weissen Kerzen gegessen habe. Wir konnten es nicht glauben, deshalb gaben wir den Helferinnen, die in die Dörfer hinauszogen, den Auftrag, die Frau aufzusuchen und sie erneut zu uns einzuladen.
Als die Frau erschien, fragte ich sie freundlich: „Haben Sie wirklich eine Kerze gegessen?"
Sie wurde leicht verlegen und gestand tatsächlich: „Ja, ich habe sie gegessen."
Obschon Kerzen in Jobat nicht teuer sind, waren sie für diese Frau bisher unerschwinglich gewesen. Wie gross muss ihr Hunger gewesen sein, denn geschmeckt hat ihr der Wachs bestimmt nicht!
Daraufhin steckte ich eine Kerze an und erklärte ihr: „Sehen Sie, dies ist eine Kerze. Sie ist nicht zum Essen gedacht – eine brennende Kerze spendet Licht in der Dunkelheit!"
„Oh!" staunte die Frau und meinte: „Jetzt verstehe ich – diese Fäden, diese Schnüre hier, die habe ich nicht gegessen!"

Obgleich es ein denkwürdiger, fast beklemmender Augenblick war, lachte die Frau; sie lachte so herzhaft, befreiend und ansteckend, dass wir mitlachen mussten! Wir gaben ihr nochmals zwei Kerzen und eine Schachtel Zündhölzer mit auf den Weg.

Im Januar besuchte mich mein Sohn Christof. Auch er war beeindruckt von der Herzlichkeit der Menschen und von der eigentümlichen, malerischen Landschaft. Fast jeden Tag begab er sich in das Städtchen, erkundete die Läden, oder kaufte auf dem Tiermarkt einige Ziegen und begab sich mit Sanjey hinaus in die Dörfer, um sie dort zu verschenken.
Einmal mieteten wir im Städtchen einen Jeep, um gemeinsam in ein abgelegenes Gebiet zu fahren. Im Krankenhaus war seit einigen Monaten eine Ärztin zu Gast, die die Lernschwestern in einem speziellen Fach unterrichtete. Als sie hörte, das wir vorhatten in die Dörfer zu fahren, fragte sie mich, ob sie uns begleiten könne.
Selbstverständlich konnte sie mitfahren und auf der staubigen und schüttelreichen Fahrt erzählte sie mir, woher sie kam. „Ich arbeite in einem Krankenhaus in Raxaul." sagte sie.
„Ist es ein Lepra-Station?" fragte ich.
„Nein", sagte sie, „ich arbeite in einem herkömmlichen Krankenhaus. Aber wenige Schritte von unserem Krankenhaus entfernt, gibt es eine Lepra-Station. Der Leiter dort heisst Pater Christdas."
Pater Christdas? Sie musste mir den Namen buchstabieren und den Mann beschreiben. Es bestand kein Zweifel: Er war es! Vor etlichen Jahren hatte ich den Kontakt zu ihm verloren, nun erfuhr ich zufällig, wo er lebt und arbeitet. Ich bat sie um seine Adresse und ich nahm mir vor, ihm sobald wie möglich zu schreiben. Ich erzählte ihr, dass ich ihn vor genau neunzehn Jahren in Kalkutta kennengelernt hatte.
Ebenfalls im Januar brachte mir der Postbote einen Brief von der örtlichen Bank. Der Umschlag enthielt eine, auf festem

Papier und ungewohnt förmlich abgefasste Einladung zu einer Feier. In der Einladung stand, dass die Bankfiliale in Jobat auf ein ausgezeichnetes Geschäftsjahr zurückblicken konnte. Es sei das viertbeste Ergebnis aller vergleichbaren Filialen in ganz Indien, und dies gebe Anlass zum Feiern. Und zu dieser Feier war ich, wie bereits erwähnt, eingeladen.

Ich überlegte lange, ob ich hingehen soll. „Was habe ich an einer Feier einer Bank zu suchen, die einen überdurchschnittlichen Abschluss vorgelegt hat?" fragte ich mich.

Nach einigem hin und her entschloss ich mich zu gehen und bat Annelies und Christof, mich zu begleiten.

Am Samstagnachmittag, wenige Minuten vor vier Uhr, machten wir uns auf den Weg ins Städtchen und staunten nicht schlecht, als wir in die Strasse einbogen, die zu dem einfachen Bankgebäude führte: Ein farbiges, randloses Zelt war aufgestellt worden und überspannte nahezu hundert Stühle, die vor einem Podium aufgereiht auf die Gäste warteten. Auf dem Podium, links und rechts vom Rednerpult, das mit Blumen geschmückt und mit einem Mikrofon bestückt war, sassen sieben westlich gekleidete Bankmanager, und schauten zu uns herunter.

Ich wollte im Hintergrund bleiben und suchte uns in der hintersten Reihe freie Stühle. Weitere Gäste strömten herbei und belegten nach und nach die Sitzplätze.

Plötzlich trat der Filialleiter zu uns. Es war ihm deutlich anzusehen, wie sehr ihn das gute Resultat seiner Bank freute: Er strahlte übers ganze Gesicht! Er begrüsste uns herzlich und sagte: „Bitte kommen Sie nach vorn. Ich habe in der vordersten Reihe Plätze für Sie reserviert, für Sie und Ihre Begleiter. Ihr seid unsere Ehrengäste!"

„Ehrengäste?" fragte ich ihn unsicher.

„Ja", nickte er, beugte sich etwas näher zu mir hin und meinte vertraulich, „Sie haben mit Ihrem Geld sehr viel zu diesem guten Abschluss beigetragen!"

Damals, als einer der Händler mir seinen vergrösserten Laden gezeigt und dabei erklärt hatte, das sei ihm dank meinen Einkäufen möglich gewesen, war mir klar geworden, dass noch andere Menschen von dem Geld profitierten, das ich in Jobat und in der Umgebung doch eigentlich für die Armen ausgab. Nun wurde mir bewusst, dass viele Menschen, und zwar nicht nur in Jobat, von dem Geld profitierten; vielleicht mehr Menschen, als ich mir überhaupt vorstellen konnte.
Nachdem uns der Manager die neuen Plätze zugewiesen hatte, beugte er sich erneut zu mir herunter und flüsterte: „Sie werden doch ein paar Worte zu uns sagen, nicht wahr, Misses Margrit?" und mit der Hand deutete er zum Rednerpult.
Ich wurde leicht nervös, winkte ab und sagte: „Das hätten Sie mir früher sagen sollen!"
„Ooch", meinte er bittend, „nur ein paar Worte!"
Er stellte mir noch frei, in Englisch oder in Hindi zu sprechen, holte mich, nachdem er und zwei andere Männer gesprochen hatten, an meinem Platz ab und führte mich bis vor das Pult und richtete das Mikrofon auf meine Grösse.
Ich redete in Englisch. Zuerst bedankte ich mich für die Einladung und sagte danach in wenigen Worten, dass ich vor fünfzehn Jahren zum ersten Mal nach Jobat gekommen sei, dass ich alle meine „Geschäfte" immer über diese Bank abgewickelt habe und dass ich jedesmal zuvorkommend und freundlich behandelt worden sei. Ich nahm die Gelegenheit wahr und dankte allen Bankangestellten für ihren aussergewöhnlichen Einsatz. Zum Schluss fügte noch hinzu, dass ich jedesmal staune, wenn ich sehe, wie sie jede Buchung von Hand in diese riesigen Bücher übertragen, ohne dabei Fehler zu machen. „In der Schweiz", sagte ich, „arbeiten alle Menschen in den Banken mit Computern und trotzdem kommen hin und wieder Fehler vor."
Als der Applaus geendet hatte, trat der Manager zu mir hin, nahm mich am Arm, führte mich behutsam an den Platz und flüsterte mir auf dem Weg dorthin zu: „Vielen Dank, Misses

Margrit, vielen Dank! Sie haben sehr gut gesprochen." Und mit einem Augenzwinkern fügte er hinzu: „Wissen Sie, wir haben eine Schreibmaschine, aber es kann niemand damit umgehen!" Die beiden, mittlerweile zur Tradition gewordenen Einladungen mit den Angestellten der Station und mit unseren Angestellten, führten wir in der letzten Woche durch. Beide Male erklärte ich den versammelten Menschen, dass dies mein letzter Besuch in Jobat gewesen sei. Die Angestellten der Station nahmen es einigermassen gelassen auf. Meine Angestellten, inzwischen waren es fünfundzwanzig Frauen und vier Männer, reagierten hingegen bestürzt. Als ich ihre beunruhigten Gesichter sah, versicherte ich ihnen: „Ihr braucht um Eure Arbeit keine Angst zu haben! Ich werde von der Schweiz aus besorgt sein, dass die Indienhilfe im gleichen Rahmen weitergeführt wird. Jedenfalls", ergänzte ich meine Aussage, „solange ich lebe!"

Am Tag vor unserer Abreise kamen pausenlos Menschen vorbei, um uns zu verabschieden. Die Besuche dauerten den ganzen Tag über an und alle dankten mir für meine Hilfe und gaben mir gute Wünsche mit auf den Weg.
Das Taxi erschien früh am nächsten Morgen. Meine Angestellten versammelten sich auf dem Platz, beteten laut für eine sichere Heimreise und für eine baldige Wiederkehr! Der Abschied war schwer und ich war froh, als ich endlich auf dem Rücksitz sass. Der Wagen war umringt von einer riesigen Schar Kinder und als wir starteten rannten einige noch lange neben uns her.
Als wir das Areal hinter uns gelassen hatten und auf die Hügelkuppe zusteuerten, auf der der mächtige Baum steht, dachte ich: „Dieser Baum ist in den Jahren zu meinem Freund geworden. Ich werde ihn bestimmt vermissen!" Und kurz nachdem wir die Kuppe überquert hatten und Jobat endgültig aus meinem Blickfeld verschwand, dachte ich: „Na ja, vielleicht komme ich doch noch einmal her, wer weiss."

Anhang

Die Namen der Personen, die Gritli Schmied im Laufe der Jahre mindestens einmal begleitet haben:

Martin Anwander
Gabriel Anwander
Ingried Braun-Schmied
Ursina Denoth
Anni Distel
Kläri Egger
Daniel Frischknecht
Ines Frischknecht-Schmied
Barbara Füssinger
Martha Giger
Karin Gross-Nef
Peter Härle
Annelies Kaysser
Willi Kropf
Ulla Matthis
Emil Pfründer
Erhard Riedmann
Rita Riniker
Caroline Rutishauser
Helga Schabel
Jakob Schaub
Silvia Scherrer
Christof Schmied
Stefan Schmied
Lilli Steiner
Sieglinde Steurer
Anita Suess
Maria Wuest
Inge Zach-Pfründer